Große Oper

MännerschwarmVerlag

Grosse Oper

Andreas Meyer-Hanno, die Schwulenbewegung und die Hannchen-Mehrzweck-Stiftung

Herausgegeben von
Detlef Grumbach

Männerschwarm Verlag
Hamburg 2018

hms
hannchen
mehrzweck
stiftung
die schwul-lesbische stiftung

Bibliografische Information der Deutschen Bibliothek
Die Deutsche Bibliothek verzeichnet die Publikation
in der Deutschen Nationalbibliografie; detaillierte
bibliografische Daten sind im Internet über
http://dnb.ddb.de abrufbar.

Große Oper
Andreas Meyer-Hanno, die Schwulenbewegung
und die Hannchen-Mehrzweck-Stiftung
herausgegeben von Detlef Grumbach

© Männerschwarm Verlag, Hamburg 2018

Umschlaggestaltung: Carsten Kudlik, Bremen
Druck: CPI Leck, Deutschland

1. Auflage 2018
ISBN Printausgabe: 978-3-86300- 253-4
ISBN Ebook: 978-3-86300-261-9

Männerschwarm Verlag
Frankenstraße 29 – 20097 Hamburg
www.maennerschwarm.de

INHALT

ANDREAS MEYER-HANNO –
EINE BIOGRAFISCHE SKIZZE
von Detlef Grumbach 7

ANDREAS MEYER-HANNO

Antwort an Wagner: «Pelléas und Mélisande»
Zum 50. Todestag von Claude Debussy 91

Inszenierung ist ein Resultat der Praxis 96

Ein Plakat, das ich in Wien sah 100

«Die Wildnis der Doris Gay» 105

Der grüne Salon. Beschreibung eines Locus amoenus 117

Die kaputte Kinderwelt oder:
Persönliches Bekenntnis zu Offenbach 122

Nicht resigniert, nur reichlich desillusioniert oder:
Ten Years After 127

Das Fossil.
Liebeserklärung an Frankfurts Oldtimer-Lokal Karussell 142

Zwischen Aids und Aida. Die Operntunte 147

Solidarität der Uneinsichtigen 155

«Nicht nur reden ...» Eröffnungsrede von Homolulu II 159

Die Ungnade der frühen Geburt 163

Hannchen Mehrzwecks Leben in Frankfurts Nordend West	170
CSD-Ansprache 28. Juni 1997	180
«Die Seele loslassen» – Schwarze Luftballons und ein rosa-lila Fahrrad	184

STIFTER-VATER ODER MUTTER COURAGE
von Manfred Roth — 188

DIE HANNCHEN-MEHRZWECK-STIFTUNG
Von der schwulen zur «schwul-lesbischen Stiftung für queere Bewegungen» — 203

Literaturverzeichnis — 209

Personenregister — 212

Andreas Meyer-Hanno

Eine biografische Skizze

von Detlef Grumbach

Rosa Courage geht stiften

Hannchen Mehrzweck – der Name ist Programm. Und er steht für eine Zeit. Wer sich in den 1970er Jahren in der Schwulenbewegung engagierte, wollte die Provokation. Rollenbilder von Männern und Frauen wurden infrage gestellt, das Patriarchat und die bürgerliche Kleinfamilie angegriffen. Die Gesellschaft sollte grundlegend verändert werden. Die Kampfansage an die kleinbürgerliche Gemütlichkeit drückte sich auch in selbstbewusst getragenen Tuntennamen aus. So ist Andreas Meyer-Hanno als Hannchen Mehrzweck auf die Bühne getreten, unter diesem Namen hat er, zahlreiche Wandlungen inbegriffen und immer sich treu, seine Stiftung gegründet und auf einzigartige Weise seine bürgerliche Existenz als Opernregisseur und Professor mit seinem schwulen Aktivismus unter einen Hut bekommen.

Als Andreas Meyer-Hanno im Jahr 1993 mit der Römerplakette der Stadt Frankfurt und mit dem Rosa-Courage-Preis der Osnabrücker Kulturtage «Gay in May» geehrt wurde[1], konnte er auf ein erfolgreiches

---
1 Laudatio von Manfred Roth, s. S. 188-202

Berufsleben und auf rund 20 Jahre Engagement für die Emanzipation zurückblicken. Nach seinem Studium der Musik- und Theaterwissenschaften – begonnen 1949 an der Humboldt-Universität in Ost-Berlin, ab 1951 fortgesetzt an der Freien Universität in West-Berlin –, nach seiner Arbeit als Opern-Regieassistent und zweiter Spielleiter in Wuppertal und dem Aufstieg zum Oberspielleiter in Karlsruhe kam er 1972 in dieser Funktion nach Braunschweig. Über 100 Operninszenierungen hat er in rund 20 Jahren erarbeitet, seine legendär gewordene «Hänsel und Gretel»-Inszenierung aus dem Jahr 1969 steht in Düsseldorf auch nach fast 50 Jahren noch auf dem Spielplan.

In Braunschweig ist Meyer-Hanno recht bald zur «Arbeitsgruppe Homosexualität Braunschweig» (AHB) gestoßen. Mit 41 Jahren und in seiner exponierten Stellung im Kulturbetrieb der Stadt gehörte er damals schon zu den Senioren der jungen, studentisch geprägten Bewegung – und das sollte sein Leben lang auch so bleiben. 1976 zog es ihn nach Frankfurt, wo er bis zur Emeritierung im Jahr 1993 Professor an der Hochschule für Musik und Darstellende Kunst war und sich von Anfang an im Schwulenzentrum Anderes Ufer engagierte. Seit 1977 war er ein prägendes Mitglied der Theatergruppe Die Maintöchter, 1990 wurde er Mitglied des Vereins Emanzipation, der bis 2013 gemeinsam mit Lebendiges Lesben-Leben (LLL) das Lesbisch-schwule Kulturhaus in der Klingerstraße getragen hat.

Auf die Ehrungen des Jahres 1993 folgte sieben Jahre später die Auszeichnung mit dem Bundesverdienstkreuz durch Bundespräsident Johannes Rau; überreicht wurde es von Frankfurts Bürgermeisterin Jutta Ebeling. Inzwischen war Hannchen Mehrzweck maßgeblich an der Errichtung des Frankfurter Mahnmals für die lesbischen und schwulen Opfer des Nationalsozialismus beteiligt, das 1994 eingeweiht wurde. Weit über den Radius seiner unmittelbaren Aktivitäten hinaus hat sie sich jedoch mit der Gründung zweier Initiativen unvergesslich gemacht: der Homosexuellen Selbsthilfe (HS) 1980 und der Hannchen-Mehrzweck-Stiftung (HMS) 1991.

Als Sohn einer jüdischen Mutter und eines kommunistischen Vaters, nach einer Kindheit im Nationalsozialismus und einem Coming-out in den für Homosexuelle düsteren 1950er Jahren war das Drängen nach Freiheit und Emanzipation tief in ihm verwurzelt – und damit für ihn auch praktisch gelebte, von sich selbst und anderen eingeforderte Soli-

Zwei Schwestern – ein Ziel: das ursprüngliche Logo der Hannchen Mehrzweck-Stiftung und der Homosexuellen Selbsthilfe e.V.

darität. Auch Schwule haben ‹Familie›, ihre Freundeskreise, ihre ‹Community›; dafür brauchen sie eine soziale und kulturelle Infrastruktur. Gruppen und Initiativen benötigen finanzielle Unterstützung für Projekte, Buchhandlungen brauchen Geld für Veranstaltungen, Verlage können für die Bewegung wichtige Bücher nur mit Hilfe realisieren? Wegen Verstößen gegen den § 175 angeklagte Männer benötigten Rechtsanwälte und mussten Prozesskosten zahlen? Um hier helfen zu können, hat Hannchen Mehrzweck mit weiteren Mitstreitern 1980 die Homosexuelle Selbsthilfe gegründet, hat entschieden und energisch um zahlende Mitglieder und um Spenden geworben und dabei bewusst auf das steuersparende Etikett «gemeinnützig» verzichtet. Die HS sollte von Anfang an frei sein in der Mittelvergabe und auch solche Anliegen unterstützen, die vom System der Gemeinnützigkeit ausgeschlossen waren.

1991 ging Andreas Meyer-Hanno einen Schritt weiter: Nach bald verworfenen Plänen, eine Art Altersheim für schwule Männer zu initiieren, gründete er die Hannchen-Mehrzweck-Stiftung und brachte sein mit fast 60 Jahren erwirtschaftetes gesamtes Vermögen in die Stiftung ein. Die HMS sollte mit dem Siegel der Gemeinnützigkeit den Kreis möglicher Geldgeber erweitern. Hannchen Mehrzweck baute die Stiftung auch unter Beteiligung von Lesben auf, warb um Spenden und Zustiftungen, darum, der schwul-lesbischen Familie etwas zurückzugeben, der Förderung schwulen und lesbischen kulturellen Lebens eine stabile Grundlage und dauerhafte Perspektive zu sichern.

Am 7. September 2006 ist Andreas Meyer-Hanno im Alter von 74

Jahren in Frankfurt gestorben, beigesetzt wurde er auf dem Alten St.-Matthäus-Kirchhof in Berlin. In seinen letzten Lebensjahren hatte er sich aus der aktiven Mitarbeit in Vereinen und seiner Stiftung weitgehend zurückgezogen und nutzte seine Kraft vor allem dazu, für die HMS zu werben, Vorträge zu halten und seine Erfahrungen weiterzugeben.

«Berlin war immer mein Zuhause» – eine Kindheit am Laubenheimer Platz

Geboren wurde Andreas Meyer-Hanno am 18. Februar 1932 in Berlin[2]. Seine Mutter Irene Sager, geboren 1899 im schlesischen Bielitz, war eine jüdische Intellektuelle; sie hatte in Budapest ein Klavierstudium begonnen und dieses Ende der 1920er Jahre in Berlin fortgesetzt. Der 1906 geborene Hans Meyer-Hanno – der Zusatz Hanno verwies auf seine Herkunft aus Hannover und war als Künstlername angehängt – war Bühnenmaler, hatte schon kleinere Rollen beim Film übernommen und stand auch selbst auf der Bühne. Er war Mitglied der KPD und arbeitete unter anderem für Werner Fincks Kabarett Die Katakombe. Dort lernte er seine spätere Frau kennen. Geheiratet haben sie im August 1931, also erst kurz vor der Geburt ihres ersten Sohnes Andreas. Sie zogen in einen der vier Wohnblocks der Künstlerkolonie Berlin am Laubenheimer Platz[3], wo im April 1937 der zweite Sohn Georg geboren wurde.

Seit 1931 war der Vater Mitglied des KPD-nahen Theaterkollektivs Truppe 31, zu dem auch die berühmte Steffi Spira gehörte. Hier hatten sich unter der Leitung des 1895 geborenen Regisseurs und Schauspielers Gustav von Wangenheim meist arbeitslose Schauspieler zusammengeschlossen, um mit ihren Stücken gegen die Nazis zu mobilisieren. Wangenheim schrieb bewusst keinen harten Agitprop, der doch nur die

---

2 Die Darstellung der Lebensdaten und Etappen seines beruflichen Werdegangs folgen im Wesentlichen dem Findbuch zum Nachlass Andreas Meyer-Hannos, Archiv des Schwulen Museums, Berlin.
3 Heute ist der Platz nach Ludwig Barnay, Mitbegründer der Genossenschaft Deutscher Bühnenangehöriger, benannt. Diese hatte mit dem Schutzverband deutscher Schriftsteller die Künstlerkolonie errichtet..

*Laubenheimer Platz 2 (heute Ludwig-Barnay-Platz) in
Berlin Wilmersdorf (Foto: Detlef Grumbach)*

Aufgabe erfüllte, «die Überzeugten in ihrer Überzeugung zu festigen» (Wangenheim 1974, S. 11). Stattdessen wandte er sich in erster Linie an die verunsicherten Kleinbürger und Angestellten und wollte sie für den gemeinsamen Kampf gegen den Faschismus gewinnen. Es ging ihm um Leute wie «Herrn Fleißig» im Stück «Die Mausefalle», der ersten Produktion der Gruppe, die auf Anhieb ein Riesenerfolg wurde. Der arbeitslose Herr Fleißig schreibt mit schwarzem Humor an den Zirkus Sarasani:

> Hiermit erlaube ich mir die höfliche Anfrage,
> Ob ich mich in Ihrem Zirkus von Löwen und Tigern
> Bei lebendigem Leibe zerreißen lassen könnte.
> Ich möchte mit den Tieren so lange kämpfen,
> Bis ich tot wäre. Ich bin längere Zeit arbeitslos
> Und hoffe dadurch so viele Einnahmen zu bekommen,
> dass meine Frau und zwei Kleine davon leben können,
> Damit man der Wohlfahrt nicht länger zur Last zu
> Fallen brauchte.
> Zu einer näheren Aussprache bin ich jederzeit
> Bereit und bitte um baldige Antwort.
> Bitte um strengste Diskretion.
> Hochachtend ...   (Wangenheim, S. 103)

Andreas Meyer-Hanno mit seinem Vater Hans, undatiert (NL 87)

Wenig später tritt der geläuterte Herr Fleißig an die Seite der klassenbewussten Proleten: «Jetzt versteh ich meine Verantwortung! Ihr wart meine Führer! [...] Solidarität!» (S. 107). Noch am 4. Februar 1933 hatte die Gruppe im Kleinen Theater Unter den Linden mit ihrem Stück «Wer ist der Dümmste?» Premiere, am 4. März 1933 wurde sie vom Berliner Polizeipräsidenten verboten. Nachdem bei einer Razzia am 15. März etliche Ensemble-Mitglieder verhaftet worden waren, löste sie sich auf. Das Ende der Truppe 31 hat Hans Meyer-Hanno glimpflich überstanden.

Andreas Meyer-Hanno am Laubenheimer Platz, undatiert (NL 87)

Während der Nazi-Zeit stand er wieder häufiger vor der Kamera, auch in bekannten UFA-Produktionen wie «Schwarze Rosen» (1935), «Savoy Hotel 217» (1936, mit Hans Albers) oder «Blinde Passagiere» (1936). Er betätigte sich als Synchronsprecher und übernahm ab 1935 auch Rollen am Theater. Von 1939 – 1944 war er am Berliner Schiller-Theater unter der Leitung von Heinrich George engagiert. Während der gesamten Nazi-Herrschaft war er – als Mitglied der Gruppe Beppo Römer im Umfeld der Roten Kapelle – im kommunistischen Widerstand aktiv. Wenige Tage nach dem Hitler-Attentat vom 20. Juli 1944 wurde er verhaftet: Sein Name stand auf einer Liste von Personen, die Flugblätter zum Attentat erhalten hatten und verteilen sollten, konkrete Handlungen konnte man ihm aber nicht nachweisen. Am 4. Oktober 1944 wurde Hans Meyer-Hanno zu verhältnismäßig glimpflichen drei Jahren Gefängnis verurteilt. Als Häftling musste er Schützengräben ausheben und wurde am 20. April 1945 unter nicht vollständig geklärten Umständen, es heißt, bei einem Fluchtversuch, erschossen. Gustav von Wangenheim am 9. Januar 1946 auf einer Gedenkveranstaltung für Hans Meyer-Hanno und weitere von den Nazis ermordete Künstler:

«Stolperstein» für Hans Meyer-Hanno vor dem Haus Ludwig-Barbay-Platz 2. Das Amtsgericht Charlottenburg hat am 3. Oktober 1946 als Todestag den 20. April 1945 festgestellt. (NL 229, Foto: Detlef Grumbach)

Meyer-Hanno wusste aber auch, dass jeder Einzelne von sich aus versuchen musste, die Ehre der deutschen Arbeiterklasse und des gesamten deutschen Volkes zu retten dadurch, dass er widerstand und sich dazu vorbereitete, mit allen Gleichgesinnten zum Angriff überzugehen.

Meyer-Hanno hat Widerstand geleistet. Ehre seinem Andenken: weil er uns Ehre gemacht hat. […]

Die Veranlassung zu Meyer-Hannos Verhaftung gab der Verrat eines Spitzels. Die letzten Nachrichten, die wir von Hanno haben, sind aus dem Zuchthaus in Dresden. Wir wissen nicht genau, auf welche Weise die Nazis diesen prachtvollen Menschen in den Tod getrieben haben. Wir vereinigen unsere Trauer mit der Trauer seiner von ihm so zärtlich geliebten Familie. Das «Deutsche Theater», dem er heute angehören würde, wenn er noch lebte, hat die Patenschaft für seine Kinder übernommen.

(Zitiert nach Deutsche Volkszeitung. Zentralorgan der Kommunistischen Partei Deutschlands, 2. Jg., Nr. 3, 8.1.1946, S. 1, NL 232)

Seine künstlerische Ader war Andreas Meyer-Hanno von seinen Eltern in die Wiege gelegt worden – und auch sein Leben als Außenseiter. Schon als Achtjähriger hatte er begonnen, sich literarisch zu betätigen und erste Gedichte zu schreiben. Erhalten sind sie nicht, aber die Antwort von «Onkel Pfeifchen», dem Redakteur von Das Blatt der Kinder, findet sich im Nachlass des Autors. Am 29. Februar 1940 bedankte sich «Onkel Pfeifchen» mit einem freundlichen «Heil Hitler» für eine Einsendung, bemerkte aber auch, dass das Gedicht «doch noch nicht so ganz geglückt» sei: «Ich denke, dass Du mir, wenn Du fleißig übst, bald ein

Das Blatt der Kinder

BEILAGE ZUM „BLATT DER HAUSFRAU"

DEUTSCHER VERLAG · BERLIN SW 68 · KOCHSTRASSE 22-26

29.2.40.

Lieber Andreas!

Ich habe mich gefreut, dass Du am "Blatt der Kinder" mitarbeiten willst und mir ein Gedicht geschickt hast. Du hast Dir damit viel Mühe gegeben, aber es ist Dir doch noch nicht so ganz geglückt. Ich denke, dass Du mir, wenn Du fleissig übst, bald ein schöneres Gedicht einschicken kannst, und werde mich freuen, wenn ich es dann abdrucken kann. Vielleicht kannst Du mir auch statt des Gedichtes einmal etwas erzählen? Du hast vielleicht auf Deinen Reisen etwas besonders Nettes erlebt und kannst das schildern. Schreibe es dann aber so auf, wie Du es Deinen Kameraden erzählen würdest. Wenn ich glaube, dass es die anderen Kinder interessiert, will ich es gern abdrucken.

Einstweilen sende ich Dir viele Grüsse.

Heil Hitler!

Onkel Pfeifchen

Brief von Onkel Pfeifchen (NL 3)

schöneres Gedicht einschicken kannst, und werde mich freuen, wenn ich es dann abdrucken kann. Vielleicht kannst Du mir auch statt des Gedichtes einmal etwas erzählen?»

Das Blatt der Kinder war seit den 1920er Jahren eine Beilage zum Blatt der Hausfrau im Berliner Ullstein-Verlag, der 1934 der jüdischen Eigentümerfamilie enteignet, ‹arisiert› und 1937 von den Nationalsozialisten in Deutscher Verlag umbenannt wurde. Man kann es als eine Ironie der

*Taufschein Andreas Meyer-Hannos vom 16. Oktober 1937 (NL 1)
Am 4. Juni 1965 ist Andreas Meyer-Hanno aus der katholischen Kirche
ausgetreten (Bescheinigung ebd.).*

Geschichte betrachten, dass Andreas Meyer-Hanno sich an ein Blatt aus diesem Hause wandte, denn mit fünf oder sechs Jahren, also um das Jahr 1938, hatte er von seiner Mutter erfahren, dass sie eine Jüdin und er selbst – im Jargon der Nazis – damit ‹Halbjude› war. Damals war er ziemlich überrascht – religiös war die Mutter nicht und er selbst war 1937 sogar – zu seinem Schutz – katholisch getauft und 1942 gefirmt worden.

«Wir werden im Moment ganz fürchterlich verfolgt», hatte die Mutter ihm erklärt. «Und wir müssen stolz auf unser Judentum sein.» (Die Ungnade der frühen Geburts, s. S. 167 f.) Schon bald wurde diese Befürchtung zur bedrohlichen Realität. Er war gerade aufs Gymnasium gekommen, da untersagten die Machthaber sogenannten «Mischlingskindern» 1942 per Erlass, eine höhere Schule zu besuchen. Meyer-Hanno musste zurück auf die Volksschule. Als diese wegen der Bombenangriffe evakuiert wurde – Kinderlandverschickung –, behielt der Vater den Sohn zu Hause. Andreas war plötzlich das einzige Kind in der Siedlung,

Andreas Meyer-Hanno mit seiner Mutter, undatiert (NL 87)

musste vorsichtig sein. Nach der Verhaftung des Vaters wurde es brenzlig. Wenn Razzien zur Verhaftung und Deportation von Juden drohten, wurden die Kinder auf Dachböden versteckt, zeitweise kamen Andreas und sein Bruder Georg auch im Landjugendheim Finkenkrug in Berlin-Falkensee unter. Das Erholungsheim wurde seit 1921 vom reformpädagogisch orientierten Charlottenburger Verein Jugendheim e.V. betrieben, hatte sich dem Zugriff der Nationalsozialisten entziehen können und diente jüdischen Kindern als Durchgangsstation auf der Flucht oder als Unterschlupf. Was «Onkel Pfeifchen» dazu wohl gesagt hätte?

Auch für Irene Meyer-Hanno, die die Widerstandsarbeit ihres Mannes unterstützt hatte, wurde die Situation gefährlich. Auftrittsverbot hatte sie schon zuvor, doch konnte sie noch privat Klavierunterricht erteilen, weil sie als Ehefrau eines ‹Ariers› einen gewissen Schutz genoss. Nach der Verhaftung ihres Mannes musste sie immer wieder untertauchen. Als Gustav von Wangenheim 1945 aus dem Exil in der Sowjetunion nach Berlin zurückkehrte und Intendant des von ihm wiedereröffneten Deutschen Theaters in Ost-Berlin wurde, stellte er sie als Korrepetitorin ein. Bis zum Bau der Mauer pendelte sie zwischen dem Laubenheimer Platz

> **WILMERSDORFER THEATER — KLEINES HAUS**
> Künstlerische Leitung: Alfred Beierle — Hans Stiebner
>
> ## Pitt unter Piraten
>
> Abenteuermärchen in 7 Bildern
>
> von Günter de Resée — Musik: Eberhard Glombig
>
> Regie: HANS STIEBNER
>
> Mitwirkende:
>
> | | |
> |---|---|
> | Pitt, ein Schiffsjunge | Andreas Meyer-Hanno |
> | Beppo, der Schiffskoch | Hans Stiebner |
> | Dr. Dutterstock, ein Forscher | Georg Völkel |
> | Eva, genannt Avanva, Königin von Liliput | Edhilt Rochel |
> | Bob } Räuber | Hans Behnke |
> | Bill } | Arnold Marquis |
> | Bull } | Oskar Sabo jun. |
> | Der Müller, Pitts Vater | Maximilian Schwack |
> | Gretel, Pitts Schwester | Charlotte Agots |
> | Hans Schulze, Briefträger | Gerd Vollbrecht |
> | Die Großmutter Evas | Magdalene von Nußbaum |
> | Kolk, ein Riesenrabe | Karlheinz Wiedner |
> | Ein Kannibalenhäuptling | Oskar Sabo jun. |
> | Erster Matrose | Gerd Vollbrecht |
> | Zweiter Matrose | Hans Behnke |
> | Dritter Matrose | Arnold Marquis |
> | Weihnachtsmann | Paul Rehnar |
>
> Matrosen, Liliputaner, Kannibalen
>
> Musikalische Leitung: Martin Velin — Tänze: Grete Raue
> Die Kammergruppe des Spandauer Symphonie-Orchesters
> Bühnenbild: Hans Ledersteger — Ernst Richter
>
> Pause nach dem 4. Bild
>
> —— **Öffentliche Vorstellungen:** ——
> Dienstag, d. 25. Dez. (1. Weihnachts-Feiertag) } Beginn:
> Mittwoch, d. 26. Dez. (2. Weihnachts-Feiertag) } 11.00 u. 14.30 Uhr
> Montag, den 31. Dezember (Sylvester) Beginn: 16.00 Uhr
>
> Preise der Plätze: 2.—, 4.—, 6.—, 8.— RM — Kinder halbe Preise
>
> Veranstalter: Volksbildungsamt Wilmersdorf
> Das Theater ist geheizt!

Plakat «Pitt unter Piraten» (NL 3)

in West- und ihrem Arbeitsplatz in Ost-Berlin. Nach dem Krieg war sie zunächst Mitglied der SED, trat aber im Dezember 1950 «aus persönlichen Gründen» (Austrittserklärung vom 17.12.1957, NL 220) aus.

Andreas Meyer-Hanno ging nach Kriegsende wieder auf das Gymnasium und lernte für das Abitur. Auch seine Leidenschaft für das Theater machte sich schon bemerkbar. 1946, im Alter von 14 Jahren, stand er in der Rolle des Schiffsjungen Pitt als Hauptdarsteller eines «Abenteuermärchens in 7 Bildern» auf der Bühne des Wilmersdorfer Theaters.

Mit 17 Jahren, im Juli 1949, machte er sein Abitur. Eine von seinem Zeichenlehrer handschriftlich auf der Rückseite der Abiturzeitung verewigte Anekdote verrät etwas von seinem Witz und seiner Schlagfertigkeit, die ihn auch in ernsten Situationen nie verlassen hat.

> Andreas Meyer-Hanno wird bei mir in «Kunst» geprüft, ich stelle ihm eine farbige (Zimmer-Dekoration) und eine zeichnerische Aufgabe (Rosen-Stilleben) zur Wahl. M.-H.: «Ich wähle die farbige Aufgabe – ich bin ja farbenblind!»
>
> *(Paulsen-Schule. Den Abiturienten des Jahres 1949 und ihren Lehrern zum Gedenken. Berlin-Steglitz, 2. Juli 1949, NL 3)*

Zum Studium der Musik- und Theaterwissenschaft ging Andreas Meyer-Hanno zunächst ganz selbstverständlich an die Humboldt-Universität im Ostteil der Stadt. Doch bekam er den ideologischen Druck von Partei und Staat zu spüren und wechselte 1951 an die Freie Universität in

Titelblatt der Dissertation (NL 10)

West-Berlin, wo er im Juli 1956 mit einer Dissertation über über «Georg Abraham Schneider (1770-1839) und seine Stellung im Musikleben Berlins. Ein Beitrag zur Musikgeschichte der Preußischen Hauptstadt in der ersten Hälfte des 19. Jahrhunderts» mit «Summa cum laude» promoviert wurde.

Nach der Promotion bekam Andreas Meyer-Hanno eine Stelle als Regieassistent in Wuppertal. Bis dahin hatte er bei seiner Mutter am Laubenheimer Platz gewohnt, verbunden blieb er diesem Ort seiner Kindheit und Jugend auch weiterhin. Eine dezidiert politische Position nahmen Mutter und Sohn in diesen Jahren beide nicht ein, doch standen sie dem Experiment DDR immer kritischer gegenüber.

Als der SED-Staat 1961 die Mauer bauen ließ, zerschnitt dies viele berufliche und private Beziehungen, die Mutter verlor ihren Arbeitsplatz und arbeitete ab Sommer 1961 wieder als Klavierlehrerin und Korrepetitorin in West-Berlin. Das Ereignis sollte beide in hohem Maße bewegen. In seiner typischen Diktion sollte Meyer-Hanno – zu diesem Zeitpunkt schon in Wuppertal – ein kleines Erlebnis beim Einkaufen aufgreifen:

> Interessant, die Reaktion der Leute hier zu beobachten. Einige wenige nehmen starken Anteil an den Dingen – so zum Beispiel beobachtete ich eine liebe, ältere Verkäuferin in der Fleischabteilung bei Schätzlein, die es als Sünde empfand, dass angesichts der gegenwärtigen Situation eine Dame für ihren Dackel Kalbsherz kaufte. (27. 8. 1961)

Seine Mutter wohnte bis kurz vor ihrem Tod am Laubenheimer Platz und war seine engste Vertraute: ausführliche Briefwechsel, gegenseitige Besuche, gemeinsame Urlaube zeugen davon. 1983 starb Irene Meyer-Hanno. Erst kurz zuvor war sie nach Schwabenheim bei Mainz in das Haus ihres jüngeren Sohnes Georg gezogen, der als Fotograf beim ZDF angestellt war. Im März 1984, während einer Reise nach Tunesien, verfasste Andreas Meyer-Hanno einen Rundbrief an seine Freunde, eine Art Resümee über die letzten Jahre, ihr Sterben und seine Trauer.

> Berlin war, trotz 27 Jahren Abwesenheit, immer mein Zuhause gewesen: Kindheit, Bombenkrieg, Pubertät, Nachkrieg, Studium, all das hatte sich dort abgespielt. Aber auch in meinen Theaterjahren hatte ich Ludwig-Barnay immer als Erstwohn-

sitz behalten, allen Komplikationen (bei Passangelegenheiten, Wahlen etc.) zum Trotz. Es war eben «Heimat», um's pathetisch auszudrücken. Und die Auflösung der Wohnung, das Verteilen oder gar Wegwerfen von Liebgewonnenem, das Zerreißen eines zusammengewachsenen Ganzen kam der Liquidation meiner Kindheit und Jugend gleich. (NL 47)

«Ich hasse alles ‹Schwule›, ich hasse alle ‹Tucken›» – Das Coming-out und die «liebe Mutter»

Dies ist der längste und der traurigste Brief, den ich je an dich geschrieben habe, aber ich muss ihn schreiben, weil es Dinge zwischen Menschen gibt, die so ergreifend sind, dass, wenn man sie sagt, nur ein unklares und verzweifeltes Gestammel herauskommt.

Wie ist das, wenn man als Zehn-, Fünfzehn- oder Zwanzigjähriger spürt, dass man nicht nur wegen der jüdischen Mutter nicht dazugehört, sondern auch sonst anders ist? Wenn man beim Fußballspielen Angst vorm Ball hat, an Indianerspielen nicht interessiert ist und stattdessen gute Freundschaften mit Mädchen unterhält? Und schließlich auch sexuell anders ist? Ein achtseitiger Brief, den Andreas Meyer-Hanno am 16. Juli 1955, im Alter von 23 Jahren, an die Mutter geschrieben hat, vermittelt einen bewegenden Eindruck davon, wie er mit sich gerungen hat:

Es war eine Zeit der Auseinandersetzung mit mir selbst, eine Zeit des langsamen Erkennens meiner Beschaffenheit und eine Zeit der Verzweiflung über diese Beschaffenheit, die mich von der übrigen Welt zu isolieren schien.

Dass mit ihm etwas ‹nicht stimmte›, hatte er demnach schon früh gespürt, doch zunächst waren es die politischen Umstände, die ihn zu einem ‹Anderen› machten – er war nicht im Jungvolk der Hitlerjugend, durfte unter den Nazis nicht auf das Gymnasium ... Aufgeklärt wurde er «auf niedrigste und roheste Weise» in der Volksschule, sodass «alles Erotische etwas Rohes und Schlechtes» für ihn bekam. Die «erste körperliche Berührung mit einem Jungen» ließ ihn kalt, erst nach dem Krieg machten einige Begegnungen mit erwachsenen Männern starken Eindruck auf ihn. Heimlich und einseitig verliebte er sich in den Schauspieler Walter Richter – «ich wurde rot, wenn ich ihn sah, lief ihm nach, war selig, wenn er mir die Hand drückte». Versuche, mit Mädchen etwas anzufangen, gingen gründlich schief. Er bemühte sich darum, sich zu verlieben, doch spätestens nach seiner Erfahrung mit Christi, die er «sehr gerne» mochte, wurde ihm bewusst, «dass ich nie ein Mädchen wie sie besitzen könnte».

> Der erotische Einfluss, den Männer auf mich ausübten, wurde immer stärker. Der erste Mann, mit dem ich zusammenkam, war der Maler Werner Heldt. Nicht etwa, dass er mich verführt hätte, nein, es war umgekehrt, ich ging mit ihm, als er betrunken war, in sein Atelier, um ihn zu verführen, was mir auch gelang. Der Arme machte sich später furchtbare Gewissensbisse (er war ein sehr guter Mensch) und ich musste ihm eine ausführliche Mädchengeschichte erzählen, um ihn zu beruhigen.

Schon früher, so schreibt er der Mutter, hätte er sich ihr öffnen wollen, aber «ich schob es immer und immer wieder auf, zum großen Teil aus Angst vor der Verzweiflung und den Tränen». Noch mit zwanzig hatte Meyer-Hanno eine Freundin aus Kindertagen besucht und ihr einen Heiratsantrag gemacht, doch sie lehnte ab. Er befand sich in einer «totalen Sackgasse», in einer «suizidalen Stimmung» (Holy 1980). In seinem Coming-out-Brief an die Mutter schreibt er:

> Ich habe mir selbst gegenüber ein Schuldgefühl. Ich habe etwas versäumt, meine Jünglingszeit ist dahin, ohne dass ich etwas erlebt habe. Jetzt bin ich 24 (bald) und habe noch kein großes Liebeserlebnis gehabt, in dem Alter ging mein Vater bereits seine feste Lebensgemeinschaft ein und hatte alles hinter sich. Ich hatte Einzelnes, sehr verstreut, meist auf Reisen, zum Teil überraschend Erfreuliches, aber nichts Großes. Hier war ich meist abstinent, aus verschiedenen Gründen: Angst vor der Umwelt, Schonung gegenüber Dir, Verantwortung meinem

Andreas Meyer-Hannos Coming-out-Brief an die Mutter, 16. Juli 1955 (NL 35)

> Bruder gegenüber, Hoffnung auf Änderung, Angst davor, nie wieder herauszukommen, wenn man mal drinsteckt. Nun kann ich nicht mehr so weiterleben. […]
>
> Es ist sehr seltsam, ich habe große Achtung für Frauen, ich könnte mit Frauen sehr befreundet sein. Ich hasse alles «Schwule», ich hasse alle «Tucken» – das ändert nichts daran, dass ich Homo bin. Ich leide sehr darunter, dass ich nie Kinder haben werde, an so etwas zu denken fällt mir schon schwer und macht mich traurig, weil ich Kinder sehr liebe.

Auslöser seines Coming-outs war die Begegnung mit einem älteren amerikanischen Schwulen, dem er während einer Studienexkursion in Bayreuth begegnet ist. Eine ganze Nacht lang, so erzählte Meyer-Hanno es mit knapp sechzig im Interview mit Rosa von Praunheim, seien sie durch Bayreuth spaziert und hätten miteinander geredet. Dieser fremde und ganz selbstverständlich über sein Schwulsein redende Mann habe ihn überzeugt, dass Homosexualität natürlich sei, dass er nicht sein ganzes Leben, seine eigenen Wünsche unter das Diktat einer gesellschaftlichen Norm stellen dürfe. Und dass er, nach allem, was Meyer-Hanno über seine Mutter erzählt hätte, sich ihr gegenüber öffnen müsse.

> Liebe Mutti, es ist so schlimm, dass ich dir diesen Brief schreiben muss, aber es ist das Beste so. Es ist ein großer Einschnitt in unserem Leben. Ich kann Dir nur eines sagen, ich werde immer anständig bleiben und das in Ehren halten, was Ihr, Du und mein Vater in mich hineingelegt habt. Das alles ist nicht meine Schuld, es ist mir vom «lieben» Gott auferlegt und ich muss es tragen. Bisher habe ich alles verborgen, das war Unrecht; ich muss mich stellen und darf keinen Hehl daraus machen. Mutti, du hast so viel für mich getan, tu noch dies Äußerste für mich: Verstehe mich!

Der Brief endet mit der anrührenden Grußformel «Dein armer Andreas». Andreas hatte ihn zu Hause auf den Tisch gelegt und die Wohnung verlassen, eine Paddeltour gemacht und von Griebnitzsee aus die Mutter angerufen. «Komm nach Hause, wir reden.» Diese Aufforderung hat den Knoten gelöst. Irene Meyer-Hanno waren Schwule aus ihrem beruf-

lichen Umfeld nicht unbekannt, sie hatte sich auch schon Gedanken über den Sohn gemacht. Ihr Motto: «Damit werden wir leben!»
«Von dem Moment an begann ich, es positiv zu besetzen und – noch nicht so sehr auszuleben – aber für mich umzuwerten.» (Praunheim 1989)

Ein Jahr nach diesem Brief, nach dem Abschluss seines Studiums, verließ Andreas Meyer-Hanno Berlin. Seine erste Anstellung führte ihn als Regieassistent nach Wuppertal. Was er dorthin – und sonst überall hin – mitnahm: sein gutes, inniges Verhältnis zu seiner Mutter, einer «typischen Schwulenmutter, die ungeheuer dominierend ist und einen sehr stark prägt» (Praunheim 1989). Wahrscheinlich waren auch der frühe Tod des Vaters und dass er zu Hause seitdem ‹der Große› war, Ursachen dafür, dass Mutter und Sohn sich besonders nah waren.

Hatte er sein Coming-out in Form eines Briefes hinter sich gebracht, weil er noch nicht über das Thema sprechen konnte, schrieb er nun mehrmals in der Woche ausführliche Briefe: mal drei, mal fünf, mal noch mehr Seiten, meist eng getippt auf der Schreibmaschine, zu Geburtstagen und zu Weihnachten handschriftlich mit eingeklebten oder gemalten Blümchen. Die Mutter war eine ebenso fleißige Schreiberin, sodass der Briefwechsel ein intensives, teils erschütternd offenes, teils auch von tiefen Krisen, von Einmischungsversuchen und Akten der Emanzipation geprägtes Gespräch zwischen Mutter und Sohn dokumentiert. Der Sohn schreibt über alle Fragen seiner beruflichen Entwicklung, vom Miteinander mit den Kolleginnen und Kollegen, über künstlerische Überlegungen, Theaterproben, Inszenierungen und Premieren, seine finanzielle Situation und seine Wohnungen, über Urlaubsreisen, Freundschaften und Liebesverhältnisse. Sie unterhalten sich über Bücher und Schallplatten, über Konzerte, Kino- und Theaterbesuche und debattieren über die politischen Verhältnisse. Irene Meyer-Hanno begleitet und kommentiert die Entwicklung ihres Sohnes, ermutigt und unterstützt ihn, gibt Ratschläge, mischt sich ein, urteilt, formuliert Ansprüche ...

Der Briefwechsel, der bis zum Tod der Mutter fortgesetzt wurde, zeugt von einem fast symbiotischen Verhältnis der beiden, aber auch von Spannungen, gegenseitigen Erwartungen und Anforderungen, von einem besonderen Maß an Disziplin, das vor allem die Mutter einforderte. Als Sohn Andreas beispielsweise nach einem Berlin-Besuch nicht umgehend seine Rückkehr nach Wuppertal vermeldet hatte, schickte die Mutter ihm ein forderndes Telegramm hinterher. Meyer-Hannos prompte Antwort verrät viel über das ambivalente Verhältnis der beiden. Der mittlerweile 26 Jahre alte Sohn war offensichtlich genervt und versuchte mit einer Mischung aus Sarkasmus, Witz und Zuneigung, dem Anspruch der Mutter Genüge zu tun und ihr zugleich eine Grenze zu setzen. Sie verstand die Botschaft, antwortete postwendend am 6. November – «Lieber Andreas, oller Blödling, Du lachst über mich» –, dass sie nun mal daran gewöhnt sei und es als selbstverständlich erachte, «dass man, gleich angekommen, Nachricht gibt, es ist ja eine große Beruhigung und ich bitte Dich nächstens Dich daran zu halten und meine Schwäche in Punkto Ängstlichkeit zu verstehen».

Erst als in den 1970er Jahren das Telefonieren eine günstige Alternative wurde, wuchsen die Abstände zwischen den Briefen, häuften sich Verweise auf das ja bereits am Telefon Besprochene. In seinem schon zitierten Rundbrief an die Freunde vom März 1984 heißt es:

> Mein Leben lang hatte sie jede meiner Handlungen und Reaktionen genauestens registriert: etwas, das mich oft zur Weißglut brachte, weil es, war ich zu Hause oder war sie bei mir, kein Entrinnen in ein Privatissimum gab. Und plötzlich nahm sie das nun alles nicht mehr wahr: ein eventuell spätes Heimkommen des Nachts, jahrzehntelang Quelle allerhöchster Beunruhigung, war plötzlich unwichtig geworden. Big mother wasn't watching me any more.

Auch an den Druck, den «Zwang zum ständigen erfolgreich sein», den sie in ihn eingepflanzt hat, erinnert er in dem Rückblick. Am Ende bleibt die unverrückbare Erkenntnis, jetzt kein Kind mehr zu sein.

> Denn trotz der vielen Jahre der äußerlichen Trennung voneinander war die innere Verbindung, bis zur Nötigung, immer lebensbestimmend gewesen. Es mag sein, dass mit ihrem Tod diese sowohl nährende wie versklavende Nabelschnur nun durchgetrennt ist und ich mich so langsam daran mache, die letzten Stufen zum endgültigen Erwachsensein zu erklimmen. (NL 47)

20

Montag, 5. November

Liebe Mutti,

hier die Antwort auf Dein Telegramm: Auf der Rückreise wurde ich von der Volkspolizei wegen meines unverkennbar ungarischen Dialekts genau kontrolliert. Dabei fand man die Quittung über die Ostanweisung und das Mimosa-Fotopapier. Man zerrte mich aus dem Zuge und verschleppte mich nach Sachsenhausen, wo ich eine Woche lang in einem kalten Rattenkeller schmachtete. Nach endlosen NKWD-Verhören ließ man mich endlich ohne einen Pfennig laufen, und wenn mich auf der Autobahn nicht ein barmherziger Volkswagenfahrer mitgenommen hätte, so wäre ich wohl ewig in der DDR geblieben. Leider hatten wir kurz vor Braunschweig einen grauenhaften Autounfall. Mein Beifahrer starb und ich brach mir zwei Bandscheiben. Die ganze Woche lag ich im Braunschweiger Stadtkrankenhaus in Gips, das Schlimmste war, daß man mir verbot, meine Angehörigen zu benachrichtigen. Ich wurde am Sonnabend per Krankenwagen nach Wuppertal transportiert. Dort war wegen meines Nichterscheinens die "Mathis"-Vorstellung ausgefallen. Man entließ mich fristlos, zudem habe ich DM 6000 für die ausgefallene Vorstellung nachzuzahlen. Vor Kummer drehte ich den Gashahn in meinem Zimmer auf. Als meine Nachbarin den Geruch bemerkte, machte sie Licht, durch den Funken explodierte das ganze Haus, und von uns allen aus der Bismarckstraße 21 ist garnichts mehr vorhanden.

Aber sonst geht's mir gut, viele herzliche Grüße

von

Andreas

Brief an die Mutter vom 5. November 1956, die ausgefallene Vorstellung bezieht sich auf Paul Hindemith: «Mathis der Maler» (NL 36)

«Es ist ein Mensch in meinem Leben aufgetaucht» – Die Oper und das schwule Leben in Wuppertal

In Wuppertal angekommen gestaltete sich die Suche nach einer ersten eigenen Bleibe schwieriger als gedacht, sogar ein möbliertes Zimmer ließ sich nur schwer ergattern. «Alleinstehender junger Mann, Akademiker in fester Stellung» – so inserierte er im Generalanzeiger – «sucht ab sofort Zimmer mit Küchenbenutzung». Die Angebote waren rar, und als er auf eine Anzeige hin «wie ein geölter Blitz nach Barmen» raste, ergab sich Folgendes: «Ein kleines, zweibettiges Zimmer für zwei Herren, DM 75, ohne Kochgelegenheit. Überhaupt fand ich heraus, dass hier viele nur an 2 Herren vermieten, weil sie dann vor Damenbesuchen so ziemlich sicher sind.» (16. 8. 1956). So wohnte er die erste Zeit im Hotel, für 6,50 DM die Nacht.

Der Start ins Berufsleben ging dafür erstaunlich glatt, auch wenn nicht alle seine Wünsche in Erfüllung gingen. Schnell entwickelte er sich zum anerkannten Mitglied der Wuppertaler Theaterfamilie, die Arbeit war «erfreulich», mit Opernregisseur Georg Reinhardt stand er «allerbestens». Er verdiente sein eigenes Geld, aber mit etwas mehr als 300 DM im Monat erfüllten sich seine finanziellen Erwartungen nicht. «Ich glaube, mit 600 oder mindestens 550 rechnen zu können. Doch auch im zweiten Jahr würden ihm wohl, so Reinhardt, nicht mehr als 450 DM angeboten (5.1.1957). Helmut Henrichs, Intendant der Städtischen Bühnen Wuppertals, schien ihm wohlgesonnen, doch sträubte er sich dagegen, den jungen Regieassistenten allzu schnell selbstständig werden zu lassen – eine erste eigene Inszenierung stand lange in den Sternen. Ein Jahr später, im Februar 1958, trug Meyer-Hanno sich schon mit Kündigungsgedanken: Denn obwohl für den Spielplan des folgenden Jahres neun neue Stücke geplant wurden, blieb Henrichs bei seinem Nein zu einer eigenen Arbeit für Meyer-Hanno. Aber immerhin stieg das Gehalt auf 550 Mark: «Also bleibe ich in Wuppertal». (2. 2. 1958)

Briefauszug vom 16. August 1956 mit eingeklebter Zeitungsannonce (NL 36)

Auch ganz privat hatte der Umzug nach Wuppertal einen massiven Einschnitt in seinem Leben bedeutet. Das Coming-out und die neue Umgebung wirkten einerseits befreiend auf Andreas Meyer-Hanno. Er stürzte sich in das schwule Leben der 1950er Jahre, das in einer Stadt wie Wuppertal, innerhalb der Theater-Szene und im gut erreichbaren Düsseldorf durchaus möglich war, das aber vor allem aber auf Reisen – egal ob in London oder Amsterdam –, zahlreiche Gelegenheiten bot. Seine große Sehnsucht war ein der heterosexuellen Ehe vergleichbares Zusammenleben mit einem Mann, doch seine Hoffnung auf eine feste Beziehung erfüllte sich erst einmal nicht. Denn andererseits war da die Angst, die mit dem schwulen Leben unter dem Damoklesschwert des § 175 immer verbunden war:

> Das ganze Leben war ungeheuer angstgeprägt. Das Lebensgefühl der Schwulen war Angst. Angst, aufzufliegen. Angst, im Haus, bei den Nachbarn, bei der Familie, aufzufliegen, am Arbeitsplatz diskriminiert zu werden. Es ist dann gegen Ende der 50er, Anfang der 60er Jahre sehr stark abhängig gewesen von dem Ort, wo etwas stattfand. In großen Städten und liberalen Bundesländern wurde der Paragraf immer lockerer gehandhabt, und oft waren es sogar Richter, die einem, der angeklagt war, etwas gemacht zu haben, unterschoben, was er zugeben sollte.
> (zit. n. Praunheim 1989)

In Hamburg hatte ein Richter schon 1951 Aufsehen damit erregt, zwei Männer wegen homosexueller Handlungen zu einer Geldstrafe von je 3 DM zu verurteilen. So etwas blieb aber die absolute Ausnahme. Kontakte in der Szene, Begegnungen, aus denen sich vielleicht etwas mehr hätte entwickeln können, standen unter dem Diktat der Lüge. Namen und Adressen, die genannt wurden, stimmten nicht, Verabredungen zu einem zweiten Treffen wurden aus Angst nicht eingehalten, bestmögliche Tarnung und der Zwang zu einer Doppelexistenz bestimmten alles. Seine sexuellen Erfahrungen in dieser Zeit, so Meyer-Hanno zu Rosa von Praunheim, «waren eigentlich grauenhaft».

Mit dem Bühnenbildner Heinrich Wendel und dem Choreografen Erich Walter hatte er jedoch erstmals ein schwules Paar in seinem Freundeskreis. Darüber hinaus lernte er ein schwules Tänzerpaar kennen, machte Bekanntschaften, schloss Freundschaften: Schwulsein bekam immer mehr positive Seiten, doch war er überzeugt, «dass ich dazu bestimmt bin, mein Leben im Alleingang zu bewältigen» (15. 1. 1957). Mit Erich Walter verband ihn eine tiefe Freundschaft, die bis zu dessen Tod 1983 andauerte. Sie konnten über alle Probleme sprechen, reisten gemeinsam und fingen sich in ihren Krisen immer wieder gegenseitig auf.

Im Juni 1957, ein Jahr in Jahr in Wuppertal, deutete Andreas vage an, dass «ein Mensch in meinem Leben aufgetaucht [ist], der mir bereits jetzt sehr viel bedeutet» (11. 6. 1957). Im September schrieb er von einem England-Urlaub mit Erich, in dem er bei den Einheimischen «erotisch ein ‹großer Erfolg›» war: «Offen gesagt, habe ich mir nichts entgehen lassen und war ein ‹flotter Hirsch›, was auch mal ganz gut tut.» Im gleichen Brief eröffnete er der Mutter, dass er seit einigen Wochen «mit einem ganz einfachen Arbeiter» aus Wuppertal liiert war: «Mein Teurer (der ausgerechnet wieder Walter heißt) hat übrigens nichts von schwul oder Tunte an sich, hasst es sogar wie die Pest. Er ist ein ganz normaler Mann mit homosexueller Triebrichtung, und das ist das Erfreuliche.»

Wer heute solche Briefe eines jungen Mannes an seine Mutter liest, ist erstaunt, doch ganz geheuer waren auch dem Verfasser «diese ‹Enthüllungen von schonungsloser Offenheit›» nicht. Er hoffte, so schrieb er an die Mutter, dass ihr dies nicht «unangenehm» sei und bat sie, mit Rücksicht auf den immer noch ahnungslosen kleinen Bruder, den Brief gut zu verstecken. Andreas Meyer-Hanno machte sich zwar keine großen Hoffnungen, dass die Beziehung zu Walter Pfalz länger halten würde, doch

Walter Pfalz beim Segeln in Holland 1957
Auf der Rückseite des Fotos oben ist handschiftlich notiert:
«Mein Liebliungsbild von Walter» (NL 85)

endlich genoss er «die erotischen Dinge» und dass am Samstagabend nach der Vorstellung jemand auf ihn wartete und sich freute, wenn er aus der Oper kam (25. 9. 1957). Und sie erwies sich als stabiler als geahnt. Am 21. Oktober – «wir kennen uns jetzt sechs Wochen, was natürlich noch gar keine Zeit ist» – brachte Andreas die Mutter auf den neuesten Stand: Walter war demnach 27 Jahre alt (später stellte sich heraus, dass er sich zehn Jahre jünger gemacht hatte, und auch, dass er seinen Arbeitsplatz bei der Bundesbahn verloren hatte, weil eine eifersüchtige Ehefrau seine Beziehung mit ihrem Mann beim Arbeitgeber angezeigt hatte), stammte aus einer Arbeiterfamilie, war Drucker in einer Tapetenfabrik, verfügte über geringe Bildung, liebte das Theater, rauchte und trank in Gesellschaft, aß gerne, war zuverlässig und grundanständig, «dazu eine Frohnatur, wie sie im Buche steht».

Die unterschiedliche Herkunft und das Bildungsgefälle bereiteten dem promovierten Regieassistenten durchaus Sorgen, aber die Beziehung war vor allem «durch eine Reihe von äußeren Faktoren sehr belastet». Sie hatten wenig Zeit füreinander, und bald schon wussten sie nicht mehr, wie sie diese einigermaßen ungestört verbringen konnten. Beziehungsleben als ‹möblierter Herr› – das war nicht einfach in den moralinsauren Adenauerjahren.

> Die Verhältnisse in unserem Hause haben sich sehr zugespitzt. Schützens, diese vor Gemeinheit und Bosheit strotzenden Subjekte, prozessieren nun nachgerade mit dem ganzen Haus und setzen alles daran, uns herauszuekeln, weil sie in die oberen Räume wollen. [...] Diese Biester haben natürlich bemerkt, dass ich nicht mehr allein bin, und vor drei Wochen kam ein sehr böser Brief ohne Anrede vom Hausverwalter, in dem ich darauf hingewiesen wurde, dass ich sofort die Aufnahme von «Schlafgenossen» abzustellen habe, wofern man nicht gerichtlich gegen mich vorgehen würde. Das versalzt uns natürlich die Suppe außerordentlich, denn ich muss nun die vorgeschriebenen Besuchszeiten einhalten, was ein Privatleben von vornherein ausschließt. Wir treffen uns nun zu unmöglichen Zeiten, sind am Samstagabend traurig, wenn wir nicht gemeinsam in die Betten gehen können, obwohl es gerade zu nett ist. Und ich muss immer fürchten, dass es plötzlich klopft und die Sittenpolizei im Türrahmen steht, die hier fast so schlimm und skrupellos wie in

der Nazizeit ist. Den Schützens trau ich alles zu, und wenn wir zusammen sind, habe ich keine ruhige Minute mehr. In ein anderes Zimmer zu ziehen, hat unter den gegebenen Umständen gar keinen Zweck. (21. 10. 1957)

«Für die Homosexuellen ist das Dritte Reich noch nicht zu Ende», so spitzte der Theologe Hans-Joachim Schoeps 1963 seine Einschätzung der Situation zu (Schoeps: S. 86). Obwohl KZ-Haft, Tod im KZ oder sogar Todesurteile nach 1945 Vergangenheit waren, nahm die Verfolgungsintensität nach § 175 StGB zu. Über 100 000 Ermittlungsverfahren wurden zwischen 1945 und 1969 eingeleitet, über 50.000 homosexuelle Männer wurden verurteilt (www.offene-rechnung.org/). An eine gemeinsame Wohnung war unter solchen Umständen kaum zu denken, obwohl Walter Pfalz, der noch bei seinen Eltern wohnte, dort ausziehen wollte. Aber, so Meyer-Hanno: Selbst die «prominentesten Mitglieder der hiesigen Bühne, Herr Wendel und Herr Walter, wohnen nach vier Jahren Wuppertal trotz größter Anstrengungen immer noch möbliert in zwei winzigen Zimmern». Trotzdem: «Ich bin im Moment sehr glücklich, drück mal die Daumen, dass das noch eine Weile anhält.»

Wenn Andreas Meyer-Hanno später vor jungen Schwulen über die 1950er und 1960er Jahre gesprochen hat, variierte er Helmut Kohls auf Nazi-Zeit und Krieg gemünzte Entlastungsformel von der «Gnade der späten Geburt» und sprach von der «Ungnade der frühen Geburt». «Im gleichen Tritt die Treppe rauf» nannte er seinen Vortrag, den er immer wieder gehalten hat: Kein Nachbar, kein Hauswirt, keine Zimmerwirtin durfte am ungleichmäßigen Knarren der Treppe hören, dass der möblierte Herr nicht allein nach Hause kam.

Während Andreas Meyer-Hanno dennoch schon damals relativ selbstbewusst schwul war – dank der Unterstützung seiner Mutter und des beruflichen Umfelds –, entfalteten die «äußeren Faktoren» bei Walter Pfalz, wie bei den meisten Homosexuellen, ihre Wirkung. Andreas zeigte ein feines Gespür für diese Zusammenhänge:

> Die Hauptschwierigkeit liegt daran: Während ich mich damit abgefunden habe, so zu sein wie ich bin und keinen Hehl mehr aus irgendetwas mache, leidet er unter dem Bewusstsein, anders

zu sein, sehr. Er ist wütend darüber, homo zu sein. Er muss ständig in einer Art Lebenslüge leben, muss seiner Familie, seinen Arbeitskollegen etwas vormachen, worunter er natürlich leidet. Er bewundert meine Art, sich zu den Dingen zu bekennen, die man nun einfach nicht ändern kann, aber er kann nicht zu dieser Haltung kommen, weil er dann mit zu vielen brechen müsste. Ich habe es da viel leichter, sowohl was meine familiären Beziehungen angeht, als auch was die Arbeit betrifft. Wenn seine Eltern etwas erfahren würden, wäre die Reaktion: «Leute wie Du gehören ins Zuchthaus!» zu erwarten. Und aus seinem Arbeitsverhältnis würde man ihn sofort kündigen, wie es in ähnlichen Fällen hundertmal geschehen ist und täglich neu geschieht. Der Teufel hole die deutsche Rechtsprechung! Seitdem vor ein paar Monaten das Bundesverfassungsgericht in Karlsruhe die Gültigkeit des Paragrafen erneut bestätigt hat, kommen wir wieder in die inquisitorischen Zeiten. Was in anderen Ländern (Schweiz, ganz Skandinavien) überhaupt kein Problem ist, wird bei uns noch als Verbrechen geahndet, wie im tiefsten Mittelalter. Und da kommt noch der Herr Harlan und macht einen üblen Hetzfilm à la «Jud Süss» über unsere Probleme, um die «gesunden Volksinstinkte» auf den Plan zu rufen.* Ein Freund unseres Kostümbildners Thomas K[...] hat sich vor einiger Zeit umgebracht. In seinem Nachlass fanden sich Briefe von K[...], die eindeutig auf erotische Beziehungen zwischen den beiden hinweisen. Nun macht man einen öffentlichen Prozess, bei dem der arme K. vor allen Leuten aussagen muss. Abgesehen von der Geschmacklosigkeit, über intime Dinge vor Krethi und Plethi ausgefragt zu werden, muss er auch noch damit rechnen, nachträglich verurteilt zu werden. Auch wir leben ständig in der Angst, entdeckt zu werden und können gar nicht vorsichtig genug sein, da Schützens vor nichts zurückschrecken. (10. 11. 1957)

Gemeint ist Veit Harlan: Anders als du und ich (1957).

Wie real solche Bedrohungen waren, mit welch zerstörerischer Wucht sie das einzelne Leben betrafen, zeigen auch Erpressungen, Denunziationen, ganze Verhaftungswellen, über die in den 1950er und 1960er Jahren immer wieder berichtet wurde. 1961 wurde Wuppertal von einer regelrechten Hexenjagd überrollt. Ein junger, noch unter 21 Jahre alter

Homosexualität nach dem Krieg:
Im gleichen Tritt die Treppe rauf
Der Opernregisseur Andreas Meyer-Hanno über Schwulsein vor 1969

TÜBINGEN (cir). Eine „Bleierne Zeit" waren die Jahre 1950 bis 1969 für Andreas Meyer-Hanno. Wie schwules Leben in der Wirtschaftswunderzeit und Illegalität ausgesehen hat, stellte der Frankfurter Opernregisseur am Donnerstag abend im Café LuSchT in der Herrenberger Straße dar. Mit seinem Vortrag „Im gleichen Tritt die Treppe rauf" folgte er einer Einladung der Initiativegruppe Homosexualität Tübingen (IHT), um ihnen ein wichtiges Stück ihrer Sozialgeschichte nahezubringen. Aus der Sicht des Betroffenen wandte er sich gegen eine Verklärung der Nachkriegszeit. Der Paragraph 175 wurde 1969 entschärft und erst in diesem Jahr teilweise aufgehoben.

Rund zwanzig Schwule hatten sich in ihrem offenen Treff für Lesben und Schwule versammelt, um mehr über ihre eigene Geschichte und über die Opfer des Paragraphen 175, die den bloßgestellt, Ehen gingen auseinander, zwei Männer begingen Selbstmord. „Die Justiz ging erbarmungslos vor, um die bürgerliche Existenz der Schwulen auszulöschen", bechung über sich ergehen lassen, die den Beweis ihrer Homosexualität liefern sollte. So entwickelte sich der Arbeitsplatz zu einem beliebten Treffpunkt.

Viele Schwule reisten oft nach Holland, um „mal wieder Luft zu kriegen". Einige versuchten, über Heirat wieder „ans andere Ufer zu schwimmen", oder sie heirateten eine Lesbe und hatten dann sogar manchmal Kinder. Oder wieder andere hielten sich eine „Sandfrau", um den Mißtrauischen Sand in die Augen zu streuen.

Zeitungsausriss aus dem Schwäbischen Tageblatt vom 9. Juni 1992 (NL 202)

«Rockertyp», der «mit Gott und der Welt geschlafen hatte» (Praunheim 1989), war bei einem Automatendiebstahl erwischt worden. Die Polizei wusste um seine Homosexualität, machte ihm ein Angebot und der junge Mann ging darauf ein: Er denunzierte seine Sex-Partner und andere Schwule. Namen konnte er zwar kaum nennen, aber bestimmte Orte aufsuchen, auf Männer zeigen, Autokennzeichen nennen Über 50 Männer hat er in das Verfahren reingezogen:

> Ich habe Dir doch von der Hexenjagd erzählt, die im Moment in Wuppertal grassiert und die von dem einen kriminellen Jungen ausgelöst wurde, der alle erreichbaren Leute denunziert hat. Nun sind die Urteile heraus, sehr harte Gefängnisstrafen, bis zu zwölf Monaten ohne Bewährung. Ist das nicht mittelalterlich? Unser Bekannter Karlheinz muss neun Monate absitzen. Außerdem ist seine Existenz ruiniert, seine Beamtenstellung bei der Bundespost verloren! Walter hat sich über die Affäre so aufgeregt, dass seit Wochen mit ihm kaum zu sprechen ist. Ich kann das verstehen, weil sein Glauben an die Obrigkeit, an die Rechtlichkeit des Staates in dem er lebt, zutiefst erschüttert ist. (6. 4. 1961)

Auch wenn er zu äußerster Sparsamkeit erzogen worden war und von seinem Gehalt immer etwas zurücklegte, erfüllte er sich durchaus auch unbescheidene Wünsche. Er war durch und durch auf Erfolg getrimmt, und dieser drückte sich für ihn auch in den ‹Statussymbolen› aus, die er sich von seinem Geld leisten konnte (auch wenn die Mutter ihm immer wieder dabei unter die Arme griff – die beiden verstanden sich auch in finanziellen Angelegenheiten durchaus als Team). Fuhr er anfangs eine NSU Quickly, machte er 1957 den Führerschein, stieg auf eine Isetta um und liebäugelte wenig später schon mit einem VW. Er legte sich eine Uhr für 350 DM zu und wünschte sich zum Geburtstag Geld statt Platten, weil er die Anschaffung eines neuen, edlen Plattenspielers plante.

> Ich will den Philips verkaufen (Hoffmanns nehmen ihn für 50 Mark) und mir dafür das Beste vom Besten, eine HI-FI-Handanfertigung mit elektromagnetischem Tonabnehmer von ELAC zulegen. Das ist wirklich nur etwas für Sammler, aber der bin ich ja schließlich. Der Motor ist absolut ganggenau, Wendel hat auch das Gerät und ist entzückt davon. Er kostet 233 Mark, ich hoffe ihn mit 20 % zu bekommen. Wenn ich auch noch etwas zulege und das Geld für den alten Apparat abziehe, kommen wir hin. Ich glaube, das ist das Sinnvollste. Wieder etwas fürs Leben! (10. 1. 1958)

Im Sommer 1959 kam dann der berufliche Durchbruch, lieferte Andreas Meyer-Hanno seine erste eigenständige Inszenierung ab: Verdis «Rigoletto». «Nunmehr erleichtert» über den Erfolg der Generalprobe schrieb er an «Lieb Mütterlein meinchen!»:

> Der «Rigoletto» wird ein großer Erfolg! Die Presse ist ja noch nicht drin gewesen, aber nach dem Echo der gestrigen Aufführung, nach den vielen Vorhängen, die bei einer Generalprobe doch durchaus unüblich sind, kann man das schon absehen. Alle waren begeistert, alle auf die es ankommt, Hartmut, meine Freunde, die Kollegen, Dreier, die Sänger, der Chor, das Ballett. Barfuss war besonders nett, zog mich beiseite und sagte: «Der Aufführung merkt man in keinem Punkte an, dass sie Ihre erste Arbeit ist!», und Trouwborst, mit dem ich noch nicht einmal auf allzu gutem Fuße stehe, sagte nett und ehrlich: «Diese Inszenierung ist mehr als ein Versprechen!» Auch Reinhardt schien sehr angetan; er war in allen Schlussproben anwesend und hat sich wirklich sehr für das Zustandekommen der Aufführung interessiert, mehr als ich es von ihm erwartet hätte. (1. 7. 1959)

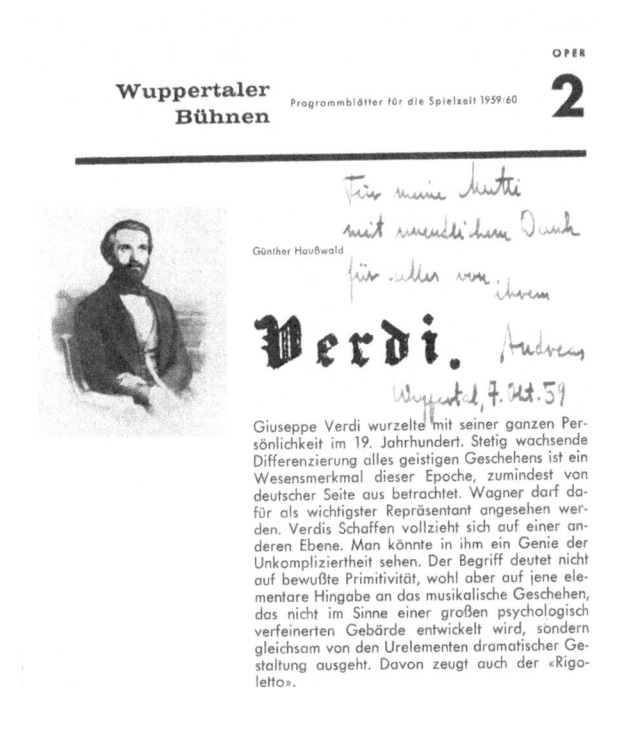

Wuppertaler Bühnen — Programmblätter für die Spielzeit 1959/60 — OPER 2

Günther Haußwald

Verdi.

Für meine Mutter mit unendlichem Dank für alles von ihrem Andreas
Wuppertal, 7. Okt. 59

Giuseppe Verdi wurzelte mit seiner ganzen Persönlichkeit im 19. Jahrhundert. Stetig wachsende Differenzierung alles geistigen Geschehens ist ein Wesensmerkmal dieser Epoche, zumindest von deutscher Seite aus betrachtet. Wagner darf dafür als wichtigster Repräsentant angesehen werden. Verdis Schaffen vollzieht sich auf einer anderen Ebene. Man könnte in ihm ein Genie der Unkompliziertheit sehen. Der Begriff deutet nicht auf bewußte Primitivität, wohl aber auf jene elementare Hingabe an das musikalische Geschehen, das nicht im Sinne einer großen psychologisch verfeinerten Gebärde entwickelt wird, sondern gleichsam von den Urelementen dramatischer Gestaltung ausgeht. Davon zeugt auch der «Rigoletto».

Verdis Rigoletto in Wuppertal: Ausriss aus dem Programmheft mit Widmung an die Mutter (NL 112)

Premiere vor voll besetztem Haus war Anfang September. Die Presse lobte Meyer-Hannos Entschluss zum «Unkonventionellen», ohne dass er der «Gefahr eines willkürlichen Experiments» erlegen sei. «Die Inszenierung von Andreas Meyer-Hanno», so die Neue Rheinzeitung Wuppertal, «tat in diesem Falle das Beste, nämlich durch keine unnötigen Extravaganzen vom musikalischen Geschehen abzulenken, durch das dieses Stück nun einmal so faszinierend wirkt.» Die Westfälische Rundschau rühmte die «geschickte Personenführung» und die «überzeugende Geschlossenheit» von Regisseur, Bühnenbildner und Dirigent (Zitate nach Zeitungsausschnitten, NL 112). Mit dieser ersten eigenen Inszenierung endete auch die Zeit als Regieassistent. Andreas Meyer-

Hanno stieg zum Zweiten Spielleiter auf, was er bis zu seiner Berufung zum Oberspielleiter am Badischen Staatstheater Karlsruhe im Jahr 1964 blieb.

«Ich bin, sozusagen, ‹falsch mit mir selbst besetzt›» – Beziehungsmuster im Schatten einer Übermutter

Meyer-Hanno reizte an Walter «die Kombination von Ursprünglichkeit und Verfeinerung» – «während mir seine Ungezwungenheit und Vitalität imponiert, ist er von der mich umgebenden Atmosphäre angezogen, sodass wir uns sehr zu einander hinzuentwickeln zu scheinen». In einem persönlichen Bildungsprogramm, einer Art ‹pädagogischem Eros› folgend, versuchte der Intellektuelle, den Arbeiter, der mit ihm «in eine ganz andere Sphäre» hineineinkam, «zu kultivieren», ihm Tischmanieren beizubringen, daran zu gewöhnen, nicht nur in alten Jeans aus dem Haus zu gehen und sich für die Welt der Musik zu interessieren (10. 11. 1957). Seine von der Mutter übernommenen hohen Ansprüche an eine Beziehung, die eingeforderte Disziplin, die Besitzansprüche und das Machtgefälle – diese Faktoren sorgten jedoch für immer wiederkehrende Konflikte, für ein Wechselspiel von Trennungen und Versöhnungen, für tiefe Zweifel an der Richtigkeit seiner Entscheidungen. Hinzu kam, dass die Mutter ständig nörgelte und immer wieder mit einigem Missfallen kommentierte, was sie von der Beziehung des Sohnes erfuhr. «Auf Deinen Walter betreffenden Passus aus Deinem letzten Brief möchte ich angesichts des nahenden Friedensfestes nicht näher eingehen», konterte Andreas eine ihrer Bemerkungen im Dezember 1963 trotzig: «Um Dich zu beruhigen: Wir erleben im Moment eine besonders gelöste, besonders glückliche Zeit, auch wenn Du platzt!» (13. 12. 1963)

Nach acht Jahren in Wuppertal (fünf davon als Zweiter Spielleiter) wechselte Andreas Meyer-Hanno 1964 als Oberspielleiter an das Badische Staatstheater Karlsruhe, von wo aus er auch zahlreiche Gastinszenierungen übernahm. Beruflich war er damit auf der Erfolgsspur. Doch

Walter Pfalz, ohne Datum. Notiz auf der Rückseite:
«Das erste ‹Ich liebe dich› nach drei Monaten. Rolandseck» (NL 90)

Walter, der eigentlich mit ihm hätte kommen sollen, blieb in Wuppertal. Walter hatte die Sorge, dass der Wechsel nach Karlsruhe nicht der letzte sein würde und befürchtete, dass er immer wieder in anderen Städten von vorne anfangen müsste. Doch die Beziehung hielt nach all den Krisen, dramatischen Szenen und Unterbrechungen, die sie schon hinter sich hatte, trotzdem und wurde zunächst als lockere Fernbeziehung, dann bis zu Walters Tod als Freundschaft fortgesetzt.

Die ständigen Spannungen zwischen den beiden hatten aber ihre Spuren hinterlassen, Andreas war verunsichert und wollte eines auf jeden Fall nicht mehr: sich über seine Beziehungsprobleme auch noch mit der argwöhnischen und auch eifersüchtigen Mutter auseinandersetzen. Die Mutter registrierte die Veränderung, sprach sogar von einer «Krise». Andreas darauf:

> Mich wundert ein wenig, dass Du die «Krise» in unserer Beziehung erst jetzt bemerkst – eingetreten ist sie eigentlich schon

> vor einigen Jahren [...]. Damals erkannte ich, dass Dir der Kern meines Wesens fremd bleiben muss, und ich beschloss, mein Innerstes vor Dir zu verbergen, da ich einsah, dass ich allein auf mich gestellt mein ferneres Leben in die Hand zu nehmen hätte. (24. 9. 1965)

Es war einer der handgeschriebenen Briefe zum Geburtstag der Mutter, acht eng beschriebene Seiten lang. Die Probleme hatten sich schon zuvor zugespitzt, als er mit Elke Liebs eine junge Frau kennengelernt hatte, mit der ihn eine enge, kameradschaftliche Freundschaft und ein reger fachlicher Austausch verband. Er stellte sie auch der Mutter vor, sie gehörte schon so gut wie zur Familie, auch wenn von erotischer Anziehung kaum die Rede war. Dennoch hatte Irene Meyer-Hanno wohl die Hoffnung, eine endgültige Trennung von Walter forcieren und den Sohn doch noch in eine heterosexuelle Beziehung drängen zu können. Vor diesem Hintergrund schrieb er nun, dass er begriffen habe, dass «Du niemals mein Innerstes würdest begreifen können», dass «es für Dich den schwärzesten aller Tage bedeuten würde, wenn Walter zu mir nach Karlsruhe ziehen sollte. Unter diesem Gefühl zu leben, bedeutet keine Kleinigkeit für mich, ich gestehe es ganz offen.» Dass sie ihn mit Elke hatte verkuppeln wollen, die Vermessenheit, «unter profunder Unkenntnis meines Wesens wissen zu wollen, worin meine Glückseligkeit besteht und die daraus resultierende törichte und unheilbringende Mariagenmacherei» brachte ihn jetzt noch auf die Palme. Der Brief endet dann doch durchaus versöhnlich mit «allen guten Wünschen» zum Geburtstag, «sei innigst und vielmals umarmt von Deinem guten Sohn Andreas» (ebd.). Doch ein gutes Jahr später, im Januar 1967, brach es wieder aus ihm heraus:

> Allerdings bin ich heute mehr denn je dessen gewiss, dass Du seit einer geraumen Zeit von meinem eigentlichen Wesen ein falsches Bild hast. Das, welches Du Dir machst, steht in krassem Gegensatz zur Realität, weil es ein Wunschbild dessen ist, was Dir vorschwebt. Und je mehr die Wirklichkeit zwischen diesem Ideal-Andreas (der in den entscheidenden Punkten eine Reinkarnation von Irene Sager ist) und dem wirklichen Andreas eine Lücke reißt, desto schwieriger wird sich auch unser Verhältnis gestalten. (13. 1. 1967)

Andreas Meyer-Hanno und Walter Pfalz, ohne Datum (NL 85)

Wenig später war dann wirklich Schluss mit Walter, obwohl die Freundschaft der beiden auch darüber hinaus hielt: «Es vergeht keine Woche», erklärte Andreas noch 1980, «wo wir nicht miteinander reden» (Holy 1980). Die Ursache seiner Beziehungsprobleme sah er aber nicht in den tief verinnerlichten und doch von ihm abgelehnten Einflüssen und Maßstäben seiner Mutter. Er sah sie vor allem bei sich selber: «Ich bin, sozusagen, ‹falsch mit mir selbst besetzt›, und ich kämpfe gegen diese ‹Fehlbesetzung› an, soweit ich dazu imstande bin.» (13. 5. 1967)

An dieser «Fehlbesetzung» änderte aber auch die folgende Beziehung zu Rolf nichts. Mit ihm wiederholte sich das Muster, an dem er schon mit Walter gescheitert war. Anfang 1968 hatten sie sich kennengelernt, planten sogar, dass Rolf zu Andreas in die Wohnung zieht. Doch Andreas kam mit sich und seinen Ansprüchen, seinen Ängsten und Widersprüchen nicht zurecht, sie trennten sich. In dieser Situation kam er wieder auf seine Mutter zurück, bot ihr in Anspielung an die Besuchsregelungen für Westberliner Bürger im Ostteil der Stadt ein «Passierscheingespräch hinsichtlich meines Privatlebens» (2. 2. 1968) an. Anfang 1969 zog er ihr gegenüber so etwas wie eine Zwischenbilanz:

> Ich weiß, dass ich sehr vieles für eine ernsthafte Beziehung mitbringe, bin mir aber auch dessen bewusst, dass der strenge Maßstab, den ich an mich lege, jeden Menschen belasten muss. Es sind nicht alle mit der gleichen Kraft versehen. Und ich suche mir auch immer schwächere Partner aus, an denen ich mein verdammtes «pädagogisches Eros» ausprobieren kann. Das eine ist mit dem anderen kaum zu vereinen. Eigentlich nur dann, wie im Falle Elke, wenn es sich abseits von allen sexuellen Dingen vollziehen kann. Was in der Praxis bedeutet, dass der Riss zwischen Geist und Genitalzone, der so schwer zu überbrückende, immer weiter wird, und ich in eine Art Schizophrenie gerate, weil ich oben und unten nicht mehr zusammenkriege. Der Versuch mit Rolf sollte noch einmal bewirken, den ganzen Menschen zum Objekt der Liebe zu machen, aber das ging ja nun schief. Das ermutigt nicht unbedingt. Ich habe einerseits das Gefühl, dass es das Beste für mich wäre, allein zu bleiben. Andererseits habe ich einen solchen Überschuss an Bedürfnis nach Ergänzung, Wärme, körperlicher Nähe, prometheischer Lust, etwas Sinnvolles auch auf privatem Gebiete zu schaffen, dass ich leicht einen Affektstau bekomme, wenn ich all das nicht loswerde. So vermisse ich Rolf auch weniger als Mensch denn als Lebenspartner; es war so gut, jemanden bei sich zu Hause zu wissen, der auf einen wartete, der sich um alles kümmerte, der sich freute, wenn man kam. Das klingt alles völlig kindisch und albern, aber die Haustier-Funktion eines Lebensgefährten bedeutet für mich außerordentlich viel. Das Dämliche an meiner Situation ist natürlich auch, dass ich auf ganz bestimmte Temperamente fixiert bin und andere, die für meine Bedürfnisse vielleicht völlig geeignet wären, von mir überhaupt nicht wahrgenommen werden. (18. 2. 1969)

Im November 1969 lernte Andreas Meyer-Hanno während einer Gastinszenierung in Duisburg den Eisenbahner Karl-Otto Klüter kennen, mit dem ihn eine intensive Beziehung bis zu seinem Lebensende verband. Die Beziehung war stets auf Distanz, und hat vielleicht deshalb so lange gehalten. Klüter besuchte den Freund in Karlsruhe, aber auch an seine späteren Wirkungsstätten. Anfangs wollte Meyer-Hanno eine engere Beziehung, da wollte Klüter dies nicht, dann kehrte sich das um, aber mittlerweile hatte Andreas Meyer-Hanno andere Vorstellungen von Beziehungen (vgl. Holy 2012). Fast zehn Jahre später, nach seinen Erfahrungen in der Schwulenbewegung und dem Umzug nach Frankfurt, hatten sich seine Vorstellungen von Sexualität und Beziehungen grundlegend geändert. Er akzeptierte den Riss zwischen Geist und Genitalzone. Auf der einen Seite pflegte er seine Freundschaften, wozu für ihn auch ehemaligen Beziehungen gehörten. In dieser Hinsicht war er eine treue Seele, sprach ironisch von seinem «Harem» (u. a. 31. 1.1970) und hielt die Kontakte, solange es überhaupt möglich war. Das gilt insbesondere für seine außergewöhnliche Freundschaft mit Elke Liebs, aber auch für die mit Karl-Otto Klüter. Beide hielten bis zu seinem Tod. Auf der anderen Seite suchte er Sex in der Subkultur. Die Stimmung in den Bars hatte für ihn jedoch immer «etwas fürchterlich Deprimierendes», hier traf er überwiegend auf «hochgeföhnte und parfürmierte» Gäste und «Dressmen-Typen». Ihn zog es dagegen eher in einschlägige Klappen oder Parkanlagen, dort ging es «viel ehrlicher und zielgerichteter, ohne diesen ganzen Werbeklimbim» (Holy 1980) zu. Im Februar 1980 schrieb er ganz im Sinne einer vielleicht auch etwas unkritisch übernommenen Befreiungsideologie der Schwulenbewegung an die Mutter:

> Ich glaube, Dein Kopfschütteln angesichts «unserer» Beziehungen ist doch auf die Elle zurückzuführen, mit der «ihr» – ich benutze absichtlich konfrontierende Homo-Hetero-Gegenüberstellungen – Bindungen zwischen Menschen zu messen pflegt. Je mehr ich darüber reflektiere, desto klarer wird mir, dass «unsere» Beziehungen einfach grundsätzlich anders laufen und mit Hetero-Beziehungen, zumindest den bürgerlich tradierten, inkommensurabel sind. Es würde jetzt zu weit führen, das im Detail zu erläutern, doch existiert in jedem Fall ein fundamentaler qualitativer Unterschied, der auch jede Wertung wie «oberflächlich» o. ä. disqualifiziert. Das Hauptmoment ist wohl die totale Ablehnung des Besitzdenkens, was Partnerschaftlichkeit anbetrifft, auch die starke Bejahung von Sexualität als Zeichen gesteigerter Kommunikation zwischen zwei Menschen, alles das, was es in Zeiten vor dem Christentum im Abendland gab,

was in anderen Kulturkreisen nie zu existieren aufgehört hat.
Ich bin nicht so dumm, das Spezifische des homosexuellen Verlangens als naive Rückkehr zu heidnischer Sinnesfreude hochzujubeln. Wir sind in diesem Kulturkreis großgeworden und haben seine Moralvorstellungen internalisiert, schleppen also eine ganze Portion von geschlechtsspezifischer, also «männlicher» Erziehung mit uns herum. Der Versuch, sich von ihnen (den Vorstellungen) zu emanzipieren, muss zu Kollisionen führen, und oft führen wir einen Abgrenzungs- und Identitätsfindungs-Kampf gegeneinander, der etwas Tragikomisches hat. Wie denn auch nicht, haben wir doch in unseren entscheidenden Entwicklungsjahren keinerlei Modelle gehabt, mit denen wir uns hätten identifizieren können? Um uns herum nur die Kleinfamilie als einziges Leitbild. Dies Gefühl, eben «anders» zu sein, die Leitbildlosigkeit in der Phase der sexuellen Identitätsfindung, das hat die Verletzungen in uns bewirkt, nicht etwa die akute Diskriminierung. Und wenn wir nun versuchen, «wärmer» zu leben und die tradierten Geschlechterrollen infrage zu stellen, so muss das auch mit einer Absage an die Kanalisierung von Sexualität verbunden sein. (1./2. 2. 1980)

«Man kann nur Wind in den stagnierenden Laden bringen ...» – Studentenproteste, «Aida» und erste Buhrufe im Opernhaus

Die Studentenproteste gegen den Mief der Adenauerjahre, die Notstandsgesetze, den Vietnamkrieg und den Schah-Besuch brachten die restaurativen Verhältnisse der Bundesrepublik in Bewegung. Vor allem die Notstandsgesetze trugen dazu bei, dass Andreas Meyer-Hanno sich politisierte, dass er langsam aber sicher ein Linker wurde. Er, der bis dahin vor allem für den Beruf gelebt hatte, musste sich vor dem Hintergrund der Polarisierung der Gesellschaft jetzt fragen, für wen er eigentlich arbeitete: für ein «sektschlürfendes Nerzjäckchen-Publikum, was allabendlich da unten sitzt und sich meine ‹Toscas›, meine ‹Troubadoure›, meine ‹Rosenkavaliere› reinzieht» (Mann im zweiten Glied, NL 202)?

Als sich die Lage nach den Schüssen auf Rudi Dutschke am 11. April 1968 zuspitzte und die außerparlamentarische Opposition (APO) gegen die Bild-Zeitung und die Springer-Presse mobil machte, verteidigte Andreas dies gegenüber seiner eher skeptischen und ablehnenden Mutter. Eine Woche nach dem Attentat betonte er, das sich «die Studenten [...] für Frieden, für eine Veränderung einer saturierten Gesellschaft» einsetzten und erklärte, dass man «nur Wind in den stagnierenden Laden bringen [kann], wenn man ähnlich spektakuläre Aktionen inszeniert – anders wird man ja doch nicht gehört»:

> Dass die entsetzliche Hierarchie der Universitäten mit ihrem jahrhundertalten Magnifizenz-Muff endlich über Bord gefegt wird, dass die erschreckende publizistische Machtkonzentration in einer Hand beschnitten wird, all das sind doch seit Jahren unser aller Wünsche, und wenn ich an die politisch völlig indifferenten Studiker meiner Akademikerjahre denke, so bin ich doch froh, dass die jüngere Generation aus ihrem Dornröschenschlaf aufgewacht zu sein scheint. Wenn ich an den Frühstückssaal in Borkum* denke, wo selbst relativ niveauvoll aussehende Leute allmorgendlich ihr BILD-Weltbild in sich hineinschlürften, und zwar nahezu ohne Ausnahme, dann bin ich wirklich dafür, dass dieser Meinungsverdummungsindustrie größten Ausmaßes der Boden entzogen wird, auf dass die Leute endlich wieder zum Nachdenken kommen und nicht nur vorgekautes und manipuliertes Zeug in sich hineinfressen. (18. 4. 1968)
> *während eines Ferienaufenthalts*

Bei der Baden-Württembergischen Landtagswahl 1968 wählte Andreas Meyer-Hanno die SPD und zeigte sich schockiert, als die NDP ins Parlament einzog. Noch verhielt er sich ambivalent, auch, als die ehrwürdige Institution des Theaters von den Ausläufern der Revolte erfasst wurde. Linke Kritiker sahen es nur noch als hochsubventionierten Amüsierbetrieb für bürgerliche Kreise. Intern rumorte es, weil jüngere Kräfte die streng hierarchische und autoritätsbestimmte Struktur in Frage stellten, mehr Mitsprache und eine stärker an politischen Fragen orientierte Arbeit einforderten. Meyer-Hanno sah seinen Standort in der «Pufferzone»:

«Die Jungen beanspruchen mich noch für sich», schrieb er am 2. November 1970 an die Mutter, «während ich von meiner Position her zu denen gehöre, die eigentlich auf ihre Pensionierung warten».

In dieser Situation arbeitete er an einer Inszenierung von Verdis «Aida». Mit dieser Arbeit wollte er einen neuen Akzent setzen. Darum geht es in «Aida»: Die Ägypter haben die äthiopische Königstochter Aida entführt und als Geisel genommen, diese verliebt sich in Radames, den Feldherrn der Ägypter. Doch Radames ist längst der Tochter des ägyptischen Pharaos versprochen, wenn er die Äthiopier, die Aida nach Hause zurückholen wollen, vernichtend schlägt. Er muss sich entscheiden: Bleibt er seinem Volk treu oder seiner Liebe? Die bis dato bei «Aida» apologetisch-glorreich inszenierten kriegerischen Auseinandersetzungen wollte Meyer-Hanno in seiner Arbeit aus ihrem historischen Kontext herausheben und vor dem Hintergrund der zeitgenössischen Kriege in einen «Anti-Triumphzug mit ungeheuren Grausamkeiten» verwandeln.

Der für die Inszenierung programmatische Text stammt aus dem Begleitheft einer Inszenierung der Komischen Oper in Berlin. Er findet sich in Meyer-Hannos Arbeitsmappe und stammt von dem damals noch in der DDR lebenden und arbeitenden Regisseur Götz Friedrich. Friedrich diagnostiziert darin ein absolutes Desinteresse Verdis an den historischen Fakten, die dem Stoff zugrunde liegen. Er schließt daraus, dass Verdi der Auftrag einer «Kairo-Oper» – Anlass war die feierliche Eröffnung des Suez-Kanals – dazu gedient habe, ein «Modell der Wirklichkeit» zu schaffen, «das ebenso sinnenhaft faszinierend ist wie der Bloßlegung politischer und geistiger Prozesse dient». Verdi habe die Kriege in Europa «als militanten Interessenstreit der verschiedenen nationalen Bourgeoisien [erkannt], [...] sie als barbarischen Ausdruck der Antagonismen der ihn umgebenden Gesellschaft» empfunden. Die im Tod der beiden Liebenden besiegelte Aussage des Werkes liege für ihn darin, «dass die Revolution der Humanität permanent sein muss – und dass für ihren Erfolg die Beseitigung antagonistischer gesellschaftlicher Widersprüche nötig ist!» (Programmheft «Aida», NL 171)

Verdis «Aida» als marxistisch interpretiertes Antikriegsstück, als Stück einer permanenten Revolution der Humanität, die den Widerspruch zwischen Kapital und Arbeit beseitigt? Das war eine Provokation, «das war fast ein Kündigungsgrund» (Holy 1980). Im November 1970 schrieb er mitten aus den Vorbereitungen der Aufführung an die Mutter:

Szenenfoto aus Mayer-Hannos «Aida»-Inszenierung (NL 188)

Für «Aida» sind wir auf eine sehr interessante Lösung gekommen, die allerdings nicht einfach durchzuführen sein wird. Nichts, aber auch gar nichts Ägyptisches mehr, eine kalte, glatte Welt aus Kunststofffolie, silberne Wände, Podeste, Fantasiekostüme. Der Triumphzug eher an «Hair» orientiert, eine große Scheußlichkeitenshow, Pane et circenses. [...] Es mag sein, dass die Abonnenten mit Eiern schmeißen. Aber ich kann das Stück wirklich nicht mehr im Sandkasten des Völkerkundemuseums ansiedeln, die Zeit ist einfach vorbei. (14. 11. 1970)

Irene Meyer-Hanno verfolgte die Arbeit des Sohnes wie immer mit großem Interesse: «Selten war ich auf eine Inszenierung von dir so gespannt wie auf ‹Aida›. Was du mir so berichtest, ist mir in Teilen schon klar, wie du es nur zu einem einheitlichen Ganzen zusammenbaust. Da bin ich begierig, und ob es dir ganz ohne Stilbruch und Gewalttakt gelingen wird.» (6. 12. 1970) Ein Gewalttakt sollte es werden, denn obwohl die beteiligten Instanzen – Regie, Choreografie, Bühnenbild – sich abstrakt einig waren, gingen sie konkret in unterschiedliche Richtungen. «Ganz entsetzt bin ich über die Choreografie», so Meyer-Hanno. Das Ballett, das nach Götz Friedrich nicht nur «Einlage» sein, sondern für das Stück bedeutungsvolle kultische Akte zeigen sollte, zeigte sich dem Regisseur lediglich als «eine Reihung von abgeklapperten Schulschritten» (9. 12. 1970). Die Mutter wünschte nur das Beste, schien aber schon eine Ahnung zu haben:

> «Es ist ja diesmal, wo du doch vom gewohnten Weg etwas abweichst, nicht vorherzusagen, wie es wird, ob du zufrieden bist, das machen konntest, was du dir dachtest, wie es auf die anderen wirkt und ob sie begreifen, was du reingelegt hast. (20. 12. 1970)

Am zweiten Weihnachtsfeiertag 1970 war Premiere – die Reaktion des Publikums und der Presse war verheerend. «Zum Glück, möchte man sagen, ist mit etlichen Arrangements dieser Inszenierung die Schwelle vom ernst zu nehmenden schlechten Geschmack zur Belustigung des Publikums schon ein wenig überschritten», urteilten die Badischen Neuesten Nachrichten in der Ausgabe vom 28. Dezember. Im «Karlsruher Anzeiger», ihrem Anzeigen-Wochenblatt, griffen sie das Thema im Neuen Jahr noch einmal auf – diesmal in der Bilanz der Unfälle, Unglücke und Missgeschicke, die sich über Weihnachten und Silvester in Karlsruhe ereignet hatten:

> Aber nicht nur die kommunale Festtagsfreude war getrübt, sondern auch die musische: Ausgerechnet die Weihnachtspremiere im Staatstheater wurde zu einem kleinen Theaterskandal, denn die «Aida» wurde in ein Revolutionsstück umfunktioniert. Dazu Ägypter in Astronautenlook, Radames aus dem Lastenaufzug und Triumphmarsch mit Folterszenen – das war einfach zu

> **KULTUR**
>
> ## Eine umstrittene „neue" Karlsruher „Aida"
>
> Zu bemühte szenische Neuerungsversuche bewirkten Lacher und „Buh"!-Rufe — Unabhängig davon: Hochwertige musikalische Gestaltung
>
> Mit einer in vielem unbedingt Neues auf die Bühne bringen wollenden Neuinszenierung von Giuseppe Verdis gerade hundertjähriger Oper „Aida" wartete das Badische Staatstheater im Großen Haus auf. Im musikalischen Bereich vermittelte die Aufführung der Schau-Oper und Musikdrama feinsten Zuschnitts und großen Atems vereinenden Werkes durchweg erlesene Genüsse — durch das Orchester (am Pult Generalmusikdirektor Arthur Grüber), durch den wesentlich verstärkten Chor (Wilhelm Sautter) und durch die Solisten, wobei wieder die meisten Partien doppelt besetzt sind (Constantin Dumitru — König; Faith Puleston — Amneris; Astrid Schirmer — Aida; Andrej Kucharsky — Radames; Hans Hofmann — Ramphis; Jef Vermeersch — Amonasro; Joseph Ilardo — Bote; Kay Griffel — Priesterin).
>
> Die im weitesten Sinne des Begriffs klassischen Werke des Sprech- und Musiktheaters, die in ihrer Zeitlosigkeit der menschlichen Konflikte stehend und allzu bemühte Aktualisierungsversuche nicht nötig haben, blieben bisher in Karlsruhe von krassen Neuerungsbestrebungen verschont. Nun hat's aber in mancher Hinsicht die „Aida" „erwischt" — in der vierten Karlsruher Nachkriegsinszenierung dieses Werkes um die alles bewegende und so vieles zerstörende Macht der Liebe, die hier in besonderer Breite ihrer Möglichkeiten
>
> zum Opernfinale vorausgeahnt wird (wir schon mal ein wenig an Abgeschlossenheit gewöhnt haben).
>
> Das Ballett zeigt sich in schwarzen Lederanzügen mit Silberbesatz (Oberteil, lange Hosen, nabelfrei). Wie Rocker wirkend, schwingt die Damen- und Mannschaft Peitschen (Choreographie: Peter Köhler). Der Effekt: die Geschichte wirkt langweilig statt festlich-bewegt. Ägyptens Soldaten stecken in Anzügen, die an Weltraumfahrer erinnern (Kostüme: Helmi Hensler, die's dieses Mal schon mit Leder hat). Köpfe und Gliedmaßen der besiegten Äthiopier werden, an hohen Pyramiden geschiftet („saubere" Arbeiten des Staatstheater-Kascheure), am König und dem Volk vorbeigetragen.
>
> Nichts dagegen und alles dafür, die Grausamkeiten eines Krieges auch in diesem sonst die Augen zu verwöhnenden Triumphmarsch-Bild zu zeigen, aber die Darbietung in Karlsruhe ist einfach lächerlich und hat keinerlei Glaubwürdigkeit in der szenischen Ausführung, die hier die Grenzen zum Dilettantischen nicht nur streift.
>
> Dem doch lachen und „Buh!"-Rufe munter gewordenen Publikum weiter als die Sprünge zu helfen, werden auch noch Äthiopier „gefoltert", und Putztrupps mit Besen und Walzen folgen! Und das die Akrieen in dankbar wenig, diesen
>
> Auftritten auch nur den Anschein von Glaubwürdigkeit zu geben. Durch betonte Theatralik wurden hier die sicher guten Absichten ins Gegenteil verdreht. Kräftiges Gelächter war nicht nur bei der Premiere, die voll verständliche Reaktion eines Publikums, das nicht wissen konnte, ob hier vielleicht die ganze Geschichte als Parodie zu verstehen war.
>
> Zu vermerken wäre noch, daß die Tänzchen im Gemach der Amneris dem Charakter der Musik sich entgegenstellt, daß die Priester davon befreit wurden, „Glatzenperücken" tragen zu müssen, daß nach der Pause das Geschehen in gewohnten Bahnen eindringlich verlief und der Oper schließlich das Klangpastell des Vorspiels im entrückten Zwiegesang des im Tode herzeinig nahen Paares Aida-Radames ihr bewegendes Ende findet, kontrapunktiert von der versöhnenden Klage der Amneris. Über eine „durchkomponierte" Neu-Inszenierung der Verdi-Oper ließe sich diskutieren. Die Karlsruher Neueinstudierung ist aber nicht nur mit dem Odium des Lächerlichen in der genannten Szene behaftet; sie ist auch uneinheitlich und inkonsequent. Die auf Erhöhungen abzielende Inszenierung wird das Prunkopernbilder liebende Publikum sicher noch zu manchen weiteren Diskussionen veranlassen.   Franz Josef Wehinger

*Der Karlsruher Theaterkritiker Franz-Josef Wehinger
über Andreas Meyer-Hannos «Aida» (NL 171)*

viel, als dass es selbst die guten gesanglichen Leistungen hätten wettmachen können – und so gab es das für Karlsruhe seltene Ereignis, dass am Staatstheater Buh-Rufe ertönten. Sie sollten für Experimente am falschen Objekt eine Warnung sein …
(alle Zitate nach Zeitungsausrissen, NL 171)

«Ja, nun habe ich das erste große Buhkonzert hinter mir, um das wir ja, bewegen wir uns etwas abseits von den ausgefahrenen Geleisen, wohl alle kaum herumkommen», stellte der Regisseur fest:

> Die Provokation bestand vor allem darin, dass alles, was man mit althergebrachten Aida-Vorstellungen verbindet, nicht stattfand. Und das, was stattdessen zu sehen war und was die Leute von der Unverbindlichkeit des Verkonsumierens abhalten sollte, konnte so schnell ihre Frustration nicht vergessen machen; das ist ein sehr erklärlicher Vorgang. (27. 12. 1970)

Meyer-Hanno registrierte aber auch, dass die Aufführung «bei allen jungen Menschen» gut ankam. Unterm Strich markierte die Inszenierung einen Einschnitt in seiner Arbeit. Er sei «sehr karlsruhemüde», bekannte er der Mutter im selben Brief. Dazu hatte sicher auch beigetragen, dass er seit Beginn seiner Karriere unter einem riesigen Erfolgsdruck gestanden und ein ungeheures Arbeitspensum absolviert hatte. Immer wieder litt er an Überlastung, konnte nicht mehr abschalten, geriet er an den Rand eines Burnouts. Ein knappes halbes Jahr nach der «Aida»-Premiere begab er sich deshalb in eine Klinik in Gengenbach. Dass die (Über-)Mutter mit ihren ständigen Einmischungen und Ansprüchen durchaus ihren Anteil an der Situation hatte, blieb dort nicht verborgen. So erklärt der Sohn der Mutter den Rat seiner Ärzte, «dass es besser ist, im Moment alle Brücken zu der einen sonst umgebenden Sphäre abzubrechen» und schließt mit den Worten: «Leb wohl und ruf mich mal an.» (10. 6. 1971)

1972, nach acht Jahren als Oberspielleiter am Badischen Staatstheater, war es soweit: Obwohl in Karlsruhe alles wieder gut für ihn lief, war für Andreas Meyer-Hanno ein «Wechsel, wohin auch immer, von unbedingter Notwendigkeit». Er brach die Brücken dort ab und zog als Oberspielleiter des Staatstheaters nach Braunschweig. Einen Aufstieg bedeutet das nicht, aber:

> Ob Du's nun glauben magst oder nicht – bei meiner Entscheidung für Braunschweig spielte natürlich auch die Nähe zu Berlin eine Rolle. Ich kann natürlich unendlich viel leichter einen Trip dorthin machen als von Karlsruhe aus, und es ist vielleicht ganz gut, wenn ich nicht so weit entfernt von Dir bin. Auch Du kannst in ein paar Stunden mit dem Zug dort sein, da brauchst Du nicht einmal zu fliegen, außer im Winter, es ist ja gleich hinter der Zonengrenze. Es wird alles viel einfacher, und wenn sich die Herren auch noch über die Übersetzungsfrage des Abkommens* einigen, dann wird man vielleicht sogar schon in drei Stunden [am] Laubenheimer Platz [sein]. (4. 9. 1971)
> *Gemeint ist das zwischen der BRD und der DDR Ende 1971 ausgehandelte und 1972 in Kraft getretene Transitabkommen für West-Berlin.*

Im November 1972 rief Meyer-Hanno zur Wahl der SPD auf und schrieb der Mutter sogar, dass er auch für deren Wahlfonds gespendet habe, wählte aber nach eigener Aussage aus taktischen Gründen FDP. Es wollte, dass die Liberalen wieder ins Parlament einzogen, denn dass die SPD ihre Reformpolitik ohne sie fortsetzen könne, schien ihm fraglich. Den Errungenschaften der 1968er Revolte gegenüber hatte er eine durchaus ironisch-kritische Distanz:

> Ach, ich sah nochmals «Hair» – was ist in fünf Jahren aus einer Sache geworden, die einmal als Zustandsbericht einer Form von Revolte interessant und symptomatisch war! Heute wird das von einem völlig intakten bürgerlichen Publikum konsumiert wie die «Fair Lady», und der exotische Reiz der Blumenkinder ist eine Art Surrogat für die Chinoiserien aus «Land des Lächelns» geworden, nur dass sie uns peinlicher berühren. Man sieht, dass eine apolitische Form des Revoltierens, das ganz auf den persönlichen Bereich beschränkt war, aber auch gar nichts bewirkt hat. Flower-Power war Scheiße – vielleicht wird heute etwas weniger verkrampft gebumst, dafür umso mehr gebombst. (6. 11. 1972)

«TUNTENVERHALTEN ALS EINE KÄMPFERISCHE UND PROVOZIERENDE HALTUNG» – DER POLITISCHE AUFBRUCH MIT DER SCHWULENBEWEGUNG

1969 war die bis dahin noch immer gültige, von den Nationalsozialisten 1935 verschärfte Fassung des § 175 StGB reformiert worden. Homosexualität unter erwachsenen Männern – damals also Männern über 21 – war seitdem straffrei. Erste Zeitschriften für Schwule kamen an die Kioske, die im Verborgenen lebende Subkultur wurde offener, eine neue Schwulenbewegung formierte sich. In dieser Situation saß Andreas Meyer-Hanno in seiner Braunschweiger Wohnung vor dem Fernseher, als Rosa von Praunheims Film «Nicht der Homosexuelle ist pervers, sondern die Situation, in der er lebt» ausgestrahlt wurde, als im Anschluss daran – unter anderem mit Co-Autor Martin Dannecker – über die Lage der Schwulen und die nötigen Schritte zur Emanzipation diskutiert wurde.

Der Film, der im Juli 1971 auf den Berliner Filmfestspielen uraufgeführt worden und einen Monat später in die Programmkinos gekommen war, war längst zur Initialzündung einer neuen, selbstbewussten Schwulenbewegung in der Bundesrepublik geworden.

> Wir schwulen Säue wollen endlich Menschen werden und wie Menschen behandelt werden. Und wir müssen selbst darum kämpfen. Wir wollen nicht nur toleriert, wir wollen akzeptiert werden. Es geht nicht nur um eine Anerkennung von Seiten der Bevölkerung, sondern es geht um unser Verhalten unter uns. Wir wollen keine anonymen Vereine! Wir wollen eine gemeinsame Aktion, damit wir uns kennenlernen und uns gemeinsam im Kampf für unsere Probleme näherkommen und uns lieben lernen. Wir müssen uns organisieren. Wir brauchen bessere Kneipen, wir brauchen gute Ärzte, und wir brauchen Schutz am Arbeitsplatz.
> Werdet stolz auf eure Homosexualität!
> Raus aus den Toiletten! Rein in die Straßen!
> Freiheit für die Schwulen!
> *(Aus Rosa v. Praunheim: «Nicht der Homosexuelle ist pervers, sondern die Situation, in der er lebt»)*

In Städten wie Berlin, Frankfurt, Köln, Hamburg oder Saarbrücken hatten sich nach einer Aufführung des Films und den anschließenden Diskussionen Gruppen wie die «Homosexuelle Aktion Westberlin» «Rote Zelle Schwul», «Gay Liberation Front» oder «Homosexuelle Aktionsgruppe Saarbrücken» gegründet. Bis dahin hatten sich die meisten ‹Homosexuellen› angepasst und in ein Doppelleben geflüchtet – bei Tage zeigten sie sich als respektable Bürger und wollten nicht auffallen, nachts besuchten sie ihre Bars und Treffpunkte. Das Elend einer solchen Selbstverleugnung, die ganze ‹Unanständigkeit› der Subkultur und eine damit verbundene Entsolidarisierung führte der Film den Homosexuellen, aber auch der gesamten Gesellschaft vor Augen.

Die Konsequenz, die der Film von den ‹Homosexuellen› einforderte: ein schwules Selbstbewusstsein zu entwickeln und als die «schwulen Säue», die sie für die Heteros sowieso waren, um Respekt und Achtung zu kämpfen! Es ging nicht mehr um Anpassung oder Duldung in einer patriarchalen Gesellschaft, sondern um deren Veränderung. Auch dem Bürger, erfolgreichen Opernregisseur und Oberspielleiter Andreas Mey-

homo~
sexuell?

ARBEITSGRUPPE HOMOSEXUALITÄT BRAUNSCHWEIG
trifft sich montags, 20°° Uhr, im
Freizeit- u. Bildungszentrum (Bürgerpark), Raum 5

AHB, 3300 Braunschweig, Postfach: 11 64/ Tel. (donnerstags von 20-22 Uhr): 6 31

wir auch!

Plakat der AHB Braunschweig (Sammlung Holy im Schwulen Museum)

er-Hanno öffnete der Film die Augen. Er spürte den Impuls zu einem Aufbruch, der auch sein ganz persönlicher werden sollte:

> «Die ‹Message› für mich war, dass wir überhaupt nur richtig existieren und uns durchsetzen können, wenn wir uns selber zunächst mal solidarisieren und den Schwulenhass unter uns abbauen und versuchen, eben unsere eigenen Kommunikationsformen zu finden.» (zit. n. Holy 1980)

Andreas Meyer-Hanno suchte Kontakte und kam so zur «Arbeitsgruppe Homosexualität Braunschweig» (AHB), die sich im Freizeit- und Bildungszentrum der Stadt traf. Aus Braunschweig kamen überwiegend Studenten und auch Schüler zu den Treffen, so Meyer-Hanno im Gespräch mit Michael Holy, aber das Einzugsgebiet der Gruppe war riesig. Es kamen auch Leute aus Celle, Salzgitter, auch ein Pfarrer aus Alfeld. Es gab offene Abende zum Kennenlernen, Gesprächsrunden über das Partnerbild, einen Lesekreis, der sich mit Martin Hoffmanns «Welt der Homosexuellen» auseinandersetzte.

Während sich die reformorientierte deutsche Fachliteratur zum Thema Homosexualität aus den 1960er Jahren vorwiegend auf ethische, strafrechtliche oder andere wissenschaftliche Aspekte konzentrierte, war es Anspruch des amerikanischen Psychiaters Hoffmann, «sich der Erkenntnisse aller Disziplinen [zu] bedienen, die sich mit menschlichem Verhalten beschäftigen» (Hoffmann 1971: S. 4). Sein in den USA 1968 und auf Deutsch 1971 erschienenes Buch folgte methodisch einer «ethnografischen Feldstudie». Hoffmann wollte wissen, «wie die Welt der Homosexuellen beschaffen ist, nicht aber sie *messen*» (S. 8), es ging ihm um «sozial relevante» (S. 11) Aspekte. So gewann er seine Erkenntnisse über den Alltag der Homosexuellen in San Francisco aus Gesprächen mit Schwulen aus sehr unterschiedlichen gesellschaftlichen Kreisen, mit sehr unterschiedlichen Lebenssituationen und -gewohnheiten, Haltungen zur Sexualität und Interessen, aber auch aus Besuchen schwuler Bars und anderer Treffpunkte. Ihm ging es nicht um graue Theorie, sondern hautnah um das eigene Leben – und die Möglichkeiten, «gegen das Fortbestehen gewisser gesellschaftlicher Konventionen zu protestieren» (S. 5).

Neben der Lektüre solcher Bücher gab es aber auch gemeinsame Ausflüge, Freizeitgestaltung und Treffen mit Gruppen aus anderen Städten. Auch über die AHB berichtete Andreas Meyer-Hanno an die Mutter:

> Ich schreibe Dir so ausführlich über all diese Dinge, weil sie mich im Moment sehr bewegen und weil ich sie, auch für mich selbst, für wichtig halte. Ich stieß zu der Gruppe zu einem Zeitpunkt, da ich mich außerordentlich isoliert fühlte in dieser für mich so fremden und kalten Stadt. Und von dem Moment an, da ich diesen Bezugspunkt auf eine Menschengruppe fand, war der Bann gebrochen. (31. 5. 1973)

Andreas Meyer-Hanno war mit seinen knapp über vierzig Jahren von Beginn an Senior der Bewegung, in deren Anfangsjahren das Thema «Alter» nicht präsent war und ältere Schwule es durchaus schwer hatten, Anerkennung zu finden. Fast niemand teilte seine Erfahrungen der Verfolgung in den 1950er und Anfang der 1960er Jahre. Aber er war mit ganzer Energie dabei. Der Oberspielleiter am Staatstheater beteiligte sich an den Aktionen der AHB, klebte nachts illegal Plakate und wurde dabei auch mal von der Polizei erwischt. Diese verhielt sich sogar einigermaßen freundlich, doch an einer Strafanzeige wegen Sachbeschädigung kamen die Aktivisten nicht vorbei. So mussten sie die nachts geklebten Plakate bei Tage einweichen und wieder entfernen, aber immerhin brachte die öffentlichkeitswirksame Aktion der Gruppe sechs neue Mitglieder.

Pfingsten 1973 fuhr Meyer-Hanno zu einem später legendären Aktionstreffen verschiedener Schwulengruppen nach Berlin. Am Auftreten der Tunten schieden sich dort die Geister. Tunten stellten die herrschenden Geschlechterrollen und damit das Patriarchat in Frage, provozierten durch ihr ‹anderes› Auftreten, betonten ihre Differenz zur heteronormativen Gemütlichkeit. In der Diskussion ging es darum, ob sie damit die gängigen Vorurteile gegen Schwule bestätigten und den Kampf für Toleranz und Akzeptanz somit torpedierten, oder ob eine durch Anpassung erkaufte Toleranz sowieso keine Bedeutung habe, ob es gerade darum ging, als die anderen, nicht dem herrschenden Männerbild entsprechende Männer, als die «schwulen Säue», wie es im Praunheim-Film hieß, akzeptiert zu werden. Dieser Streit betraf Andreas direkt und persönlich – schließlich hatte er Tunten bislang aus tiefstem Herzen abgelehnt:

> Ich bin das Schulbeispiel von jemand, der da früher gesagt hat: diese blöde Kuh blamiert ja die ganze Innung, und wenn die sich nicht so auffällig verhalten würde, dann hätten wir alle ein leichteres Leben. Und das sind so Dinge, die ich im Laufe der Zeit dort abgebaut habe. Und das ging anderen Leuten ebenso, sodass man dann wirklich mit lackiertem Fingernagel dort rumlaufen konnte. Da habe ich mich sicher unheimlich verändert, indem ich also Tuntenverhalten nicht nur als Nestbeschmutzerei – Phallokrat, der ich bin – sah, sondern eben auch als eine kämpferische und provozierende Haltung positiv zu sehen gelernt habe. (zit. n. Holy 1980)

Auch auf einem Wochenendseminar im November 1973, auf dem sich die Braunschweiger Gruppe mit Aktivisten der Homosexuellen Aktion Westberlin (HAW) traf, ging es um die «Tuntenproblematik». Dass «Phallokraten» wie Meyer-Hanno «da unheimlich Dinge erstmal rationalisieren mussten, um eine Tunte überhaupt akzeptieren zu können und zu sehen, was da auch an revolutionärem Potential in so einer Person steckt», resümierte er Jahre später, «das hat mich, auch – ich würde sagen – ein halbes Jahrzehnt gekostet. Ich kann immer noch nicht mit solchen Leuten ins Bett gehen, aber ich finde sie mittlerweile wirklich gut» (ebd.).

Die Mitglieder der AHB besuchten Schulklassen, schrieben Artikel für Schülerzeitungen, führten auf der Straße Aktionen gegen den § 175 durch und luden auch die 1975 in Hamburg gegründete Theatergruppe «Brühwarm» um Corny Littmann mit ihrem «Schwulen Jahrmarkt» ein. Die Gruppe, so Meyer-Hanno im Gespräch mit Michael Holy, übernachtete in seiner Wohnung, ihr mit schwulem Agitprop geschmückter Bus parkte direkt vor der Haustür. Angst vor Nachbarn oder Vermietern – Mitte der 1970er Jahre gehörte so etwas für ihn der Vergangenheit an.

Um bei allen politischen Aktivitäten und Diskussion die persönliche Entwicklung voranzutreiben, hatte Andreas Meyer-Hanno im AHB-Info 2/74 die «Notwendigkeit formuliert, neben den mehr den politischen und sozialen Aspekten der sexuellen Unterdrückung gewidmeten Montagabenden eine Selbsterfahrungsgruppe ins Leben zu rufen.» Als Ziel nannte er die «Stabilisierung der eigenen Persönlichkeit» und «die eigenen Schwierigkeiten nicht als persönliches Schicksal aufzufassen, sondern sie als Kollektivphänomene zu erkennen» (AHB-Info, Sammlung Holy). Auch ‹Feuerwehreinsätze› gehörten zu seinem Aufgabengebiet, wenn persönliche Konflikte eskalierten und er, ein respektabler Bürger der Stadt, glaubte, mit seiner Autorität helfen zu können. So beispielsweise in einem Fall, in dem ein immerhin volljähriges Mitglied der Gruppe mit seinem Freund in eine gemeinsame Wohnung ziehen wollte:

> In der vergangenen Woche drehten die Eltern dann vollends durch: nachdem der Gedanke an kollektiven Selbstmord (tatsächlich!) erst mal gebannt war, setzten sie gemietete Schläger, Privatdetektei etc. in Gang. Der Höhepunkt war wohl dann gestern Morgen erreicht, als der Vater, seines Zeichens hoher Justizbeamter, in die Wohnung des verhassten Schwiegersohnes eindrang, diesen und den eigenen Sohn zusammenschlug: Rettung aus dem fahrenden Auto heraus, Vater in der Rage fast überfahren, Schlag und Bisswunden, Anzeige bei der Polizei seitens des Sohnes, Klage auf Hausfriedensbruch, Feststellung der Körperschäden durch den Rote-Kreuz-Arzt, kurz, eine Familienkatastrophe. Es ging noch glatt, aber in solchen Amok-Situationen passieren halt Affektmorde. Oder man treibt einen solchen Jungen soweit, dass er sich was antut. Und alles, weil zwei erwachsene Menschen es für sinnvoll halten, ihr privates Leben miteinander zu teilen. (3. 3. 1975)

Beim ersten Rock-gegen-Rechts-Festival am 16. Juni 1979 in Frankfurt am Main tritt Andreas Meyer-Hanno im «Rock gegen Rechts» auf. Das Festival war eine Antwort auf ein «Deutschlandtreffen» der NPD. (Foto: Archiv der HMS)

«Die potentiellen KZ-Folterer sind weiterhin unter uns» – auch diese Erkenntnis gehörte zu den Erfahrungen der Emanzipationsarbeit. Auf einer Radtour ins Braunschweiger Umland war die Gruppe 1976 – einige von ihnen im Fummel – auf eine betrunkene Fußballmannschaft gestoßen. Die Folge: «Jagdszenen aus Niedersachsen» (8. 6. 1976).

«Na wenn det nischt ist!» – Krise in Braunschweig, Neuanfang in Frankfurt

Hatte Meyer-Hanno sich bis zu seiner Zeit in Karlsruhe mit seinem Schwulsein arrangiert und es im Rahmen der gesellschaftlichen Konventionen durchaus selbstbewusst gelebt, war er in Braunschweig zum Aktivisten der Schwulenbewegung geworden, der auch für sich ganz persönlich eine andere, freiere Existenz führen wollte. Diese Veränderungen waren radikaler als er selbst vielleicht zunächst gedacht hatte, sie betrafen auch seine Arbeit als Oberspielleiter. Lange Zeit hatte er nicht viel anderes als seine Arbeit, hatte er erfolgreich eine Karrierestufe nach der anderen erklommen. Er stand unter einem enormen Druck, den Weg des Erfolgs zielstrebig weiter zu verfolgen, doch das «Aida-Debakel» (8. 9. 1975) hatte ihm einen Knacks versetzt, war einer der Gründe für den Wechsel gewesen.

In Braunschweig hatten sich ihm ganz neue, unerwartete Möglichkeiten eröffnet. Die künstlerische Arbeit trat in ihrer Bedeutung immer mehr zurück, wurde schließlich zur Belastung. Am 8. September 1975 setzte er sich hin und schrieb einen Brief an die Mutter, der in seiner Dramatik an den Coming-out-Brief zwanzig Jahre zuvor erinnert: Er hatte beschlossen, seinen Beruf aufzugeben, sich «sogar ganz vom Theater zu lösen.»

> Der Prozess der Entfremdung zwischen mir und meinem Beruf hat in wachsendem Maße schizophrene Züge angenommen, sodass ich kaum noch eine Verbindung zwischen meiner beruflichen und meiner persönlichen Existenz feststellen kann. Das geht so weit, dass ich manchmal das Gefühl habe, irgendjemand anders macht meine Inszenierungen, und ich selbst stehe überhaupt nicht mehr hinter dem, was ich tue. So ist mein Arbeitsfeld sozusagen mehr und mehr zum Strangulationsstrick für mich geworden, eine einzige Angstpartie, die mir jegliche Lebensfreude [...] nimmt. Bisher habe ich das noch irgendwie in

> Balance halten können, mit einem Übermaß an Kraftaufwand, aber die Belastung ist im Augenblick so groß, dass ich mich ihr nicht mehr gewachsen fühle, ja, ganz sicher bin, dauerhaft Schaden zu erleiden. […]
>
> Da ich für mich in meinem jetzigen Beruf keinerlei Zukunftsperspektiven mehr zu sehen vermag, kann mich nur ein Schritt nach vorn weiterbringen. Die Einsicht, dass man seine Lebenseinstellungen aufgeben muss, ist sehr schmerzlich, aber es gibt auch noch andere Dinge als das Theater. […]
>
> Da ich nie aufgehört habe, zu lernen und mich eigentlich jung und aktiv fühle, sehe ich nicht ein, warum ich für zwanzig Berufsjahre nicht noch etwas Neues erlernen sollte. Sicher wird es für mich ein paar dürre Jahre geben, aber ich kann meine Ansprüche auf ein Minimum reduzieren, das weiß ich.

Der Künstler wollte in einen sozialen Beruf wechseln, liebäugelte mit einer vom Arbeitsamt finanzierten Umschulung zum Sprachtherapeuten. Das Theater, so berichtete er, war ihm wohlgesonnen, bot sogar die Möglichkeit von Gastinszenierungen an und machte den Schritt ins neue Leben etwas kalkulierbarer. Auch in materieller Hinsicht machte er Inventur. Alles war durchgeplant und durchgerechnet, doch blieben Fragezeichen. Immerhin wäre er um die fünfzig, wenn er als Anfänger in den neuen Beruf einsteigen würde. Und um die Mutter machte er sich Sorgen: Schließlich müsse auch sie mit dem Ende seiner Opern-Karriere ihren bisherigen Lebenstraum begraben. Was ihn tröstete: dass dieser Lebenstraum eigentlich schon lange «unter der Erde» war.

> Ich selbst bin gefasst und mutig, weiß, dass vieles an Problemen auf mich zukommen wird, fühle aber auch, dass ein riesiger und mir den Lebensatem benehmender Druck von mir zu weichen beginnt.

Doch dann hatte Andreas Meyer-Hanno Glück. Schon mehrfach war ihm bis dato ein Wechsel von der praktischen künstlerischen Arbeit in die Lehre angeboten worden. «Gerade erreicht mich mal wieder das Angebot für eine Professur an einer großen deutschen Musik- und-Theaterhochschule», hatte er vor Jahren schon einmal an die Mutter geschrieben, «ich habe nun abwechslungshalber mal nicht kategorisch abgeschrieben, aber mein zartes Alter zu bedenken gegeben.» (24. 11. 1970] Auch wenn er sich damals, keine 40 Jahre alt, noch nicht reif genug empfand, ein Amt in der Lehre anzutreten – ganz ausschließen wollte er es schon zu diesem Zeitpunkt nicht mehr, gerade hatte sich seine Krise in Karlsruhe zugespitzt. Als ihm nun mitten in seinen Plänen für einen radikalen Bruch in seinem Berufsleben von gleich drei Musikhochschulen Lehrtätigkeiten angetragen wurden, muss dies wie ein Geschenk des Himmels gewirkt haben. Er ergriff die Chance in Frankfurt und pendelte erst einmal von Braunschweig aus dorthin, um junge Studentinnen und Studenten in szenischem Spiel zu unterrichten.

> Nun, das lässt sich alles ganz hübsch an, die Leute sind begabt und willig, alle Lehrer mir, wenigstens zunächst noch, sehr geneigt. Ich hasse es ja, so aus dem Koffer zu leben, die Fahrerei – immerhin fünf Mal – wird mir lästig werden, aber das muss halt sein. [...] Mit Reinhardt hoffe ich auf eine gute Zusammenarbeit; er versichert mir immer, einen solchen Mitarbeiter wie mich habe er sich schon immer gewünscht, und Peter Ahrenkiel sagte mir, er schwärme so von mir wie ein Verliebter. Hoffentlich hält das an on ne sait jamais. Aber diesmal habe ich ein wirklich gutes Gefühl. (8. 6. 1976)

Die Arbeit gab ihm auf einer ganz neuen Ebene die Möglichkeit, seinen «pädagogischen Eros» auszuleben. Der Weg dahin war kürzer als gedacht. Schon Ende Juni 1976 wurde es amtlich: Hans-Dieter Resch, von 1975 bis 1995 Rektor der Hochschule, bekannte sich schriftlich dazu, Meyer-Hannos Stelle im Bereich Szenisches Spiel in eine H3-Professur umzuwandeln oder ihn auf eine frei werdende Professur zu berufen. Andreas' Kommentar: «Na wenn det nischt ist!» (28. 6. 1976)

Ein halbes Jahr später berichtete er der Mutter aus einer rundherum zufriedenstellenden Situation – beruflich wie im Liebesleben, in dem er ebenfalls neue Wege ausprobierte:

> Im Moment bin ich in einer sehr harmonischen und, man kann es fast so nennen, glücklichen Phase. Ich glaube, es war nicht der fabelhafte Einstieg in den Lehrbetrieb, der das bewirkte, eher die Tatsache, dass ich in dieser Art der Tätigkeit sozusagen meine

> Mitte entdeckt habe und mich angstfrei und fruchtbar entfalten kann. [...] Tatsache ist jedenfalls, dass meine Mutter- und Ammeninstinkte, im Privatleben oft so hinderlich, hier ein reges Betätigungsfeld finden. [...] Zu meinem Wohlbefinden trägt nicht unwesentlich meine Beziehung zu Andras bei, die nun völlig anders läuft, als alle bisherigen Bindungen. Was wir machen, hat mit «Liebe» nichts zu tun; wir verstehen uns gut, haben das Bedürfnis, zusammen zu sein, völlig ohne Besitzanspruch, aber nicht ohne Engagement. [...] Er ist 32, fast kahl, trägt einen stolzen Schnurrbart und hat unheimlich viel «tenue». Körperlich sehr knackig und athletisch [...] In der Horizontalen ist er umwerfend [...] und ein bisschen auf Leistungssport getrimmt. Ein richtiger «Macker» [...] (11. 12. 1976)

Außerdem fand er wieder Anschluss an Hans Drewanz, seinen Kollegen aus Wuppertaler Zeiten, der mittlerweile Generalmusikdirektor am Staatstheater Darmstadt war. Aber auch auf die praktische künstlerische Arbeit musste er nicht ganz und gar verzichten: Immer wieder einmal bot sich ihm die Möglichkeit zu einer Gastinszenierung. Politisch sah Meyer-Hanno sich zu Beginn seiner Frankfurter Zeit als «ein Linksliberaler, der sich keinem diktatorischen System unterwerfen würde»:

> Nur sind mir in den vergangenen Jahren einige Zusammenhänge von System und Kapital klargeworden, und das hat so einiges in mir in Bewegung gesetzt. Was mich im Moment rasend macht, ist die allenthalben zu vermerkende Verschlimmerung des politischen Klimas, die wachsende Duckmäuserei und Gesinnungsschnüffelei. Dass dies nun ausgerechnet in der Legislaturperiode einer linken Regierung passieren muss, schmerzt mich, und ich unterstütze alle Bestrebungen, um da den Anfängen zu wehren. Wie sagt die Lehrerin in ihrem Song aus «Das hältste ja im Kopf nicht aus»*? «Ein kluger Gedanke – und schon bist du ein Kommunist.» (8. 6. 1976)
> *Stück des Grips-Theaters, Berlin*

Die Studentenbewegung verlor sich Mitte der 1970er Jahre immer mehr in den Grabenkämpfen zahlreicher zersplitterter K-Gruppen. SPD und FDP konterkarierten ihren demokratischen Aufbruch durch Berufsverbote und andere Einschränkungen demokratischer Rechte. Der Polizeiapparat wurde als Reaktion auf die Rote Armee Fraktion (RAF) um Ulrike Meinhof und Andreas Baader ausgebaut.

Die Schwulenbewegung begann, ihre eigenen Institutionen, eine eigene Infrastruktur aufzubauen. Dazu gehörten der 1975 gegründete Verlag rosa Winkel, das im April 1977 eröffnete Café Das andere Ufer und der 1978 gegründete Buchladen Prinz Eisenherz in Berlin. In Hamburg öffnete 1977 der Revolt Shop, 1979 das Café TucTuc und 1981 der Buchladen Männerschwarm, in München 1980 der Buchladen Sodom; auch in Städten wie Köln oder Stuttgart entwickelte sich die Szene. In Frankfurt gab es schon seit Ende 1974 das Schwulenzentrum in der Wittelsbacher Allee, hervorgegangen aus der mit der linken Hausbesetzerszene verbandelten Gruppe «Rote Zelle schwul». Im Januar 1977 wurde der Verein «Kommunikationszentrum e.V.» gegründet, der das Schwulenzentrum an neuem Standort aufbauen und betreiben sollte: Das Andere Ufer in der Mercatorstraße. Ende April 1977 nahm es seinen Betrieb auf, Mitte Mai war die offizielle Eröffnung.

Auf der einen Seite die Aktivisten aus der Sponti-Szene, die dem zugereisten, deutlich älteren Braunschweiger Aktivisten «als merkwürdig anachronistische Landpomeranze beargwöhnt[e] (Hannchen Mehrzwecks Leben ..., S. 173), die dem Hochschullehrer mit den Etiketten linksliberal und sozialarbeiterisch durchaus skeptisch gegenübertraten, auf der anderen Seite Andreas Meyer-Hanno, der mit der lockeren Art seiner neuen Mitstreiter nicht so recht umgehen konnte: Aber Meyer-Hanno blieb am Ball, suchte sich seinen Platz, mischte bald kräftig mit. Er leistete seinen Beitrag, das Zentrum zu stabilisieren, es mit Leben zu füllen und erfolgreich durch eine erste, existenzbedrohende finanzielle Krise zu führen. Denn schon bei den Renovierungsarbeiten der Räume hatte sich gezeigt, dass nicht alle mit derselben Intensität und Verlässlichkeit dabei waren. Außerdem neigten sie, so Hannchen Mehrzweck, wie Meyer-Hanno nun immer öfter genannt wurde, durch eine ständige Hinterfragerei dazu, Pläne zu zerreden statt umzusetzen, Probleme zu wälzen statt zu lösen. Als der Vorschlag gemacht wurde, eine Telefonberatung aufzubauen, sei so vor allem darüber diskutiert worden, ob die Initiatoren wirklich helfen wollten oder nur die Chance suchten, schwule Jungs kennenzulernen. Ein anderes Beispiel:

Jubiläumszeitung zum einjährigen Bestehen des Anderen Ufers
(Sammlung Holy im Schwulen Museum)

Da sitzt jemand aus der Gruppe, wegen eines vermuteten kriminellen Delikts*, seit einem Vierteljahr in U-Haft. Über den Fall wurde geredet und diskutiert bis dorthinaus. Tatsache ist, dass ich als einziger bereits zweimal im Knast war, ihn besucht habe, ihm sein Weihnachtspaket zusammengestellt und Geld überwie-

sen habe. Man quatscht andauernd von Solidarität und ist vor lauter Theoretisiererei außerstande, das Selbstverständliche zu tun. Naja, ich bin halt eine alte «Action-Trine». (ohne Datum)
* *Schmuggel von Cannabis*

Auch die Polizei und das Ordnungsamt fanden immer wieder irgendeine Verordnung, gegen die die Betreiber des Anderen Ufers verstießen. So wurde es von Amts wegen geschlossen und widerrechtlich einfach neu geöffnet, bis seine Existenz gesichert war – zumindest bis zum Februar 1982. Nachdem sich die Sponti-Aktivisten der Gründerzeit zurückgezogen und die Organisation des Zentrums der Punk-Fraktion überlassen hatten, hatte sich ein Schuldenberg in Höhe von fast 5 000 DM aufgebaut. Andreas Meyer-Hanno war es, der die Zeche am Ende ganz im Sinne einer homosexuellen Selbsthilfe aus seiner Privatschatulle beglichen hat, was ihm – warum auch immer, lässt sich nicht mehr rekonstruieren – auf der Abschlusspartie ein blaues Auge eingebracht hat.

«... UNHEIMLICHE KITSCHVORSTELLUNGEN IN UNSEREN WÜNSCHEN.» – DIE MAINTÖCHTER UND «DIE WILDNIS DER DORIS GAY»

Um das Andere Ufer mit Leben zu füllen, war bald nach seiner Eröffnung die Theatergruppe Die Maintöchter[4] gegründet worden. Die Gruppe bestand aus fünf Leuten: zwei Studenten, einem Angestellten, einem Drogisten – und Andreas Meyer-Hanno. Als Mann vom Fach und als der Älteste der Gruppe wurde er bald die «Mutter der Maintöchter» und trat, ob es ihm bewusst war oder nicht, in gewisser Weise in die Fußstapfen seines Agitprop-Theater spielenden Vaters.

---

4 Nach Rosa Flieder 8/1982 zum Schwerpunkt «Schwules Theater» existierten zu diesem Zeitpunkt die Gruppen Brühwarm (Hamburg), Bremer Stadtschmusetanten (Bremen), Rosa Kitsch (Düsseldorf), Warmer Kappes (Köln) und Fränkische Klabbenoper (Nürnberg).

Die Maintöchter (NL 199, Foto: Ami Blumenthal)

Mit dem ersten Plan für ein großes Stück, in dem bestimmte Typen von Schwulen («Pädophiler, Ledermann, Tunte, religiös gebundener Homo»[5]) einander gegenüberstehen und sich gegenseitig diskriminieren, hatte die Gruppe sich übernommen – sie gab den Plan dazu schnell auf. So startete sie im Sommer 1977 mit dem kurzen Sketch «Institut Intertuck», in dem es mit einer gehörigen Portion Selbstironie um die auffällige Herumtuckerei im Anderen Ufer ging. Danach griffen die Maintöchter ein Tabu auf: «Wieso?» nannten sie ihr Stück, in dem sie sich mit zunehmenden Fällen von Selbstmorden in der Schwulenszene beschäftigten. Sie rührten damit ans «Eingemachte», an den schwierigen Umgang vieler Schwuler untereinander, an die Probleme gegenseitiger

---

5 In den 1970er Jahren galten auch Pädophile – schon damals nicht unumstritten – als Teil eines gemeinsamen Kampfes gegen ein als repressiv empfundenes Sexualstrafrecht und gehörten damit zur Schwulenbewegung. Das galt auch für den weiter unten genannten Peter Schult. Vgl. etwa Mildenberger 2006; Walter 2014.

Diskriminierungen und mangelnder Solidarität. In einer Szene wurden auch bestimmte Probleme im Anderen Ufer thematisiert.

Das Anliegen und die Grundzüge des Stückes wurden in der Gruppe diskutiert, jedes Mitglied brachte seine persönlichen Erfahrungen und Eindrücke in ‹seiner› Szene ein, die in Rollenspielen ausprobiert und weiterentwickelt wurde. Am Ende formte die Gruppe aus den Einzelteilen ein Ganzes, das von einem Conférencier zusammengehalten wurde. An diesem hier erprobten Arbeitsprinzip sollten die Maintöchter festhalten, so entwickelten sie sich zu einer Art Selbsterfahrungsgruppe mit dem Ziel öffentlicher Auftritte. Es wurde zum Rezept dafür, dass sich jedes einzelne Mitglied mit der Arbeit identifizieren konnte und die Stücke bis zur Selbstentblößung ehrlich und authentisch waren: So gingen sie auch die Zuschauer in hohem Maße etwas an.

> Zu den wichtigsten Intentionen des Stückes gehörte es, dass die Hauptperson des Rainer ein Negativheld sein sollte, also einer, der der Suche nach der eigenen schwulen Identität stets ausweicht und immer den Weg des geringsten Widerstands geht. Einer, der sich anpasst, der im beruflichen Umfeld mit den Wölfen heult, der bei familiären Konflikten immer dann abhaut, wenn's brenzlig wird. Einer, der das Ritual subkultureller Verhaltensweisen eigentlich doof findet, aber dennoch praktiziert. Einer, der, alleingelassen, stets resigniert und sich selbstbemitleidend zurückzieht, statt sich zur Wehr zu setzen. […]
> Wir haben versucht, das Stück dergestalt anzulegen, dass im Zuschauer ein deutliches «So-geht's-nicht!» entsteht, und das ist das Äußerste, was wir an «Positivem» anzubieten hatten. Wenn er diesen Anstoß nicht aufnimmt, so ist er eigentlich selbst dran Schuld. […]
> *Andreas [Meyer-Hanno] und Stefan: Wieso? In: Das andere Ufer, Zeitung zum einjährigen Bestehen des Schwulenzentrums 1978 (Sammlung Holy im Schwulen Museum)*

Irene Meyer-Hanno wurde über die Arbeit der Maintöchter mit der gleichen Intensität auf dem Laufenden gehalten wie in den Jahren zuvor über die große Oper. Premiere von «Wieso» war am 17. Februar 1978.

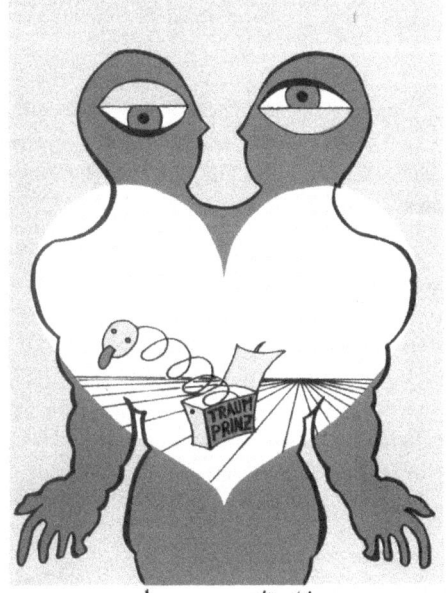

*Cover der Buchausgabe, Verlag rosa Winkel, 1980,
Umschlaggestaltung: Ami Blumenthal*

Unser Stück am Freitag war ein Riesenerfolg. Wir waren über das große Interesse überrascht, denn das Zentrum platzte fast aus den Nähten, sodass wir schnell noch unseren ersten Auftritt durch das Publikum umarrangieren mussten – es hätte ein Chaos gegeben. Heute treffen wir uns, um Manöverkritik zu machen und einen zweiten Termin festzusetzen. […] Die Sache ist zumindest ehrlich und von der Zeichnung der Situationen und Charaktere her überzeugend. Die Linksfraktion hat, wie erwartet, große Einwände, mit denen wir uns noch auseinandersetzen müssen. Was in jedem Falle schön war: Die Kooperation innerhalb der Gruppe, die dann endlich mal was für das Zentrum auf die Beine stellte, das ja vom Inhaltlichen her so sehr wenig bietet, nun eher zu einer Art Plauderdomizil mit linkem Anstrich geworden ist. (21. 2. 1978)

Ein Riesenerfolg? Spielerisch hat sicher alles gut geklappt, doch die Einwände erwiesen sich als gravierender als zunächst angenommen. «Wieso?» löste eine heftige Kontroverse aus – sowohl bei den Zuschauern im Anderen Ufer als auch innerhalb der Theatergruppe.

Wir, die wir uns selbst als Zentrumsschwestern verstehen, haben ganz bewusst positive Aspekte des Zentrums ausgeklammert, um auf neuralgische Punkte im Umgang mit Noch-nicht-Integrierten umso deutlicher hinzuweisen.
Die explosive Reaktion, mit der wir rechnen mussten, beweist uns, dass wir genau die Achillesferse getroffen haben. Getretene Hunde bellen, und so war gar kein Wunder, dass sich die Zentrumskritik an dieser Szene entzündete.
Andreas [Meyer-Hanno] und Stefan: Wieso?, a.a.O.

Es blieb bei dieser einen Aufführung, drei Mitspieler verließen die Gruppe, und erst knapp drei Wochen später beschlossen die Maintöchter, mit einigen neu hinzugekommen Mitgliedern weiterzumachen. Die Arbeit am nächsten Projekt, an «Das heitere Sommerstück», war allerdings so intensiv, dass es erst Mitte November 1978 zur Aufführung kam.

Über Frankfurt hinaus bekannt wurden die Maintöchter mit ihrem Stück «Die Wildnis der Doris Gay». Die Nationale Arbeitsgruppe gegen Repression gegen Schwule (NARGS) hatte zum großen, bundesweiten Ratschlag der Schwulengruppen nach Frankfurt eingeladen. Statt immer wieder nur gegen Formen der Diskriminierung zu kämpfen, sollte unter dem Titel «Homolulu» der Raum geschaffen werden, eigene Visionen von einem besseren Leben in einer veränderten Gesellschaft zu entwickeln. Als Beitrag zu diesem Treffen schrieben die Maintöchter ihr neues Stück.

Andreas Meyer-Hanno und der «Fragesteller» (NL 199)

«Die Wildnis der Doris Gay» greift Rosa von Praunheims Film «Nicht der Homosexuelle ist pervers ...» auf: Das Schlussbild des Films zeigt eine Gruppe von Schwulen, die ihre Situation verändern wollen. Diese Szene zitieren die Maintöchter zu Beginn ihres Stücks und fragen knapp zehn Jahre später, was aus den Träumen vom neuen Umgang untereinander, von neuen Beziehungen, vom großen Aufbruch geworden ist.

Jedes Mitglied entwickelte wieder seine eigene Szene: hier die Idealvorstellungen vom schwulen Leben mit dem jeweiligen «Traumprinzen», auf der Bühne in harmonisch-weiches Licht getaucht, da in grellem Realitätslicht die Wirklichkeit mit all ihren Zwängen und faulen Kompromissen – beides herausgekitzelt durch einen hartnäckigen «Fragesteller». Die Szenenfolge erzählt vom Widerspruch zwischen «ewiger Liebe», festen Beziehungen und freier Sexualität, zwischen dem Druck der Gruppe mit ihren neuen Konventionen und dem Wunsch nach dem eigenen, privaten Glück. Muss man persönlich miteinander können, wenn man politisch zusammen arbeiten will? Bedeutet der Kampf gegen

Patriarchat und Mackertum, dass man selbst kein «richtiger» Mann sein darf? Wie links muss man dabei auch noch sein und wie steht es um die Solidarität der Linken mit den Schwulen? Der Conférencier bringt in den Übergängen von Szene zu Szene die Probleme auf den Punkt:

> Conférencier:
> Die Spießer haben uns lange genug diskriminiert und versuchen es immer noch. Die Linken kuschen oder finden uns toll! Einmal als Bewegungsschwester in der linken scene bekannt, und du entkommst dem Genossenkuss der Oberspontis nicht mehr. Und doch: Ab und zu kriegen wir's dann wieder, wenn wir's gar zu krass treiben. Ich erinnere an Peter Schult, der erst nach einigen Kämpfen faire und solidarische Unterstützung bekam.
> Ich weiß auch, dass eine unserer Schwestern, die die Aufforderung «Rock gegen rechts» wörtlich nahm und mit einem Rock auf der Veranstaltung erschien, bei den männlichen Genossen ein wahres Spießrutenlaufen durchzumachen hatte.
> *(Maintöchter 1980, S. 93 f.)*

Hannchen Mehrzweck hat es in ihrer Szene (s. S. 109 - 116) gleich mit zwei Traumprinzen zu tun, anhand derer sie die Veränderungen ihrer Idealbilder verdeutlicht. Am Ende des Stücks treten die Schauspieler aus ihren Rollen, trinken Flaschenbier und greifen das Ende des Films noch einmal auf: Wieder formuliert jeder für sich sein Credo:

> VOLKER: Wenn ihr mich fragt, was ich von der Bewegung erwarte … auf keinen Fall das schwule Paradies.
>
> STEFAN: Ich will die Möglichkeiten nutzen, die mir die Gruppe bietet, anstatt mich immer gegen andere abzugrenzen.
>
> FRANK-MARTIN: Wir können ja ruhig die großen Ziele im Kopf behalten, aber zu ihrer Verwirklichung gehören nicht nur die spektakulären Aktionen, sondern auch jeder zwischenmenschliche Kontakt.
>
> VOLKER: Ja, und die Bewegung, die ist nichts Abstraktes, das von alleine läuft. Wir sind ein Teil von ihr und sie ist ein Teil von uns.
>
> ANDREAS: Lass dir dein Schwulsein nicht gleichschalten. Andere machen anderes, und das musst du auch akzeptieren.

> HANSGEORG: Ich habe es satt, der Bewegung nachzuweinen, wie sie vor fünf Jahren war. Ich will mich lieber mit euch auf das einlassen, was hier und heute ist.
> STEFAN: Ich will den Mut nicht verlieren, auch wenn durch mein Engagement die Probleme manchmal größer werden.
> OLAF: Wir haben unsere alte Maske weggeworfen, setzen wir aber nun auch keine neue Bewegungsmaske auf.
> ANDREAS: Wir haben alle unheimliche Kitschvorstellungen in unseren Wünschen. Wenn wir uns deswegen nicht mehr schämen, wenn wir sogar ein bisschen darüber lachen, dann können wir auch leichter damit leben.
> FRANK-MARTIN: Ich will mir meine Träume nicht mehr verbieten und auch anderen ihre Träume lassen.
> HANSGEORG: Die Bewegung hat längst nicht all das einlösen können, was wir von ihr erwartet haben. Aber sie hat auch viele Sachen ermöglicht, an die wir nicht gedacht hätten, zum Beispiel die Arbeit an diesem Stück.
>
> *(Maintöchter 1980, S. 115 f.)*

Eine Woche lang hatten sich schwule Aktivisten im Rahmen von Homululu in Frankfurt versammelt; am ersten Abend war Premiere, Abend für Abend wurde das Stück wiederholt und löste rege Debatten aus. Die Mutter der Maintöchter war stolz auf diesen Erfolg – und stolz darauf, wie sich die Gruppe unter ihrem Mitwirken entwickelte:

> Ich habe noch nie eine Gruppe erlebt, die in ihrer Zusammensetzung derartig «stimmte», wo es so wenig Spannungen – außer den kreativen – gibt.
>
> Die gestrige Premiere war ausverkauft und hatte eine riesige Resonanz, wie wir aus den ergriffenen Mienen selbst unserer größten Kritiker entnahmen. Wir selbst waren durch die anwesenden ZDF-Leute, die andauernd das Licht an- und ausmachten, arg irritiert und lang nicht so gut wie sonst, aber es passierte auch nichts wirklich Schlimmes. Toll, wie sich dies kleine Zentrum dann immer wieder in ein Theater zu verwandeln vermag – man hat auch Lampenfieber wie auf einer großen Bühne. Das Ganze hat auch einen anderen, sehr positiven Aspekt: Erstens brechen wir für das ziemlich daniederliegende Zentrum, das für HOMO-

> LULU so gut wie nichts tut, eine Art Lanze, erweisen so zumindest seine Existenzberechtigung. Zweitens werden wir an die 2 000 Mark einspielen und damit zwei Drittel unserer drückenden Schuldenlast abtragen können.
>
> Von der Tagung kriege ich doch ne ganze Menge mit, fahre zweimal täglich mit dem Rad auf den Campus, morgens zum Plenum, nachmittags, um an einer Arbeitsgruppe «Rosa Hilfe» – also Grundfragen gesprächstherapeutischer Beratung – teilzunehmen. Die ganze Atmosphäre ist, wenn man an die bewegten APO-Anfänge denkt, eher zurückhaltend-seriös, außerordentlich arbeitsorientiert, mir also angenehm. Die Bewegung mausert sich. (25. 7. 1979)

Auf die Auftritte bei Homolulu folgten weitere nicht nur in Frankfurt, sondern in der gesamten Republik: Viele Aktivisten aus Gruppen und Zentren anderer Städte hatten die Maintöchter im Anderen Ufer gesehen und luden sie jetzt zu sich ein – egal ob nach Berlin, Hamburg, Hannover oder Nürnberg. Das Stück wurde zum Ereignis, das über die Schwulenszene hinaus ausstrahlte, über das auch die Medien in vielen Orten berichteten.

Das Thema Homosexualität lag auch sonst irgendwie in der Luft. Es waren längst nicht mehr nur die «neutralen» Fachleute, die die Lebenssituation, Verfolgungen, Diskriminierungen der Schwulen oder auch medizinische und strafrechtliche Aspekte der Homosexualität aufgriffen. In immer stärkerem Maße bestimmten selbstbewusste Schwule und die Bewegung die öffentliche Diskussion. Rosa von Praunheims Film, Martin Danneckers und Reimut Reiches Studie «Der gewöhnliche Homosexuelle» (1973) hatten auf ihre Weise eine Pionierfunktion erfüllt, es folgten Rüdiger Lautmanns Sammelband «Seminar: Gesellschaft und Homosexualität» (1977), Joachim S. Hohmanns «Der unterdrückte Sexus» (1977) und weitere Publikationen, die weit über die Szene hinaus wirkten, aber auch eine wachsende Zahl von Büchern mit Erfahrungsberichten, sogenannte «Betroffenheitsliteratur».

Wie ein Paukenschlag wirkte die Geschichte des Stern im Oktober 1978. 682 Männer bekannten sich öffentlich: «Ich bin schwul» (Stern 41/1978). Vorbild war eine Aktion derselben Zeitschrift gegen den Abtreibungsparagrafen 218 StGB sieben Jahre zuvor. «Wir haben abgetrieben!» – lautete

Stern-Titelbild Nr. 41/ 1978

damals der provokative Aufmacher: «374 deutsche Frauen halten den § 218 für überholt und erklären öffentlich: ‹Wir haben gegen ihn verstoßen›» (Stern 24/1971). Auch wenn sich später herausstellte, dass nicht jede der Frauen tatsächlich schon einmal abgetrieben hatte – gezählt hat das politische Bekenntnis und die Debatte, die es auslöste. Daran knüpfte der Stern jetzt an und dokumentierte in einer mehrseitigen Reportage die Lebenssituation von schwulen Arbeitern, Studenten, Beamten. Auf drei Seiten zeigten über 50 Schwule ihr Gesicht, darunter der Pfarrer Heinz Brink, der spätere Bundestagsabgeordnete Herbert Rusche, der

Bibliothekar Manfred Herzer und der Soziologie-Professor Rüdiger Lautmann. Unter den insgesamt 682 Namen befindet sich auch «Andreas Meyer-Hanno, Professor».

«Die kleinste BMW, die es gibt» – mit Führerschein Klasse I in die Freiheit

Angefangen hatte es mit der NSU Quickly, die Meyer-Hanno sich von einem der ersten Gehälter in Wuppertal gekauft hatte. Unabhängig sein, an den Wochenenden kleine Ausfahrten raus in die Natur unternehmen, unterwegs sein, reisen – das gehörte von jungen Jahren an zu seinen Leidenschaften. Hinzu kamen die Reisen mit der Bahn, später mit der Isetta und größer werdenden Autos. Im Briefwechsel mit seiner Mutter ist viel von Reisen die Rede, von gemeinsamen mit ihr, von Reisen mit dem befreundeten Kollegen Erich Walter in den 1950er Jahren und später auch mit seinem Freund Walter Pfalz.

In Meyer-Hannos Nachlass finden sich auch durchnummerierte Sätze von Ansichtskarten, auf deren Rückseite er fortlaufend handschriftlich von seinen Reiseeindrücken erzählt (Nr. 18 – 25). Auf die «Weserfahrt» im Juli 1974 folgen gut zwanzig Karten «Irland» (August 1974) und dann, nach einer größeren Pause, eine dichte Folge dieser «Reisetagebücher» aus den Jahren 1981 bis 2001. Die Ziele: Süddeutschland, Österreich, und Irland, Frankreich, Schweiz, Italien, seit den 1990er Jahren auch Ostdeutschland, Rennsteig, Tschechien …

Das Auto war für ihn zunächst ein Statussymbol, später sollte es vor allem zweckmäßig sein. Dafür rückte das Motorrad in der Werteskala nach oben, auch der Traum vom Reisen war dann vor allem mit dem Motorrad verbunden. Nur zugestanden hat sich Meyer-Hanno dies lange nicht. Als Grund nannte er seine Rücksichtnahme auf die besorgte Mutter. Raubte es der schon den Schlaf, wenn der Sohn mit dem Zug unterwegs war und nicht seine heile Ankunft am Ziel vermeldete, hätte sie einen Motorrad fahrenden Andreas wohl kaum ertragen. Doch spätestens in Frankfurt hat der sich wenigstens wieder ein kleines Moped zugelegt. Und mit 50 war es dann endlich soweit.

Andreas Meyer-Hanno mit seiner BMW (NL 93)

Im August 1982 schrieb Andreas Meyer-Hanno an seine Mutter:

> Um Dir und mir weitere mögliche Lügnereien zu ersparen: Ich habe gestern mit Bravour meinen Führerschein Klasse I gemacht, an dem ich schon seit Wochen zugange war, der nur, weil wegen der Sommerferien in Berlin die Papiere so spät

kamen, sich bis jetzt verzögerte. Das heißt, dass ich mein kleines Motorrad verkaufen will, um mir eines ne Nummer größer anzuschaffen, vermutlich die kleinste BMW, die es gibt. Ich habe wirklich einen ungeheuren Spaß an der Fahrerei, wobei ich, wie auch beim Autofahren, ganz defensiv kutschiere. Wenn alles klappt, werde ich wohl eine größere Tour mit dem neuen Motorrad machen. […]

Du magst mich für verschroben oder post-adoleszent halten, aber es macht mir einfach Spaß, und warum soll ich eigentlich nicht? (17. 8. 1982)

Ob die Arbeit an der «Die Wildnis der Doris Gay» und die Auseinandersetzung mit seinen Traumprinzen, der eine ganz in Leder, ihren Anteil daran hatten? Ob es die Ermutigung durch einen Freund war, die den Ausschlag gab? Tatsächlich ging es Andreas Meyer-Hanno auch darum, sich als Mann zu beweisen. In seiner ganzen Jugend und in den jungen Erwachsenenjahren hatten ihm alle «Männergeschichten» Angst gemacht, hatte er dabei versagt: beim Fußballspielen, Indianerspielen, wobei auch immer. Erst auf dem Motorrad war das anders: Motorradfahren wurde für ihn der Inbegriff dafür, angstfrei zu sein und Spaß zu haben, die «Lebensängste» waren weg, er fühlte sich frei (Praunheim 1989).

Dass das für seine Mutter keine Argumente waren, hatte er geahnt. Die Beruhigungspillen, die er ihr deshalb gleich mit verabreicht hatte («die kleinste BMW»), verfehlten ihre Wirkung. Zwei Wochen nach seinem Geständnis musste er sie noch einmal beschwichtigen, meldete aber zugleich schon Vollzug:

Ja, noch drei Tage, und dann «on the road again». Ich bin nun etwas Frankfurt-müde und freue mich unendlich auf diese «Fahrt ins Blaue», wobei die Route nur in Umrissen festliegt und ich sie, wenn's mir wo behagt oder wenn ich durch einen Blick auf die Landkarte Lust habe, statt nach Westen, nach Süden zu fahren, ganz einfach ändern kann. […]

Morgen startet nun die neue BMW, morgens lasse ich sie zu und um zwei kann ich sie abholen. Von «schwerer» Maschine, wie Du schreibst, kann keine Rede sein; von den BMW-Maschinen, etwa ein Dutzend an der Zahl, ist sie die kleinste und leichteste.

Andreas Meyer-Hanno auf seiner BMW (NL 93)

Vielleicht lande ich nochmal bei ner Harley-Davidson, aber beim Motorrad «muss man sich raufdienen», wie mein Lehrer sagte. Im Übrigen halte ich mich an den Wahlspruch: «Ab 130 steigt der Schutzengel ab.» (29. 8. 1982)

Ins Detail ging er in dem Brief vor allem, was den finanziellen Teil der Transaktion anbelangte – auf diesem Gebiet konnte er am ehesten jeden Eindruck zerstreuen, leichtsinnig zu sein. Das alte Moped hatte er günstig verkauft, bei der BMW einen Barzahler-Rabatt ausgehandelt, sodass unterm Strich noch das nötige Kleingeld für eine Diebstahlsicherung und eine Lederhose übrigblieb. Mit solchen Informationen bewegte er sich wieder auf gesichertem Terrain, auch «den erotischen Prickel des Ganzen» verheimlicht er nicht. Vier Wochen später schrieb er aus Bordighera an der italienischen Riviera nach Berlin:

> Im Moment sitze ich am Strand. Vor mir das Meer, ruhig und sanft berauschend, rechts schweift der Blick nach Frankreichs

> Côte d'Azur, leicht verschleiert, links begrenzt ein Felsen den Blick nach Ospedaletti und San Remo. Das Klima ist himmlisch, noch sehr warm, aber immer eine frische Brise. [...] Nachmittags fahre ich immer in die Berge, was auf den schmalen Straßen mit einer BMW viel besser geht als vor drei Jahren mit dem Peugeot. [...] Das Motoradfahren ist berauschend, noch schöner, als ich es mir vorgestellt habe. Wirklich ein Gefühl von Freisein und Ungebundenheit. Sicher frage ich mich, warum mich das so fasziniert. Das hat gewiss was mit Jungbleiben-Wollen, mit Fetischismus von «Draufgängertum», mit der Verwandlung in das ersehnte Traumbild zu tun. (15. 9. 1982)

Im Gespräch mit Rosa von Praunheim erzählt Meyer-Hanno halb wehmütig, halb trotzig, wie dieses «Draufgängertum» dann doch dem Ende zuging: Ein Unfall in Italien ging gerade noch einmal glimpflich aus: Er war in einer absolut gottverlassenen Gegend gestürzt, lag eingeklemmt unter dem Motorrad, hatte nicht einmal ein Handy dabei. Freunden hat er später erzählt, dass er schon versucht hatte, sich die Pulsadern aufzuschneiden. Er hatte Glück, wurde doch noch entdeckt und gerettet.

Die Folgen einer verschleppten Bandscheibenoperation machten es fast unmöglich, auf die Maschine zu steigen und sie – zumindest im Stand – auch sicher zu halten. Doch allzu schnell ließ er sich nicht unterkriegen: So fuhr er zunächst noch auf dem Sozius seiner BMW mit, später kaufte er sich einen Motorroller: Das Aufsteigen war bequemer und der Schwerpunkt eines Rollers liegt tiefer – so hatte er die Maschine wieder selbst unter Kontrolle.

Über das Elsass durch Frankreich an die italienische Riviera: Postkarte Nr. 1 seines Reisetagebuchs 1982 erzählt vom Fehlstart der ersten Motorradreise im September 1982 (NL 19)

«Mein Fick ist tödlich» – Andreas Meyer-Hanno und das Thema Aids

Würde ein Stück der Maintöchter über Aids eine «fürchterlich triefige Angelegenheit» werden? Und wäre «das Triefige in diesem Fall die richtige Form gewesen, wenn man anguckt, wie sich die Rumsuhlerei im Selbstmitleid wieder überall ausbreitet? Viele suhlen sich nicht nur darin, sondern sehen Aids als Strafe, als göttliche Strafe für ihr perverses Treiben.» Andreas Meyer-Hanno stellt diese Fragen in der Revue «Tanz der Viren», mit der die Maintöchter 1984 auf den Schock der tödlichen Infektion reagierten. Er stellt sie nach einem flotten, musikalischen Entree, in der die Gruppe deutsche Schlager unter dem Aspekt von schwulem Sex und Aids verballhornt und damit erst einmal ein paar Lacher im Publikum einsammelt – aus Lale Andersens «Ich bin ein Mädchen von Pyräus und liebe den Hafen, die Schiffe und das Meer» wird «Ich bin ein Homo, heiße Peter und liebe die Sauna, die Klappe und den Park ...», aus Wencke Myhres «Beiß nicht gleich in jeden Apfel, er könnte sauer sein» wird: «Knutsch nicht jeden schönen Knaben, das kann gefährlich sein».

«Moment mal», stockt Meyer-Hanno dem Text folgend nach diesem Einstieg, «Aids als Geißel Gottes? Darüber ein Stück machen?» Die folgende Szene adaptiert Oskar Panizzas Satire «Das Liebeskonzil», das in bissiger, gegen die katholische Kirche gerichteter Weise genau dies, bezogen auf die Syphilis, macht. 1894 war es als Buch erschienen, 1895 wurde dies wegen Blasphemie beschlagnahmt. In der Maintöchter-Version suchen ein müder, kraftloser Gott (gespielt von Hannchen), eine sich anzüglich gerierende Maria und ein noch immer am Kreuz leidender Jesus nach einem Weg, die Menschheit für ihr der Lust frönendes Lotterleben zu bestrafen und auf den Pfad der Tugend zurückzuführen. Der Teufel empfiehlt ein Gift, mit dem die Partner sich beim Geschlechtsakt anstecken. Eine geniale Idee, findet Maria, die mit dem Teufel schäkert: «Aber unter einer Bedingung: Was du auch mit den Menschen anfängst – sie müssen erlösungsbedürftig bleiben» – erlösungsbedürftig und er-

Andreas Meyer-Hanno als der Liebe Gott in «Tanz der Viren» (NL 199)

lösungsfähig, denn «wenn wir einen Menschen nicht mehr erlösen können, was soll denn dann die ganze Einrichtung?» «Kann eine Krankheit zynisch sein?», fragt ein Conférencier nach dieser Szene und gibt die Antwort:

> Aids schon. Denn diese Krankheit ist genau zu dem Zeitpunkt aufgetreten, wo wir geglaubt haben, ein Stück weit aus dem Getto raus zu sein. Damit passt Aids genau in die Wende. Bei der moralischen Aufrüstung, die wir heute auf der ganzen Welt erleben, schreit das gesunde Volksempfinden wieder nach Zwangstest oder Meldepflicht. Wenn es nach denen geht, landen wir doch eh alle im Aids-Getto. Mit Endlagerung in den Salzstöcken von Gorleben. Glücklicher weise ist es noch nicht so weit. Im Moment jedenfalls stehen andere Fragen an:
>
> > Test oder nicht Test, das ist hier die Frage:
> > Ob's edler im Gemüt, die Pfeil und Schleudern
> > Der Ungewissheit zu erdulden, oder,
> > Sich waffnend gegen eine See von Zweifeln,

Den Test dennoch zu machen? Sterben – siechen –
Nichts weiter! Nur: Zu wissen, ob der Test
Das Herzweh und die tausend Ängste endet,
Die unsres Fleisches Erbteil – 's ist ein Ziel
Auf's innigste zu wünschen. Daran liegt's:
Dass nur die Resultate sich'rer wären!
Wenn nur Gewissheit all die Mühe lohnte,
Die Sache ging uns leichter von der Hand.
Denn wer ertrüg' der Zeiten Spott und Geißel,
Der Medien Druck, den Hass und Hohn der Umwelt,
Die Todesfurcht, die eig'ne Angst davor,
Im Bett sich andern zuzumuten, wenn ...
Wenn er sich selbst Gewissheit schaffen könnte
Mit einer Nadel bloß? Doch andrerseits:
Wenn positiv des Testes Resultate,
Was würde das für Konsequenzen haben?
Nur, dass die Furcht vor etwas nach dem Test –
Das unentdeckte Land, von des Bezirk
Kein Wand'rer wiederkehrt – den Trieb zerstört,
Dass wir die Übel, die wir haben, lieber
Nicht wissen wollen, weil's das Ende wär'.
So macht der Zweifel Feige aus uns allen:
Die angebor'ne Farbe der Entschließung
Wird durch des Zwiespalts Blässe angekränkelt,
Und Unternehmungen voll Sinn und Reife,
Durch dieses Zaudern aus der Bahn gelenkt,
Verlieren so der Handlung Namen.
– Still!
Der nette Assistenzarzt! Doktor, schließ
In dein Gebet all meine Sünden ein!

Das Stück hatte 1985 Premiere und wurde in ganz Deustchland gespielt; es war ähnlich erfolgreich wie Jahre zuvor schon «Die Wildnis der Doris Gay» und «Bis hierher und wie weiter». Lange bevor sich schwule Autoren mit dem Thema auseinanderzusetzen begannen[6], entlarvten die

---

[6] Detlev Meyers «Ein letzter Dank den Leichtathleten» erschien 1989, Napoleon Seyfarths »Schweine müssen nackt sein. Ein Leben mit dem Tod» 1991, Christoph Klimkes «Der Test oder Chronik einer veruntreuten Seele» und Mario Wirz' «Es ist spät, ich kann nicht atmen. Ein nächtlicher Bericht» 1992.

Szenenfoto aus «Tanz der Viren» (NL 199)

Maintöchter die moralinsaure Instrumentalisierung von Aids durch die konservativen Kräfte, stellten sich aber auch ihren eigenen tiefsitzenden Ängsten und trafen damit den Nerv des Publikums.
Da stehen Schwule in der Schlange vor dem Arztzimmer und warten auf ihr Testergebnis – keiner bringt es fertig, mit anderen über die Situation zu reden. Da kommt einer mit dem Ergebnis nach Hause und kann kaum mit dem Freund darüber sprechen. Das Sorgentelefon der Aids-Hilfen changiert zwischen ohnmächtigem Abwimmeln der Anrufer und übereifrigen, persönlichen Versprechungen, die sich niemals einlösen lassen würden. In einer Schlussszene sind, wie auch schon in der «Wildnis der Doris Gay», alle Schauspieler auf der Bühne. Sie sitzen brav beieinander, verbringen einen gemütlichen Abend beim gemeinsamen Essen und zeigen, was sie im Umgang mit der Krankheit gelernt haben. Bis einer das Radio anstellt und sie die Meldung hören, dass endlich ein Mittel gegen Aids gefunden sei. Sofort rennen sie auseinander, jeder für sich in die Subkultur. Dass es sich nicht um eine reale Nachricht, sondern um

einen Fetzen aus einem Hörspiel handelt, bekommen sie gar nicht mehr mit.

Andreas Meyer-Hanno, der den oben zitierten, an Shakespeare angelehnten Hamlet-Monolog («Sein oder Nicht sein») geschrieben und bei den Aufführungen vorgetragen hatte, war zu diesem Zeitpunkt bereits positiv getestet. Der Text ging ihn etwas an, das konnten die Zuschauer bei den Aufführungen spüren. Doch über solche zwar persönlichen, in Form und Inhalt jedoch wohl kontrollierten Äußerungen hinaus hat er über seine eigene Betroffenheit nicht viel Aufhebens gemacht. Dass er nicht in triefiges Selbstmitleid verfallen würde, muss jedem klar gewesen sein, der ihn etwas näher gekannt hat. Dass er an das Thema Aids gerade wegen der politischen Begleitmusik von konservativen Kräften, die gegen Schwule mobil machten und HIV-Positive internieren wollten, vor allem gesellschaftlich und politisch herangegangen ist, ebenso.

> Aids hat unser aller Leben ganz entscheidend verändert, weil es uns klaftertief wieder zurückgeworfen hat. Ich persönlich habe diese Euphorie über den Status, den vermeintlich erreichten, nie ganz teilen können, dass man sagte: Wir haben es so herrlich weit gebracht. Wir haben jetzt eigentlich alles. Was wollt ihr denn? Hört doch mal mit eurem Emanzipationsgeschrei auf. [...] Ich war immer der Meinung, solange sich wirklich in den Köpfen der Mehrheit der Bevölkerung nichts Grundlegendes ändert, ist das ein Kartenhaus, das bei der ersten Belastung in sich zusammenbricht.
>
> Was die Einschätzung von Toleranz betrifft, war ich immer an die Situation vor 1933 erinnert, wo der Paragraf 175 dank der Arbeit von Hirschfeld und anderen kurz vor dem Gestürztwerden stand. Und dann brauchte es wirklich nur ein viertel Jahr und die ganze Geschichte war völlig weg vom Fenster und die Schwulen wanderten ins KZ. (zit. n. Praunheim 1989)

Andreas Meyer-Hanno hat regelmäßig die «Aids-Station» im Frankfurter Uni-Klinikum besucht, hat mit anderen für Kranke gekocht, war für sie da und hat sich auch öffentlich geäußert, hat Stellung bezogen. Einige Wortmeldungen zum Thema finden sich in diesem Buch. Persönlich gefordert wurde er in der Diskussion seines Vortrags «Mann im zweiten Glied» 1994 im Kölner Schwulen- und Lesbenzentrum SCHuLZ. In seinem Bericht über sein Leben und sein schwulenpolitisches Engagement kamen die Worte HIV und Aids nicht vor. «Es kann meiner Meinung nach kein Zufall sein», stellte ein Zuhörer in der Diskussion danach fest, «Aids ist nicht aufgetaucht die ganzen anderthalb Stunden.» Andreas Meyer-Hanno sprach darauf über seine persönliche Erfahrung als longtime survivor seit 1984, wandte aber auch ein, dass eine Behandlung des Themas «wohl eines völlig anderen Abends» (Mann im zweiten Glied, NL 202) bedurft hätte.

Als ein sehr persönliches öffentliches Statement zum Thema Aids kann man einen zweiten Monolog aus dem «Tanz der Viren» nehmen, den er in Anspielung auf den antiken Mythos der Medusa geschrieben hat:

> Ein scharfes Radieschen war ich eigentlich nie,
> ich hab's so «im Durchschnitt» getrieben.
> In meiner erotischen Biografie
> gibt's fünf oder sechs «Große Lieben».
> Hatt mal ne Beziehung, mal macht ich so rum,
> und bumste mich halt durch die Szene.
> Doch plötzlich ist alles ganz anders. Warum
> traf mich denn das Leid aus der Vene?
>
> Mein Kopf ward zum Medusenhaupt,
> ich weiß nicht, wie's geschah:
> Mein Blick ist tödlich.
> Im Bett ist nichts mehr mir erlaubt,
> darin liegt der Eklat:
> Mein Fick ist tödlich.
> Mein Speichel und mein Sperma und
> Mein Blut und auch mein Harn,
> Mein Mund, mein Schlund, mein Biss, mein Schiss,
> mein Darm, mein Charme, sie allesamt
> sind tödlich.
> Und will ich mal ganz harmlos sein,
> nur schmusen beim Laternenschein:
> Schon Küsse, wegen allerfeinster Risse
> im Gewebe enden
> töö – töd – lich.
>
> Ich bin nicht ganz krank, und auch nicht ganz gesund,
> doch bin ich total infektiös.
> Statt Lust nur noch Frust seit dem ersten Befund,

aber immer noch stark libidinös.
Und Kerle in Saunen, auf nächtlichen Wiesen,
in Klappen, so toll anzusehen!
Wer gibt mir die Kraft, die es braucht,
um all diesen Verführungen zu widerstehen?

«Und was weiter mit mir passiert, das werden wir sehen!»

«Mein Leben verläuft nun in ruhigen, ganz und gar unsensationellen Bahnen», hatte der Sohn ein Jahr nach seinem Wechsel nach Frankfurt an die Mutter geschrieben, «ich mache meinen Unterricht, empfinde mich ganz und gar als Lehrer.» (7. 1. 1977) Seine Arbeit an der Hochschule für Musik und Darstellende Kunst hatte ihn gefordert, ihm aber auch alle Freiheiten für sein schwulenpolitisches Engagement gelassen. In der beruflichen und in der politischen Arbeit war Andreas Meyer-Hanno rigoros, immer mit hohen Ansprüchen an sich selbst und die Kollegen oder Mitstreiter. Das hatte seine Mutter ihm so beigebracht.

Geschrieben hatte er schon immer. Für «Onkel Pfeifchen», Programmhefte der Opernhäuser und die Zeitschrift Opernwelt, für das Infoblatt der Aktion Homosexualität Braunschweig, für das Heft zum einjährigen Bestehen des Anderen Ufers, für Sammelbände zu Themen der Schwulenbewegung, kleine Feuilletons zu Ehren einer Klappe oder einer Kneipe, seit der Frankfurter Zeit oft mit dem Namenszusatz «Maintochter» gezeichnet. Nach seiner Maintöchter-Zeit wollte Meyer-Hanno vor allem aber die Erinnerung wachhalten, seine Erfahrungen an die nachfolgenden Generationen von Schwulen weitergeben, für die die 1930er Jahre und auch noch die 1950er und 1960er Jahre graue, unbekannte Vorzeit waren.

Als Senior der Bewegung hatte er den Kongress «Homolulu II» 1992 in Berlin eröffnet und sprach auch auf Veranstaltungen zum Christopher-Street-Day. Als Meyer-Hanno 1993 emeritiert wurde, schuf ihm das ein weiteres Mal ein Mehr an Freiheit. Zwar übernahm er weiterhin kleinere Aufgaben an der Hochschule, doch nutzte er seine Zeit nun vermehrt für

*Der «Frankfurter Engel» – Mahnmal Homosexuellenverfolgung,
Frankfurt am Main (Foto: Axel Schneider – www.frankfurter-engel.de)*

Projekte wie den Kampf für den Frankfurter Engel, das Mahnmal für die schwulen und lesbischen Opfer des Nationalsozialismus in Frankfurt. Den Erfolg in dieser Sache empfand er durchaus als zwiespältig, denn die Stadt Frankfurt hatte weder Geld zur Finanzierung des Mahnmals zur Verfügung gestellt noch sich durch einen prominenten Redner an den Einweihungsfeierlichkeiten im Dezember 1994 beteiligt.

Zwiespältig reagierte Meyer-Hanno auch auf die Erfolge der Bürgerrechtsbewegung. Gleiche Rechte für alle, das war stets sein Credo, doch als die Forderung nach der Homo-Ehe schließlich durchgesetzt war, konnte er nicht in die allgemeine Euphorie einstimmen. Schließlich hatte sich die Schwulenbewegung für eine Befreiung der Sexualität eingesetzt und die Ehe als Institution einer patriarchalen Gesellschaft abgelehnt. Auch er selbst hatte sich in einem langen Prozess vom Ideal einer eheähnlichen Beziehung getrennt und über die Trennung von Geist und Genitalzone zu einer Form von freier, schwuler Beziehungen ohne Besitzansprüche gefunden. Als gleich vier Paare aus dem Umfeld der Maintöchter im Oktober 2001 zu einer gemeinsamen Verpartnerungsfeier im Dezember einluden, reagierte er in bitterster Ironie in der Rolle der grausamen Mutter, richtete sein Antwortschreiben an «Schlangenbrut! Otterngezücht!», erinnerte an den gemeinsamen Kampf gegen die bürgerliche Ehe und schloss «mit keinen guten Wünschen, Eure sexuell anarchische Mutter» (28. 10. 2001, NL 198). Die Adressaten waren geschockt und fühlten sich tief getroffen. Faxe gingen hin und her, es wurde telefoniert, und es kostete beide Seiten einige Mühe, die Missverständnisse auszuräumen und zur alten Freundschaft zurückzukehren. Im Laufe der Diskussion schrieb Meyer-Hanno:

> Die Möglichkeit einer Verpartnerung habe ich immer begrüßt, und wer das will, der soll das auch tun. Nur: Wenn andere Formen von Sexualität vom Bürger nun wieder verdammt werden, befürchte ich eine Spaltung in «anständige», weil verpartnerte, Schwule, die man gern zu Nachbarn hätte und in die bösen rummachenden Promisken, die man hasst. (30. 10. 2001, NL 198)

Über solche Scharmützel am Rande hinaus mischte Meyer-Hanno sich in Briefwechseln und Stellungnahmen auch in den Gründungsprozess der Bundesstiftung Magnus Hirschfeld ein, deren Errichtung im Jahr 2011 er nicht mehr erlebt hat, war immer wieder zu Gast in der Akademie Waldschlösschen, deren Eröffnung als Tagungshaus der Schwulenbewegung im Jahr 1981, ebenso wie schon die Gründung der Homosexuellen Selbsthilfe 1980, auf Homolulu 1979 in Frankfurt zurückging.

Wer wissen möchte, wie Andreas Meyer-Hanno zu dem geworden ist, der er war, zum Verfechter einer freien Sexualität, zum Aktivisten für die Emanzipation der Schwulen, zu Hannchen Mehrzweck und zum finanziellen Förderer der Schwulen- und dann auch Lesbenbewegung, wird vor allem bei ihm selbst, in seinen Äußerungen und Publikationen fündig. Dieser Sammelband bietet dazu die Möglichkeit. Die Beiträge sind chronologisch geordnet. Da auf Rechtschreibung in subkulturellen Kontexten nicht immer besonderen Wert gelegt wurde, haben wir sie, wie auch in den in diese biografische Skizze eingeflossenen Zitaten, stillschweigend korrigiert und wegen der besseren Lesbarkeit an den Stand der Reform von 2006 angeglichen. Neben den ausformulierten, gefeilten

*Andreas Meyer-Hanno am Stand des Männerschwarm Verlags,
Frankfurter Buchmesser 2000 (Foto: Detlef Grumbach)*

und polierten Texten finden sich wichtige Vorträge Meyer-Hannos nur in Form von Sammlungen kleiner DIN-A5-Zettel, auf denen in Stichworten notiert war, was er dann in freier Rede ausformuliert hat. Dazu gehören die Vorträge «Cole Porter als amerikanischer Dichter», «Im gleichen Tritt die Treppe rauf» über die 1950er Jahre und «Mann im zweiten Glied», ein Resümee seiner bewegten Jahre. Soweit es möglich war, sind diese Vorträge in die vorliegende Darstellung eingeflossen.

Andreas Meyer-Hanno

Antwort an Wagner: «Pelléas und Mélisande»

Zum 50. Todestag von Claude Debussy am 26. März 1968

(1968)

Mit drei Texten ist Andreas Meyer-Hanno im Jahrgang 1968 der Zeitschrift Opernwelt vertreten. Sie beziehen sich auf die Diskussionen dieser Zeit des Umbruchs. Seine Erinnerung an Debussy (Nr. 3/1968, S. 44-46) verrät sehr viel über seine eigenen Vorstellungen zum Verhältnis von Text und Musik.

Das Vokalwerk Claude Debussys zeichnet sich von Anbeginn durch das hohe literarische Niveau der komponierten Texte aus. Der leicht zum Esoterischen neigende, doch von untrüglichem Gefühl für literarische Qualität geleitete Geschmack Debussys prägt sich in der Wahl seiner Texte aus, ob es sich um die Vertonung von Gedichten des englischen präraffaelitischen Malers und Dichters Dante Gabriel Rosetti handelt, ob Debussy nach altfranzösischen Texten greift oder ob die Komposition von Dichtungen Verlaines, Baudelaires, Pierre Louys' oder d'Annunzios, von der Auseinandersetzung des Musikers mit der Literatur seiner Zeitgenossen zeugt. Das dichterische Schaffen des jungen symbolistischen Dichters Maurice Maeterlinck, dessen erstes Stück «La princesse Maleine» 1889 den jungen Belgier mit einem Schlage bekannt machte, musste Debussys Aufmerksamkeit erregen, entsprach doch die Dichtung Maeterlincks in ihrer starken Wendung zum Irrealen, vor allem in ihrer starken Bildhaftigkeit dem Wesen Debussys, der das Bild als Mittel der Darstellung über alles liebte, sowohl das Abbild wie das Sinnbild. Debussys Vorstellungen vom musikalischen Theater, die sich vermutlich nach der Begegnung mit Maeterlincks dramatischem Erstling zu konkretisieren begannen (Debussy bewarb sich tatsächlich bei dem Dichter um die Kompositionsrechte der «Princesse Maleine»), finden ihren Niederschlag in einer Äußerung innerhalb eines Gesprächs mit seinem Lehrer Ernest Guiraud aus dem Jahre 1889: «Ich träume von kurzen Dichtungen, von beweglichen Szenen (ich gebe nichts auf die drei Einheiten!), von Szenen, die unterschiedlich im Schauplatz und Charakter sind, von Gestalten, die nicht diskutieren, die das Leben, das Schicksal hinnehmen ...»

Passivität ist die Grundhaltung der Maeterlinckschen Gestalten. Sie erleiden ihr Geschick; das Walten eines unerklärlichen Fatums ist ihnen bewusst, aber sie machen keinen Versuch, sich gegen das Schicksal aufzubäumen oder zumindest seinen Sinn zu ergründen. Die starke Übereinstimmung des Debussyschen Kunstwillens mit den Ideen Maeterlincks sollte schließlich zur Zusammenarbeit führen, die nach dem Erscheinen des «Pelléas»-Dramas in Buchform, vor allem aber nach dem starken Eindruck der szenischen Uraufführung im Pariser «Théâtre de l'Œuvre» 1893 auf Debussy konkrete Formen anzunehmen begann. Rückblickend schreibt der Komponist: «Das ‹Pelléas›-Drama, das trotz seiner traumhaften Atmosphäre mehr Menschlichkeit in sich trägt als die sogenannten ‹Lebensdokumente›, schien mir ganz wunderbar dem zu entsprechen, was ich schaffen wollte. Es ist darin eine beschwörende Sprache, deren Sensibilität durch die Musik und die orchestrale Ausdeutung vertieft werden konnte.» Bei der persönlichen Begegnung zwischen Debussy und dem Dichter des «Pelléas» in Gent war Maeterlinck dem Komponisten bei der Einrichtung des Textbuches zwar behilflich, gab jedoch seine vollkommene Inkompetenz in musikalischen Dingen unumwunden zu. Jahre später sollte sich die Beziehung der beiden Künstler trüben, als Maeterlinck, aufs äußerste aufgebracht darüber, dass nicht seiner Frau, der Sängerin Georgette Leblanc, sondern der jungen Schottin Mary Garden für die Uraufführung die Partie der Mélisande anvertraut worden war, der Vertonung seiner eigenen Dichtung nicht nur das Interesse entzog, sondern dem Werk sogar jeglichen Misserfolg wünschte. Die Komposition des Maeterlinckschen Textes sollte Debussy von 1893 bis 1902 beschäftigen, ein Jahrzehnt zum Bersten angefüllt mit Versuchen, eine neue Form der musikalischen Deklamation zu entwickeln. Debussy experimentiert, skizziert, verwirft, arbeitet um. Aus manchem Takt scheint der Pferdefuß Wagners [...] hervorzulugen; anderes mag zu sehr an Massenet oder d'Indy anklingen und wird völlig neu komponiert. Einzelne Szenen werden in ganz anderer Reihenfolge als im Ablauf des Dramas vertont, eine Erstfassung entsteht 1895, die verworfen und in dreijähriger Arbeit völlig neu geformt wird. Die endgültige Fassung liegt schließlich 1901 vor, allerdings ohne den wesentlichen Anteil der sinfonischen Zwischenspiele, die zum Ausfüllen der Umbaupausen zum Teil noch während der Probenarbeit zur Uraufführung komponiert werden. Und doch stellt sich endlich die Partitur von «Pelléas und Mélisande» trotz des großen Zeitraums ihrer Entstehung als künstlerischer Organismus von seltener Geschlossenheit und Dichte heraus. Die Dichtung Maeterlincks steht in krassem, höchst programmatischem Gegensatz zur psychologisierenden realistischen Literatur des ausgehenden neunzehnten Jahrhunderts. Der «Pelléas» ist bewusst völlig a-psychologisch; seine Gestalten sind geprägt, ja sie sind stark geprägt, dass sich ihre Entwicklung innerhalb des Dramas vollkommen ausschließt. Auch die Aktion entwickelt sich nicht mehr im Sinne der klassischen Dramaturgie. Was an Handlung überhaupt noch von Gewicht ist, vollzieht sich zwischen den Zeilen. Woher kommt Mélisande? Niemand weiß es, so wenig, wie jemand erfahren wird, wer ihr Leid angetan hat, warum sie ihre Krone, die auf dem Grund des Quells liegt, nie mehr zurückhaben will. Auch das Schloss Arkels wird sich nie erhellen – niemand weiß, warum es so trostlos und traurig ist, warum nie die Sonne in sein Gemäuer dringt. Der Wald, der es umgibt, ist gleichermaßen düster und dumpfig-schwül; und ab und zu wird irgendwo draußen ein Toter aufgefunden, welcher der Hungersnot zum Opfer fiel, die ringsum herrscht. Das Unausgesprochene triumphiert. Niemand weiß, woran des Pelléas Vater erkrankt ist, ob er je gesunden wird, niemand wird je erfahren, ob der Freund des Pelléas sterben muss. Es gibt keine philosophischen Exkurse mehr

– Maeterlincks Diktion, keineswegs frei von einer gewissen Manieriertheit, ist absolut dinglich, real, beinahe naiv. Die Lacher im Publikum bei der Uraufführung der «Pelléas»-Oper sind im Wesentlichen auf die gewollte Einfachheit des Textes zurückzuführen, der ein mit allen Wassern des Psychologismus gewaschenes Publikum unbefangen zu folgen nicht mehr imstande war. Fakten, Empfindungen werden ausgesprochen; die Dinge werden nicht mehr entwickelt, sondern stehen reliefartig nebeneinander in der Unendlichkeit des Raumes. Sinn, logischer Aufbau von Gedankengebäuden ist nichts mehr, Gefühl, Farbe, Nuance ist alles.

Dieser Text konnte nur von einem Komponisten vertont werden, dessen Sprachgefühl aufs Höchste entwickelt, dessen Sinn für die Nuance aufs Feinste ausgebildet war. Debussy nähert sich diesem Text mit der Sensibilität eines Seismografen. Nicht dass er etwa der Sprachmelodie mit dem aktiven, beinahe wissenschaftlichen Forscherdrang nachspürte, wie das beinahe zur gleichen Zeit Leoš Janáček unternimmt. Debussys Haltung seinem Text gegenüber ist durchaus passiv. Der sprachliche Duktus der Maeterlinckschen Sätze trägt ihn, das Melos ihrer Konstruktion, das Aroma der Vokale und Konsonanten in den einzelnen Worten erschließt sich ihm wie von selbst. Als oberstes Gesetz scheint das Prinzip der absoluten Asymmetrie zu herrschen; keine Phrase gleicht der anderen, und die Wiederholung als formbildendes Gestaltungsmittel ist völlig vermieden. Jede pathetische Wendung, jede opernhafte Übersteigerung des Ausdrucks wird bewusst vermieden. Nur an einigen Höhepunkten des Werks erhebt sich die aus beinahe psalmodierender Deklamation entwickelte Diktion zu größer ausschwingenden melodischen Bildungen – man verfolge etwa die sich steigernde Intensität der Gesangsphrasen Pelléas' und Mélisandes von der noch schüchternen ersten Begegnung über den Lyrismus der nächtlichen Szene an Mélisandes Turm bis zur jubelnd-überschwenglichen Abschiedsszene der Liebenden am Brunnen. Das Einzelwort wird, ganz im Gegensatz zu Richard Strauss' zu gleicher Zeit entstehenden frühen Opern, nicht im Detail ausgedeutet. Dafür ist die Grundstimmung einer Szene von Anfang an gegeben; sie wird mit sparsamsten Mitteln erzeugt und bestimmt in der Folge den Ablauf eines ganzen Bildes.

Das Leitmotiv existiert; es wird sogar in der Wagnerschen Technik der mehrfachen Überlagerung verschiedener Themen angewandt, doch geschieht dies in unprogrammatischer, gleichsam beiläufiger Weise. Die starke Besetzung des Orchesters steht im Gegensatz zu seiner kammermusikalisch ausgesparten, durchsichtigen Behandlung. Der schlanke, durch vielfache Teilung des Streichquintetts gesättigte Ton hüllt die Stimmen in ein dichtes, stets transparentes Klanggewand ein, verstärkt und unterstützt die aufs Äußerste nuancierten Gesangsphrasen. Und an einigen wesentlichen Situationen der Oper setzt das Orchester ganz aus, um der Singstimme den Vorrang zu lassen.

Aus all diesen Merkmalen ergeben sich, ohne dass dies bisher ausgesprochen wurde, die größten Gegensätze zu dem die damalige europäische Musikwelt beherrschenden Gesamtkunstwerk Wagners. Debussy, der sich vom begeisterten Bayreuth-Pilger zum Gegner der Wagnerschen Ideenwelt entwickelte, hat seine Wagner-feindliche Haltung nirgendwo so entschieden in die künstlerische Praxis umgesetzt wie in der «Pelléas»-Oper. Deren dramatische Ausgangssituation ist der des «Tristan» durchaus ähnlich, doch stehen den Wagnerschen Riesengestalten die kleinen, fast unbewusst handelnden Menschenkinder Debussys gegenüber. Bei Wagner die Ballung der inneren und äußeren Aktion in drei gewaltige Akte, bei Debussy die Entwicklung der Ereignisse in einer Folge von lose aneinandergereihten kleinen Szenen. Bei Wagner die reiche, an innerer Spannung überquellende seelische Handlung, bei Maeterlinck-Debussy eine nahezu vollkommene Auflösung des Geschehens in Stimmung und Farben. So stellt Debussys einzige Oper nach der zarten, von der Poesie des Vergehens durchwehten Dichtung Maeterlincks den stilistisch konsequentesten, künstlerisch gewichtigsten Rückschlag gegen das Musikdrama Wagners da.

INSZENIERUNG IST EIN RESULTAT DER PRAXIS

(1968)

Dieses Statement zur Ausbildung, Herangehensweise und Praxis eigenständigen arbeitender Opernregisseure (Opernwelt 12/1968, S. 48) ist Andreas Meyer-Hannos künstlerisches Credo und verrät auch etwas über die Konflikte, die er durchzustehen hatte.

Das, was an Opernregie zu erlernen ist, scheint mir beinahe ausschließlich am Objekt, am lebendigen Entstehen des Organismus einer Opernaufführung, studierbar zu sein. Die Opernregie im Rahmen einer Musikakademie oder einer speziellen Ausbildungsstätte als ordentliches Lehrfach einzuführen, würde ein fragwürdiges Unterfangen bedeuten, setzt sich doch das Inszenieren von Opern aus einer Vielzahl von künstlerischen Betätigungen zusammen, die sich erst in der praktischen Theaterarbeit zur Einheit fügen und somit vom Lernenden nachvollziehbar werden. Gewisse ästhetische Erfahrungen mögen durch einen kompetenten Lehrer mitteilbar sein; die Summe der Arbeit eines Regisseurs, sein Suchen nach der Konzeption für ein Werk, seine Auseinandersetzung mit dem Bühnenbildner, schließlich die Realisierung seiner Intentionen innerhalb der Probenarbeit wird sich einzig und allein in der Praxis des Theaterbetriebes abspielen und entzieht sich somit jeglicher theoretischen Vermittlung. Chorregie innerhalb eines akademischen Lehrbetriebs unterrichten zu wollen, ist allein ein Ding der Unmöglichkeit, einmal ganz abgesehen davon, dass als Versuchsobjekte für die szenische Arbeit keine ausgebildeten Sänger, sondern unfertige, nach der Beherrschung ihrer Mittel selbst noch tastende Gesangsschüler in Frage kommen dürften.

Es wäre durchaus denkbar, dass einige bedeutende Inszenatoren innerhalb eines begrenzten Zeitraums, etwa im Rahmen der Internationalen Sommerakademie des Mozarteums, ein Seminar für Opernregie abhielten. Doch welcher der dafür in Frage kommenden Regisseure hätte die Möglichkeit, sich neben seiner künstlerischen Arbeit auf die Dauer einem Lehramt zu widmen, das den vollen Einsatz seiner Persönlichkeit erforderte? Wobei sich überdies die Frage stellt, inwieweit ein ausschließlich Lehrender nicht zum reinen Akademiker würde, wenn er sich durch das Aufgeben seiner praktischen Theaterarbeit von den Veränderungen isolierte, denen die Entwicklung der Opernregie ausgesetzt ist wie jede schöpferische Betätigung.

Setzt man voraus, dass sich die bisher geübte Praxis des mehrjährigen Assistierens an einem Operntheater als sinnvoller Weg der Ausbildung zum Opernregisseur erwiesen hat, wie erklärt sich der offensichtliche Mangel an Regienachwuchs? Gibt es gegenwärtig weniger Begabungen als zu anderen Zeiten, scheint die Oper als Ausdrucksmittel passé, von anderen Kunstgattungen überbordet? Oder stellt sich gar die Krise des Regisseur-Nachwuchses als solche des gegenwärtigen deutschen Opernbetriebs dar, der sich als denkbar ungeeigneter Nährboden für Regiebegabungen erweist?

Die stilistische Richtungslosigkeit, der Zerfall von Team und Ensemble, eine hurtige Betriebsamkeit, die häufig an die Stelle der auf ein einheitliches Ziel gerichteten Theaterarbeit getreten ist, sind kaum noch zu übersehen. Das Fehlen von geistigen Zentren im gegenwärtigen Theaterdeutschland, von Bühnen, die einen autonomen Darstellungsstil prägen, wird zusehends spürbarer. Dass der heranwachsende Regisseur unter derlei Orientierungslosigkeit zu leiden hat, ist eine Folge dieser Entwicklung.

Ein fruchtbares Lehrer-Schüler-Verhältnis kann kaum noch entstehen, da die meisten unserer prominenten Regisseure pausenlos beschäftigt sind und in den seltensten Fällen Zeit finden, sich mit den Details der ersten Inszenierungsarbeiten ihrer Assistenten auseinanderzusetzen, mit ihnen vor Probenbeginn eine Konzeption durchzudenken, Grundrissfragen zu besprechen, vor naheliegenden Gefahren zu warnen und den Verlauf der Probenarbeit aus der Distanz zu verfolgen. Ich, der das Glück hatte, innerhalb eines in sich geschlossenen Vorstandsteams und eines intakten Ensembles aufzuwachsen, weiß nicht erst seit heute, wieviel ich der behutsamen Kontrolle meiner Lehrer in den ersten Jahren selbständigen Arbeitens verdanke. Da manche junge Regisseure das Theater, an dem sie sich die ersten Sporen verdienten, zu einem für sie verfrühten Zeitpunkt verlassen, um eine leitende Position an einem kleineren Hause zu bekleiden, wirkt sich in der Folge das Fehlen einer kompetenten Kontrolle ihrer Arbeit unheilvoll auf ihre künftige Entwicklung aus.

Die Opernprovinz, heute wie ehedem Schlachtfeld und Tummelplatz junger Regisseure, ist dem Strukturwandel des deutschen Theaters seit Beginn der sechziger Jahre in ungleich stärkerem Maße unterworfen als die in ihrem Bestand relativ stabilen Großstadtbühnen. An einer Reihe von mittelgroßen und kleineren Bühnen wird auch heute noch vorbildlich gearbeitet, doch an vielen mittelstädtischen Opernhäusern zeichnen sich Tendenzen ab, die binnen kurzem zu ungünstigen Arbeitsbedingungen führen müssen. Die wachsenden Ansprüche eines schallplattenverwöhnten Publikums an sängerische Qualität verbieten auch kleinen Bühnen, ein gewisses stimmliches Niveau zu unterschreiten. Bestimmte Fächer werden mit nur gastweise verpflichteten Sängern besetzt, wenn nicht gar der Trend dahin geht, die Premiere einer Opernaufführung mit prominenten Gesangsstars herauszuputzen. Dies Verfahren degradiert eine Inszenierung zum «Fest der Stimmen», während die nachfolgenden Repertoireaufführungen kläglich in den Orkus des bösen Provinzialismus absinken. Oftmals entsteht die groteske Situation, dass die Summe der für Premierengäste gezahlten Gagen ein Vielfaches dessen beträgt, was an Geldmitteln für die Ausstattung der betreffenden Oper ausgegeben wurde.

Derlei Zerfallstendenzen innerhalb des Ensembles bringen Unruhe in die Arbeit eines jungen Inszenators. Er muss sich nach der Decke strecken und einen großen Teil seiner Arbeitskraft, die im Wesentlichen der Gestaltung seiner Inszenierung zugutekommen sollte, auf deren Organisation verlagern. Es fängt damit an, dass der Sänger X nur an diesen und jenen Terminen zur Verfügung steht, dem Regisseur jedoch nur ein begrenzter Zeitraum mit relativ wenigen Bühnenproben zugemessen ist. Um seine Inszenierung dennoch termingerecht (welch grausiges Wort!) fertigstellen zu können, muss er unorganisch probieren, ist gezwungen, Akte in veränderter Abfolge «anzulegen», muss seinen Titelhelden «aussparen» und seine Positionen durch eine Zweitbesetzung oder einen Assistenten markieren lassen, um dann später den originalen Sänger «einzubauen». Es ist bezeichnend, dass die Termini dieser Ersatzhandlungen der Ingenieurssprache entlehnt scheinen. .

Nur wenigen ist es gegeben, unzumutbaren Arbeitsbedingungen ein entschiedenes «Nein!» entgegenzusetzen. Die meisten werden sich anpassen, vielleicht, und darin liegt die Gefahr, ohne sich dessen bewusst zu werden. Anpassen an ein Theatersystem, das ihnen nur noch scheinbar künstlerische Bewegungsfreiheit gewährt, sie jedoch in Wirklichkeit zum mehr oder minder geschickten Verfertigen von Arrangements verurteilt. Die wenigen Neinsager unter ihnen werden bald vom Odium des Schwierigseins umwabert sein, und da von vielen Theaterleitern das gesund-clevere Mittelmaß vorgezogen wird, kann eine nonkonformistische Begabung nur darauf hoffen, durch einen günstigen Zug des Schicksals in den Wirkungskreis eines Intendanten verschlagen zu werden, der sich nicht die Entfaltung eines flotten Spielbetriebs zum Ziel gesetzt hat, der hingegen versucht, in Zusammenarbeit mit seiner Equipe den Artikel Kunst herzustellen.

Ein Plakat, das ich in Wien sah

(1978/1983)

Als im Sommer 1978 zum einjährigen Bestehen des Frankfurter Schwulenzentrums Das andere Ufer eine Jubiläumszeitung erschien, fand sich dort, neben einem kritischen Rückblick auf die Diskussion um das Maintöchter-Stück «Wieso», dieses kleine Feuilleton, in dem Meyer-Hanno sich mit Homoerotik in der Werbung beschäftigt. Für die Ergänzung «Das Sensibelchen» (1983) ließ sich kein Druck nachweisen. Typoskripte: Schwules Museum, NL Meyer-Hanno Nr. 205.

In März dieses Jahres prangte ganz Österreich im Schmucke eines Plakates, das eine neue Zigarettenmarke, HOBBY EXTRA, nachdrücklich ins Bewusstsein der Konsumenten zu hämmern suchte. Dies Poster schien mir in mehr als einer Beziehung interessant. Wie ich von Freunden hörte, stellte es nur ein Blatt einer ganzen Serie dar, die durch einen kaum verhohlenen homoerotischen Touch nicht nur bei «Betroffenen» Eindruck erweckte. Ich will versuchen, das Poster zu beschreiben:

Zwischen zwei Waggons eines amerikanischen Eisenbahnzuges sitzen zwei Tramps, die offenbar zum ersten Male miteinander Kontakt aufnehmen, indem der eine dem anderen eine Zigarette anzündet. Dass sie sich – noch – fremd sind, entnimmt man der Tatsache ihres Voneinander-Getrenntseins durch die Pufferzone zwischen Tender und Wagen. Außerdem drückt die Miene des rechts sitzenden Typen – noch – Ablehnung oder zumindest Reserve aus. Dieser Mann, der «Coolere» von beiden, hockt am rechten Bildrand unten auf der Wagentreppe, während der andere – noch – auf dem vorderen Tender sitzt. Er reicht dem «Coolen» Feuer für seine HOBBY EXTRA, beugt sich über ihn und sucht seinen Blick zu erhaschen. Der «Coole» schaut eisern auf die Flamme und trachtet danach, dem werbenden Blick des «Softeren» auszuweichen.

Dass Männerkumpanei, nach der bis zur Erschöpfung strapazierten Ausbeutung der Frau als Werbestimulans, einen neuen Reiz darstellt, lässt sich seit Jahren verfolgen. Die harten Mackertypen, die sich nach anstrengendem Tagewerk eine MARLBORO ins Gesicht knallen, gehören ebenso dazu wie die mann-männlichen Partnerschaften der Leinwand, mögen sie sich nun hemdsärmelig geben wie Bud Spencer & Terence Hill oder, ein paar Stufen höher, Robert Redford & Paul Newman. Selbst der einsame Abenteurer von CAMEL, der in seinem Khaki-Dress durch Savannen und ähnliche exotische Ambiencen stromert, ist ein Exponent dieses Trends: Man neigt dazu, ihm zur Gesellschaft eher einen Kumpel zu wünschen als eine Frau.

Was mich an dem Wiener Plakat faszinierte, war, abgesehen von seinem glänzenden formalen Aufbau und dem Spannungsfeld zwischen den Figuren, vor allem die Perfektion seiner Inszenierung. Der Werbefachmann muss genau Bescheid wissen über Rollenverteilung innerhalb von Beziehungen, denn sowohl die Wahl der beiden Typen als auch der Einsatz von Kleidung und Accessoire waren bis ins letzte Detail durchdacht und aufeinander bezogen.

Der Typ rechts war eindeutig der «Kerl» von beiden. Harte Züge, kalte Augen, eine drahtige Figur, aber irgendwie «zuverlässig». Das Blondhaar unter einem leicht verschwitzten Westernhut im Nacken zusammengefasst, trug er ein hellblaues T-Shirt und verwaschene Jeans, um den Hals ein feines Goldkettchen, sein Bündel auf den knackigen Schenkeln. Der andere, der Werbende, war dunkel und hatte volles Haar, weichere Gesichtszüge, die schon etwas «vom Leben gezeichnet» schienen, schöne und warme Augen. Im Gegensatz zu dem stahlblauen «Coolen» war er in weichere Materialien gekleidet, trug eine rehbraune Wildlederjacke mit Indianerfransen und um den Hals mehrere Ketten mit dekorativen Klunkern dran. Er hatte sich gleichsam geschmückt; seine Körperhaltung war fast unterwürfig, sodass er in der Konstellation zu dem «Coolen» eindeutig die «Frau» darstellte.

Der unterschwellig extrem erotische Zug des Plakats erinnerte mich eindeutig an die Anmach-Szenen von KAKE-Pornos, zumal ich natürlich – Theweleits «Männerphantasien» lassen grüßen – die Situation in die Zukunft projizierte: Was würde passieren? Die beiden würden sich näherkommen; in der Kälte nächtlicher Waggonfahrten werden sie sich aneinander kuscheln, und wenn dann noch immer nichts passiert ist, wird spätestens im Heu eines Schobers von South-Dakota der Warme den Kalten erobert haben.

Dass ein Hetero diesen Gedankengang mitvollzieht, ist recht unwahrscheinlich. Aber fraglos wird mit dieser Art von Werbung an seine uneingestandenen schwulen Bedürfnisse appelliert. Mir ist bisher noch keine Reklame begegnet, in der die Vermarktung von latent vorhandenen Homoneigungen derart ruchlos und gezielt vollzogen wird, wobei der ganze Krampf rollenfixierten Verhaltens Teil der Manipulation ist. Der nicht wissende Betrachter wird sich an die beiden «duften» Typen halten und sich entweder mit dem einen als kaltem Macker oder mit dem anderen als fürsorglich-gefühlvoll Werbendem identifizieren. Vor allem wird er sich nach der menschlichen Wärme sehnen, die sich dort oben zwischen den beiden Kumpels zweifellos einstellen wird. Da er nicht auf die Idee kommt, mal mit einem Mann zu pennen, wird er stattdessen nach der Initialzündung dieses zwischenmenschlichen Kontakts greifen, in diesem Falle eben nach der gerade angezündeten HOBBY EXTRA.

Schon um der Werbeleitung des Zigarettenkonzerns eine Referenz zu erweisen, wollte ich eine Schachtel HOBBY EXTRA kaufen. Ich dachte eine Weile nach und ließ es dann bleiben.

Das Sensibelchen

(1983)

Als ich vor sechs Jahren diesen Artikel für die nur einmal erschienene Zeitschrift des damaligen Frankfurter ANDEREN UFERs schrieb, konnte ich das Ausmaß dessen noch nicht erahnen, das da an männlicher Werbung mit einer kryptoschwulen Komponente künftig über uns hereinbrechen würde. Ein, zwei Jahre später, und die Riesenposter der Anschlagsäulen erstrahlten im Glanze güldener Abendsonne, bei der sich verdrossen und kantig wirkende Viehzüchter aus angeschlagenen Emailkannen Western-Coffee in verbeulte Metallbecher eingossen. Der leicht angejahrte, stolz und herrisch dreinblickende (und gewiss heute die Reagan-Mannschaft rechts überholende MARLBORO-Mann dräute von den Plakaten, unseren heimlichen Drang zur Unterwerfung anpeilend, und in den Werbespots der GO-WEST-Werbung hauten sich an Überland-Tankstellen mürrisch-einsilbige Trucker, ehe sie in ihre aluminiumblinkenden Riesenlaster kletterten, freundschaftlich auf die Schulter, um sich später beim Überholen einen kargen Liebesblick von Fahrersitz zu Fahrersitz zuzuwerfen. Dass die Scene diese verborgene Botschaft inzwischen geschnallt hat, lässt sich an der Salve von Gelächter und eindeutigen Kommentaren ablesen, die jede Projektion dieser Streifen in Alternativkinos auslöst.

Eines hatte sich seit dem Wiener Plakat von 1978 allerdings verändert: Die damals noch langen Haare waren einem sportlichen Kurzschnitt gewichen. Für Typen wie den Dunklen, Sensiblen gab es in dieser Welt mit ihren eindeutig gewordenen Rollenbildern keinen Platz mehr. Ein sanfter Mann wie der war ja Softi-Spätlese und damit reif zum Überrolltwerden vom neuen Trend. Nein: Die familienorientierte Werbung mit ihren vertrauenserweckenden, ihre Sprösslinge zum McDONALD's- Mampf einladenden Daddys hatte eine echte Alternative gefunden und spaltete nun den Single-Mann auf in den geschniegelt-erfolgsorientierten Smarty der STUYVESANT-Generation und in den Lonesome Cowboy der CAMEL-Werbung nebst allen ihm verwandten Reklame-Machos.

In unserem Stück «Bis hierher und wie weiter» haben wir MAINTÖCHTER versucht, diesen Prozess einer eskalierenden Machoisierung, der ja seinen Niederschlag auch in der Schwulenscene findet, auf die Bühne zu bringen. «Frischer Wind aus U.S.A.» heißt die Szene, in der auf die Frage, ob denn in den Bars von San Francisco, die wie Goldgräberlager wirkten, man einen Schwulen überhaupt noch an seinem Äußeren erkennen könne, geantwortet wird: «Na klar. Die am männlichsten aussehen und die durch die Gegend stapfen wie John Wayne – genau das sind sie!»

Um das zu illustrieren, um den neuen Gott, der da gegangen kam und dem wir Schwulen stumm hingegeben sind, sicht- und greifbar zu machen, haben die MAINTÖCHTER von einem befreundeten Tabakhändler den lebensgroßen GO-WEST-Aufsteller besorgt, jenen rotbemützten Pappkameraden, der, lässig auf die Riesen-Zigarettenschachtel gestützt, jedem Passanten düster und, bei aller Coolness, fordernd, ja Anbetung heischend, in die Pupille starrt. Diese Figur ist, obwohl nur Requisit, mittlerweile so etwas wie das siebente Ensemblemitglied geworden, sicher nicht nur wegen ihrer Größe, eher wegen ihrer Fragilität. «Er» wird zärtlich herumgetragen und sorgsam verstaut, und wir haben immer Angst, dass unser «Sensibelchen», wie wir ihn nennen, nicht für derlei Belastungen konstruiert, uns mal auseinanderfällt, trotz aller zusätzlicher Schräubchen, mit denen wir seinem labilen Innenleben Halt zu geben versuchten.

Zuerst bekam die Figur beim Aufbauen des Bühnenbildes unseren Spott ab: «Du alte Klaferze, steh nicht so männlich in der Gegend herum; auch du bist schließlich froh, wenn du einen verpasst kriegst!», so oder ähnlich lauteten die Kommentare. Aber dann geschah etwas Seltsames: Die kernigen Züge wurden zusehends transparenter, und der Kerl schien, bei aller Panzerung, eher traurig dreinzuschauen, umweht von einem Hauch von Einsamkeit. In dem Maße, da seine Fassade abzubröckeln begann, freundeten wir uns mit ihm an. Der Typ wurde ganz einfach menschlicher, als, bei genauem Hinsehen, hinter seinen schroffen Zügen ein Gutteil Anstrengung, ja Hilflosigkeit zutage trat. Brechts japanische Dämonenmaske, die's so arg anstrengt, böse zu sein, kam einen in den Sinn. «Muss er denn eigentlich, wenn's ihn doch so viel Kraft kostet?», fragten wir fast mitleidig, als unter der Pose von Unangreifbarkeit und Kerlstum nach und nach etwas sichtbar wurde vom Elend der Männlichkeit.

«DIE WILDNIS DER DORIS GAY»

(1979)

Das Stück «Die Wildnis der Doris Gay» wurde von den Maintöchtern 1979 für «Homolulu» entwickelt und später in der ganzen Bundesrepublik aufgeführt. 1980 erschien der Text im Verlag rosa Winkel (Maintöchter 1980), ergänzt um Beiträge über die Gruppe, die Entstehung und die Aufführungen des Stücks. Wir dokumentieren hier sowohl die Andreas Meyer-Hanno zuzuschreibenden Texte (S. 22 und 40-42) zum Stück und ‹seine› Szene (S. 103-114).

Assoziationen zum Titel des Stücks

Natürlich: DAS BILDNIS DES DORIAN GRAY.
 Bildnis: Bild = Abbild von dir selbst. «Du sollst dir kein Bild machen». «Ich kann mir kein Bild von ihm/ihr machen ... «Bin im Bilde». «Schuf ihn nach seinem Ebenbilde». Bildnis bei Wilde = Sündenbock für jedes Laster. Was ist das überhaupt: ‹Laster›? Und ‹Ausschweifung›?
 Wer bewertet das? Bei Wilde jedenfalls der Zerfall einer Person in eine reale, die agiert und dabei äußerlich ‹ideal› bleibt, und eine imaginative, die stellvertretend altert.
 Traumprinz und, als Gegensatz, reale Existenz mit entsprechender Lebenserfahrung auch in unserem Stück. Steigerungsform von ‹Bild›: Abbild, Sinnbild, Idol, Traumprinz. Brechts Herr Keuner, der danach trachtet, dass jemand, von dem er sich einen Entwurf gemacht hat, diesem ähnlich wird.
 Wildnis: Dschungel, auch im übertragenen Sinne, Undurchdringliches, Verwirrung der Gefühle (Stefan Zweig), Toerless' Verwirrungen

(Musil), «Ah, Wilderness» (O'Neill), der dunkle Wald, in den sich Dante zu Beginn der «Commedia» versetzt sieht, während er sich in der Mitte seines Lebens befindet.

Doris Day: Symbol amerikanischer Virginität, das personifizierte Jungfernhäutchen. Das nette Mädel von nebenan, das doch keiner so recht will. Und wenn, dann Bettgeflüster mit Rock Hudson. Der schwul sein soll. So wie sie, trotz erwachsenen Sohnes, lesbisch sein soll. Sieht immer noch fabelhaft aus, die Frau, muss doch inzwischen uralt sein. Und ihr Privatleben? Eine Kette von Missgeschicken, wie man weiß. Aber nach außen hin immer munter und fröhlich. Eben ‹gay›.

Gay: ‹gay› = lustig, fröhlich. Und ‹gay› = schwul. «Le gai savoir» – Fröhliche Wissenschaft (Nietzsche-Godard) ‹Gay Liberation› = Befreiung der Schwulen. Aber auch: ‹Fröhliche Befreiung›. Wir heißen euch hoffen.

Erfahrungen beim Spielen von «Doris Gay»

Es gibt ein berühmtes englisches Versepos von Coleridge «The Rhyme of the Ancient Mariner» («Der alte Matrose»), in dem der Held eine Art Fliegenden-Holländer-Schicksals zu erleiden hat. Zur Sühne für eine sinnlose Untat – die Tötung des Vogels Albatros, der die vom Packeis eingeschlossene Mannschaft in freundlichere Gewässer geführt hatte – muss er mit ansehen, wie alle Seeleute um ihn in glühender Hitze verschmachten. Schließlich wird der reuige Sünder erlöst; das Geisterschiff versinkt, er kann sich retten. Aber fortan zieht er durch die weite Welt und muss jedem, der dazu bestimmt ist, seine Geschichte erzählen. Und er muss seine Geschichte immer und immer wieder loswerden.

Seine Geschichte erzählen. Das darstellen, mit dem man nicht fertig wird. Psychodrama als therapeutisches Moment? Nun, was wir in «Doris Gay» gemacht haben, hat mit Psychodrama wenig zu tun, sehr viel allerdings mit Selbstdarstellung. Wenn man sich öffentlich darstellt, liegt eine Veränderung der eigenen Situation nahe. Nicht von ungefähr bekennen eine Reihe von Gestalten der russischen Literatur ihre ‹Sünden› öffentlich, eine kathartische Wirkung erhoffend.

‹Sünde›? ‹Schuld›? Was spukt da alles an noch nicht verarbeitetem schlechten Gewissen in mir herum? Warum fallen mir eben Coleridge,

Dostojewski, Ostrowski ein, Dichter, bei denen Schuld, diesmal ohne Gänsefüßchen, noch eine moralische Kategorie darstellt, während sich ‹Schuld›, diesmal mit Gänsefüßchen, durch meine Erfahrung längst als Begriff relativiert hat? Die Ursachen müssen wohl weit zurückliegen. Es war das tiefe Gefühl des Andersseins, das sich in mir als Bewusstsein von Schuld niederschlug. In meiner Kindheit spürte ich genau, noch lange bevor ich von Sex überhaupt etwas mitgekriegt hatte, dass ich irgendwie ‹anders› war, dass mich eine Welt von der meiner Spielgefährten trennte. Während alles um mich herum Leitbilder hatte, war ich offenbar dazu verdammt, keine zu haben, denn die der anderen taugten nicht für mich. So kam ich mir eben sehr anders und weniger wertvoll vor. Wie ich eigentlich sein wollte, das wusste ich nicht, spürte da nur eine Kluft, auch in meiner Vorstellungswelt. Und litt unter der Isolation, in die ich mehr und mehr abdriftete.

Nach meinem Coming-out in den Fünfzigerjahren auch wieder Komplexe ob der Dinge, die mich erotisch antörnten, nun auch gegenüber meiner schwulen Umwelt. Konnte ich nicht, wie die meisten anderen, auch ‹gutaussehende›, ‹gepflegte›, halt ‹sympathische› Männer begehren? Mussten es unbedingt meine gutartigen, etwas anrüchigen Naturburschen sein, die gar so selten anzutreffen waren, wenigstens in Homo-Kreisen? Wenn vor der Sperrstunde in den Bars sich die Herzen gefunden hatten, tappte ich allein nach Hause und fühlte mich eben auch hier wie ein schwules Wesen zweiter Klasse.

Dann kamen die Jahre meiner Arbeit in der Schwulengruppe. Bei der Gesprächsrunde «Partnerwunsch-Partnererfahrung» in Braunschweig 1973 hatte ich eine ganze Menge über mich selbst herausgekriegt, meine erotische Autobiografie sozusagen aufgearbeitet. Was mich nun noch keineswegs dazu befähigte, das auch vor Leuten darzustellen. Dazu bedurfte es doch einer gehörigen Portion von Exhibitionismus, die mir zunächst einmal noch nicht zu Gebote stand.

Das Mittel, das mir dann Jahre später helfen sollte, den an sich ganz schrecklichen Tatbestand meines Verunmöglichungszwanges in Sachen Partnerschaft zu gestalten, war das der ironischen Brechung. Man musste gar nicht viel dazu tun: Es genügte, die Träume von mir als Siebzehnjährigem und als Siebenundvierzigjährigem auszusprechen, und schon stellte sich Distanz ein. Ich habe als Heranwachsender den Fischer-Dieskau tatsächlich abgöttisch geliebt und mir genau vorgestellt, was eine

Beziehung zu ihm alles an Glücksmomenten enthalten könnte. Jahre später ausgesprochen, wirkt dieser Jugendtraum auch auf mich selbst unbändig komisch, weil er so viele Lore-Roman-Elemente anhäuft. Wie auch die – noch akute – Bauarbeiter-Idylle. Wie wohl all unsere Wunschträume, die so entsetzlich viele Klischees enthalten.

Auch in meinen schwulenbewegten Jahren habe ich mich lang mit meinem so ganz und gar ‹unemanzipierten› Partnerschaftsideal herumgeschlagen, da es in so krassem Widerspruch zu dem zu stehen schien, was ich sonst so an Lebensvorstellungen im Kopf hatte. Dies schlechte Gewissen wurde auch von meinen Bewegungs-Mitschwestern heftig geschürt; eine sagte mal: «Andreas ist bisexuell, der nimmt Soldaten und Matrosen!» Deswegen führte ich in meine Szene auch den ‹antiken Chor› ein, der Druck eben auch von links auf mich ausübt, indem er mich verspottet. Und dem das Lachen eigentlich im Halse steckenbleiben sollte!

Eine mir sehr nahestehende Frau, mit der ich den Text gemeinsam memorierte, war anfangs ganz entsetzt über die ‹Abgründe› in mir, die sich da plötzlich vor ihr auftaten, zumal sie geglaubt hatte, mich ziemlich gut zu kennen. «Du stellst dich hier doch ausschließlich als Sexualwesen dar, vollkommen abgelöst von jeglichen anderen menschlichen Bezügen», sagte sie noch kurz vor der Aufführung. So hatte ich bei den ersten Vorstellungen noch einen entsetzlichen Bammel vor meinem eigenen Exhibitionismus und zitterte bei dem Gedanken, mich nun freiwillig derart entblößen zu müssen. Aber es kam dann nach Aufführungen öfters vor, dass wildfremde Leute spontan auf mich zugingen und sagten: «Genau meine Geschichte! Im Detail 'n bisschen anders, aber im Wesentlichen eben doch!» Dass das, was mir immer als meine ganz eigene Story erschienen war, nun als Moment der Identifikation von anderen empfunden wird, kam für mich unerwartet. Machte mir aber auch Mut, meine Beklommenheit beim Spielen der Szene vor sehr nahestehenden Menschen – Mutter, Bruder, Lupo, Elke, beispielsweise – zu überwinden.

Im Laufe der Wiederholungen bauten sich diese Ängste so ziemlich ab; ich erzähle meine Geschichte fast so, als wäre es die eines anderen. Meinen großen und fundamentalen Konflikt – das Auseinanderklaffen meiner Partnerschaften in total sublimierte oder total sexualisierte Bindungen – werde ich mit Hilfe von «Doris Gay» kaum lösen können. Aber Dinge, derentwegen ich mich jahrelang geniert hatte oder die, weit schlimmer, mich jahrelang verfolgten, sind erträglicher geworden. Ich kann meine Geschichte nun auch jemandem erzählen, für den sie eigentlich nicht bestimmt ist, und das empfinde ich als einen Akt von Befreiung.

Andreas' Traum und Realität

Andreas liegt links auf einer Art Analyse-Couch, die senkrecht zur Rampe steht. Dahinter sitzt der Fragesteller mit weißer Maske, Schreibblock und Stift. Rechts, parallel zur Wand, steht der Chor mit weißen Masken.
Der Conférencier holt den Traumprinz in der üblichen Art aus der Kiste. Der Traumprinz hat eine Lederjacke ohne Hemd darunter an, eine Uniformmütze auf, einen breiten Ledergürtel um. Der Conférencier stellt ihn ganz vorn in die Reihe des Chores rechts, geht dann hinter die Kiste zurück.
Der Traumprinz löst sich langsam aus der Reihe, geht mit schwerem Gang am Chor vorbei, dann auf die Couch zu, dann entlang der Couch nach vorn.
Musikeinsatz. George Gershwin: ‹The man I love›.
ANDREAS: *(richtet sich halb auf, spricht auf die Musik)*
Eines Tages kommt er des Wegs,
der Mann, den ich liebe,
und er wird groß und stark sein,
der Mann, den ich liebe.
Und wenn er meinen Weg kreuzt,
werde ich alles tun, dass er bei mir bleibt.
(hat den vorbeigehenden Traumprinzen mit dem Blick verfolgt, stummer Orgasmus, liegt wieder.
Traumprinz steht frontal zum Publikum.
Musik aus.)
FRAGESTELLER: War das immer so? Erinnern Sie sich! Erinnern Sie sich genau!
ANDREAS: *(hat sich wieder aufgerichtet)*
Nein, das sah mal ganz anders aus.
FRAGESTELLER: Ehem.

ANDREAS: Ich war fünfzehn, merkte langsam, wo's bei mir lang ging.
Was ich ersehnte, das war ...
CHOR: Ein Mann von Bedeutung.
1. CHORIST: von Bedeutung
2. CHORIST: von Bedeutung
3. CHORIST: von Bedeutung
1. CHORIST: Bedeutung
2. CHORIST: Bedeutung
3. CHORIST: Deutung
(Bei ‹Bedeutung› hat sich der Traumprinz in die Reihe des Chors eingeordnet.
Musik. Henry Purcell: Vorspiel zu ‹Dido und Aeneas›.)
ANDREAS: Ein kultivierter Mann um die 50, graue Schläfen, Duft nach Eau de Cologne.
(Der Traumprinz vor 30 Jahren löst sich aus dem Chor, tritt mit grandseigneuraler Geste auf die Couch zu, streckt seine Hand zu Andreas, der die seine auch ausstreckt, sie bleiben bis zum Ende des folgenden Satzes und der Musik in dieser Gott/Adam Geste von Michelangelo.)
Belesen, weitgereist, weise, gütig, der mich an die Hand nimmt und mir Geheimnis und Schönheit der Welt zeigt.
DER TRAUMPRINZ VOR 30 JAHREN: *(nimmt ihn bei der Hand und führt ihn im Kreis zu sich, weist mit einer großen Gebärde auf die Schönheit der Welt, die Andreas staunend wie ein Kind verfolgt)*
Das Tibetanische Totenbuch ist der Quell allen abendländischen Denkens, ja abendländischer Kultur schlechthin, mein Junge.
Komm, trink noch einen Schluck Beaujolais.
(nimmt die Gläser, gibt ihm eines, sie trinken)
Und jetzt: Küss mich!
(Operetten-Umarmung)
CHOR: Du Kitsch!
ANDREAS: *(bricht aus der Position aus)*
FRAGESTELLER: Es war wohl etwas naiv zu glauben, eine solche Bindung könne sowas wie einen Warentausch-Charakter annehmen, etwa nach dem Motto:
TRAUMPRINZ VOR 30 JAHREN: Du gibst mir deine Jugend ...
ANDREAS: Und du gibst mir deine Lebenserfahrung ...
TRAUMPRINZ VOR 30 JAHREN: Ich bin dein Mentor.

ANDREAS: Und ich bin dein Sohn und Geliebter. Ich trage das weiter, was du erkannt hast.
CHOR: Du Kitsch!
ANDREAS: *(bricht wieder aus und schleppt sich auf die Couch)*
FRAGESTELLER: Ja, den haben Sie wohl nie bekommen!
   Und woher kommt dieser andere? Der starke Mann, der Kerl, der Hinschmeißer? Erinnern Sie sich genau!
   (Der Traumprinz vor 30 Jahren hat sich wieder eingereiht.)
ANDREAS: Laubenheimer Platz, Volksschule 3 Berlin-Steglitz, Bärle Grimmer, Köhler, Triloff, die schlimmen Jungs, die mich verkloppten und die ich, trotz meiner Angst, insgeheim bewunderte.
FRAGESTELLER: Gibt's da ein Schlüsselerlebnis?
ANDREAS: Nein.
FRAGESTELLER: Erinnern sie sich genau!
ANDREAS: Ja!
   (weiße Projektion)
   Ja.
   (Projektion eines Bauarbeiters.
   Musik. Tennessee Ernie Ford: ‹Sixteen Tons›.)
   Ich war neunzehn, da kam er die Uhlandstraße entlang und sah sich die Auslagen an. Sein Anblick haute mich um. Ich sah nur seinen langsamen, schweren, etwas wiegenden Gang. Und folgte ihm. Dabei hatte ich nur einen brennenden Wunsch: dass er mich bemerkte. Aber er sah sich nur die Schaufenster an.
   (Musik klingt aus. Projektion aus.)
FRAGESTELLER: Was fällt Ihnen zu ihm ein?
   (Traumprinz tritt aus dem Chor heraus.)
   Und zu dem anderen?
   (Traumprinz vor 30 Jahren tritt aus dem Chor heraus.)
TRAUMPRINZ UND TRAUMPRINZ VOR 30 JAHREN: *(gehen in Kampfstellung, demonstrieren zu jedem der genannten Reizworte Phasen eines stilisierten Schlagabtausches)*
2. CHORIST: Baustelle.
3. CHORIST: Louvre.
2. CHORIST: Suff.
3. CHORIST: Monteverdi.
2. CHORIST: Schweiß.

3. Chorist: Crêpe de Chine.
2. Chorist: Herz.
3. Chorist: Marcel Proust.
2. Chorist: Klappe.
(*Damit ist der Traumprinz vor 30 Jahren endgültig erledigt, liegt geschlagen am Boden. Der Traumprinz hebt seine Mütze auf, klopft sie aus und stellt triumphierend seinen Fuß auf den Unterlegenen.*)
Fragesteller: Das reicht mir nicht ganz aus. Versuchen sie, Ihren Traumprinzen etwas näher zu bezeichnen. Alter?
Andreas: So fünfunddreißig bis fünfzig.
Traumprinz: (*ist über den Traumprinz vor 30 Jahren hinweggestiegen zur Bühnenrampe, der alte Traumprinz rollt sich nach hinten, reiht sich ein*)
Fragesteller: Aha, sie entsprechen also nicht dem Klischee, nach dem der ältere Homosexuelle weitgehend dem Fetisch ‹Jugend› huldigt.
Andreas: Nein. Für mich kommt jemand als Partner erst dann in Frage, wenn er ein ausgewachsener Mann ist, der seine Entwicklung gleichsam abgeschlossen hat.
Fragesteller: Äußeres?
Andreas: Breit, gedrungen, viel ‹Mann›, also behaart. ‹Gorilla›.
Traumprinz: (*macht dementsprechende ‹Mann›-Geste, bei ‹Gorilla› haut er sich dreimal mit den Fäusten auf die Brust*)
Andreas: Viel Arsch, viel Schenkel, eventuell ein Bäuchlein.
Traumprinz: (*hat sich mit beiden Händen auf die Arschbacken geklatscht, dann auf die Schenkel, kratzt sich zuletzt am Bauch*)
Chor: Puuuh!
Fragesteller: Fundorte?
Andreas: Baustellen.
Traumprinz: (*mimt Presslufthämmern*)
Andreas: Häfen.
Traumprinz: (*mimt Taueinholen*)
Andreas: Äcker.
Traumprinz: (*mimt Sensen*)
Andreas: Fabriken.
Traumprinz: (*mimt Fließband / Maschinenbewegung*)
Andreas: Fußballstadien.
Traumprinz: (*mimt Torabschuss, verfolgt die Fluglinie des Balls bis zum Aufprall*)

ANDREAS: Kasernen.
TRAUMPRINZ: *(mimt Salutieren)*
CHOR: *(wird unruhig, Zwischenrufe)*
   Na also, das ist doch ...
   Nein, das gibt's doch nicht. Etc.
ANDREAS: Polizeistationen.
TRAUMPRINZ: *(mimt Gummiknüppelhiebe)*
CHOR: *(verstärkt den Protest, wie oben, gipfelnd in:)*
   Buh! Buh!
CONFÉRENCIER ALS ORDNUNGSINSTANZ: *(tritt hinter dem Kasten hervor, gebietet mit einer Handbewegung dem Tumult Einhalt)*
   Bei aller Bewegungsfreiheit!
   So weit wollen wir die Projektionen nun doch nicht ausufern lassen.
   (zum Publikum) Nicht wahr?
   (tritt zurück)
FRAGESTELLER: Wie sehen Sie nun Ihre eigene Rolle in einer angenommenen idealen partnerschaftlichen Beziehung?
ANDREAS: *(steht auf, geht rechts neben den Traumprinzen, schmiegt sich an ihn, Gesicht zum Publikum. Der Traumprinz drückt ihn etwas tiefer.)*
   Ich möchte meinem Mann ein Heim bieten, möchte ihn versorgen, bekochen, bemuttern. Ich möchte ihn glücklich machen. Ich darf mich an ihn anlehnen, und er, Vater, großer Bruder und Geliebter in einer Person, wird mich beschützen.
   (geht auf die andere Seite, schmiegt sich von dort an den Traumprinzen, gleich tief genug gebückt, was er noch einmal mit einem Blick nach oben kontrolliert)
   Wenn er mal blau ist oder wenn er mal fremdgeht, dann verzeihe ich ihm großmütig, denn Männer machen sowas nun mal. Außerdem weiß ich, dass er mich liebt, und dass ich im Falle eines eventuellen Nebenbuhlers immer die Stärkere sein werde.
CHOR: *(hat angefangen zu giggeln, dann halten alle Choristen drei verschiedene Frauenmagazine hoch und winken damit:)*
   Juhuuuh!
CONFÉRENCIER ALS ORDNUNGSINSTANZ: *(hat die letzte Passage von oben aus der Traumprinzkiste heraus beobachtet, zieht jetzt ein Exemplar von ‹Emma› hervor, geht damit über die Couch hinweg zu Andreas und*

schlägt es ihm um die Ohren. Dann geht er empört wieder hinter die Kiste zurück.)
ANDREAS: *(geht zur Couch zurück)*
TRAUMPRINZ: *(reiht sich wieder ein)*
FRAGESTELLER: Wenn Sie mit 17 die Idealvorstellung eines Moments außergewöhnlicher Glücksempfindung gehabt hätten, wie würde das wohl ausgesehen haben?
ANDREAS: *(steht auf, berichtend.*
   Musik. Schubert: Anfang der ‹Winterreise›)
   Ich habe eine feste Beziehung zu Dietrich Fischer-Dieskau. Ich fahre zu ihm in sein Haus in Berlin-Zehlendorf. Er erwartet mich schon sehnlichst am Gartentor. Er führt mich in sein Haus und schließt mich in die Arme. Dann arbeiten wir gemeinsam an der ‹Winterreise›.
   (Musik aus
   Wenn das Publikum fertig gelacht hat, ziehen die Choristen nacheinander Lachsäcke heraus und halten sie mit lachverzerrtem Gesicht in Richtung Andreas.
   Alles starr, bis Lachsäcke ausgelacht haben.)
FRAGESTELLER: Und wie sähe das wohl heute aus, dreißig Jahre später, dies Moment äußersten Glücks?
ANDREAS: Bitte halten Sie sich jetzt fest!
FRAGESTELLER: Kein Kommentar! Bitte beschreiben Sie!
ANDREAS: *(weiter stehend, berichtend.*
   Musik. Vicky Leandros: ‹Ich hab' die Liebe gesehn›)
   Also: Ich gehe an einer ... Baustelle vorbei. Ein Bauarbeiter, mein Bauarbeiter, sieht mich. Ist wie vom Blitz gerührt, lässt die Mörtelkelle fallen und kommt vom Baugerüst direkt auf mich zu. Wir verabreden uns noch für den gleichen Abend. Er verfällt mir total, verlässt seine Frau und die Kinder, und wir gehen niemals mehr auseinander.
   (Musik aus
   Wenn das Publikum fertig gelacht hat, ziehen die Choristen nacheinander Lachsäcke heraus und halten sie mit lachverzerrtem Gesicht in Richtung Andreas.
   Alles starr, bis Lachsäcke ausgelacht haben.)

FRAGESTELLER: Und wie sieht das, bei Ihrer nicht ganz alltäglichen Partnervorstellung, dann in der Praxis aus?
ANDREAS: Na ja, aus jeder Beziehung wird halt gleich 'ne Kiste, und Beziehungskisten, die pflegen bei mir etwa so zu laufen:
(Umbau. Chor geht ab.
Lichtwechsel. Realitätslicht nur auf die rechte Bühnenhälfte, die Andreas' Wohnküche darstellt.)
ANDREAS: *(sitzt auf der Bank, wartet, schaut auf die Uhr, trommelt mit den Fingern. Endlich hört man draußen die Tür gehen, Andreas blickt unruhig zum Eingang)*
WALTER: *(kommt herein, mit Jacke)*
Tach!
ANDREAS: Tach!
WALTER: *(hat die Jacke abgelegt)*
Dat riecht ja hier so verbrannt!
(Pause)
Is wat?
ANDREAS: *(guckt anzüglich auf die Uhr)*
WALTER: Na ja, ich weiß et ja, ich bin en bisken spät dran, aber ...
ANDREAS: *(explodiert)*
Ich mach' mir Mühe, denke mir was wirklich Ausgefallenes aus, stelle mich stundenlang in die Küche, und kuck, *(schaut auf die Uhr)* jetzt isses drei, und jetzt kommst du an. Der Auflauf ist natürlich vollkommen zusammengefallen.
WALTER: Mensch, ich war doch noch mit 'n paar Arbeitskollejen zusammen, wir ham noch 'n paar jehoben, und da konnt ich doch nich einfach wech.
ANDREAS: So! Arbeitskollegen! Und gestern? Wo warst du gestern nach zehn? Ich habe von zehn bis nach Mitternacht bei dir angerufen, aber wer nicht da war, das warst du.
WALTER: Sach mal, spionierst du mir vielleicht nach? Du, dat hab ich aber jarnit gern.
ANDREAS: Nee, das nicht, aber du sagst immer, du magst mich, und dann sind dir die anderen Leute eben wichtiger als ich. Und wichtiger als mein Essen.
WALTER: *(laut)* Essen, Essen! Scheiß auf dein Essen! Mir is jetzt der janze Appetit verjangen, dat stinkt mir hier, ich geh jetzt.

(schnappt seine Jacke und geht ab)
ANDREAS: Mensch, Walter, ich hab' das doch nicht so gemeint. Hör mal, Walter, bitte bleib' doch!
(Man hört die Tür zufallen.
Musik. Bert Brecht/Kurt Weill: ‹Surabaya-Johnny›. Letzte Strophe.
Andreas war aufgesprungen, Walter nach, hängt jetzt an der Tür zum Abgang.
Musik aus.
Lichtwechsel. Das rechte halbe Realitätslicht aus.)
FRAGESTELLER: Na, wenn Sie immer wieder auf solche Mackertypen abfahren, wie lässt sich das mit Ihrem emanzipatorischen Anspruch vereinbaren?
ANDREAS: *(steht jetzt in der Mitte des freien Raums, halb zum Publikum, halb zum Fragesteller gewendet)*
Ja, sehen Sie, das ist das Dilemma: Als ich mit der Schwulenbewegung in Berührung kam, da lernte ich: Macker sind ba-ba! Und nur sensible und partiell weibliche Männer kommen für dich in Frage. Hier *(zeigt auf seinen Kopf)* habe ich das begriffen, aber da unten *(zeigt auf seinen Schwanz)*, der da spielt nicht mit.
FRAGESTELLER: Und die Bewegung?
ANDREAS: Tja, die Bewegung ...
(setzt sich auf die Bank, Halbprofil)
Ich hatte immer gehofft, die Bewegung würde auch Auswirkungen auf mein Verhalten als Sexualperson haben, mich verändern, mich Leute finden lassen, zu denen eine Bindung auch realisierbar wird. Aber in dieser Hinsicht hat sich eben nichts bei mir verändert: Ich fahre immer noch auf Macker ab, mit denen 's nach kürzester Zeit schief läuft, ja und Softies, die können Sie mir nach wie vor auf den Bauch binden.
FRAGESTELLER: Meinen Sie denn wirklich, die Bewegung hätte Ihnen in privater Hinsicht überhaupt nichts gebracht?
ANDREAS: Oh doch, sogar 'ne ganze Menge ...
(steht auf, geht in den freien Raum rechts, frontal, privat werdend)
... sonst stünd' ich ja jetzt nicht hier.

Der grüne Salon

Beschreibung eines Locus amoenus

(1984)

Die meisten Bars der Subkultur übten auf Andreas Meyer-Hanno wenig Reiz aus. Ihn zog es eher in einschlägige Klappen oder Parkanlagen, dort ging es seiner Meinung nach ehrlicher zu. Das Manuskript dieser Hommage an eine bekannte Frankfurter Klappe findet sich im Schwulen Museum, NL Meyer-Hanno, Nr. 205, abgedruckt wurde der Text im Szeneführer «Frankfurt von hinten», Ausgabe 1984, S. 86-91.

Nein, er ist keine von jenen hellerleuchtet neumodischen, glattgekachelten sogenannten Bedürfnisanstalten, in denen einem vor lauter Hygiene die Natur so weit zurückgeht, dass man nicht mal mehr pinkeln kann. Auch gehört er nicht zur nach und nach aussterbenden Gattung der nostalgisch besetzten, zinnenverzierten Gusseisen-Rotunden, in denen sich's gut sein ließ und deren pariserische Variante Henry Miller so unnachahmlich beschrieben hat. Der grüne Salon ist eher eine Mischung zwischen Wochenendlaube und Knusperhäuschen ohne Belag, inmitten von Sträuchern am Parkrand dezent versteckt, doch durchaus sichtbar, leicht zu erreichen und für viele Frankfurter so lebensnotwendig wie Römer oder Paulskirche. Wegen seiner zahlreichen Vorzüge, über die noch zu berichten sein wird, könnte man ihn mit Felix Rexhausen als «Märchenklappe» bezeichnen, und wenn man in lauen Sommernächten aus seinem Inneren heraus über den Weg auf die Lichtung tritt, so mahnt einen der überirdisch schöne Blick auf den illuminierten Ginnheimer Fernmeldeturm, der über den dunstigen Wiesen zu schweben scheint, an den kitschig-funkelnden Elfenbeinturm auf dem Filmplakat zur «Unendlichen Geschichte».

Der Grüne Salon besteht aus zwei Abteilungen. Der Nordtrakt führt rechts in ein Stehpissoir, links, hinter einer trennenden Tür, in einen abknickenden Gang, der bei einer (im Dunklen blassblau sichtbaren) Gasheizung endet und von dem Einzelkabinen ausgehen. Deren größte ist für Massenbetrieb (Schulausflüge etc.) mit mehreren Becken geplant und wird auch für solchen nächtens zweckentfremdet. In die anderen kann man sich, selbzweit oder gar selbdritt, zurückziehen, doch findet zu Stoßzeiten hinter dem Knick des Ganges auch von Blicken ungeschützte Erotik statt. Die Tür auf der Rück-(=Süd-)seite öffnet sich auf einen Gang, von dem Einzelklappen ausgehen und auf dem man, rauchend oder posierend, wartet, was sich so tut. Auch hier ist die Koje links hinten für Gruppenerleichterungen konzipiert. An sich sollte der Südtrakt den Frauen vorbehalten sein, aber vielleicht wissen die das nicht so genau, da ich bisher dort immer nur Männer gesehen habe.

Betritt man den Salon, so schlägt einem sein merkwürdiges Duftensemble entgegen. Es ist eigentlich kein Gestank, viel eher ein exotisches Konglomerat von Gerüchen nach Desinfektionsmitteln, Ausscheidungen, Rasierwässern, Poppers und, im Sommer, frischem Männerschweiß, versetzt mit der stechenden Beize von schneller Lust und vergeblicher Hoffnung, all dies tief eingesickert in Wand und Stein. Und darob jeder Renovierung trotzend.

Der Grüne Salon, dies wohl sein größter Vorzug, liegt trotz seiner guten Erreichbarkeit an der Peripherie städtischen Geschehens und bleibt somit weitgehend von Kriminalität verschont. Die zentralen Treffs, Nizza-Ufer oder Taunusanlagen am Theaterplatz etwa, häufig Schauplatz krimineller Handlungen, stehen ständig unter Polizeikontrolle, während es hier im Westend eher friedlich zugeht. Dorthin verirrt sich nur, wer einen Wagen hat oder wem die dort lockende Entlastung vom Triebstau den relativ weiten Fußweg aufwiegt. Eine Einbuße an Harmlosigkeit hat die Ambience erlitten, als die Frankfurter Drogenszene, von der Hasch-Wiese am Stadtbad Mitte vertrieben, eines ihrer Zentren in den Grüneburgpark verlegte. Und nun der Polizei Vorwand bietet, durch plötzliche Kontrollmanöver auch gleich den Warmen eins auszuwischen – sich langweilende Polizeibeamte kommen leicht auf so spaßige Ideen.

Wie man an den Schildern der parkenden Wagen unschwer feststellen kann, strömt die Klientel des Salons aus einem Umkreis von rund hundert Kilometern in die Mainmetropole. Es gibt Leute, die dort ihr

Stammquartier aufgeschlagen haben, skurrile Gestalten mitunter, den Winzling z. B., der sich auf Cowboy ausstaffiert hat und o-beinig in seinen bestickten Originalboots herumstapft, oder den Herrn Saubermann, der in einer Plastiktüte Dildos diversen Kalibers mit sich rumschleppt. Oder jenen Neger in schwerem Leder und klirrenden Ketten, der gar keiner ist, sondern ein mit einer schwarzen, enganliegenden Latex-Maske verlarvter Weißer. Aber dann gibt es immer wieder Leute, die man dort nie zuvor gesehen hat, unauffällige, freakige, aufregende, spießige, Messebesucher, in der Fremdenindustrie Beschäftigte, Kongressteilnehmer, Durchreisende, die jenem legendären Umschlagplatz einen Besuch abstatten, dort einen Quickie abziehen und auf Nimmerwiedersehen verschwinden. Oder nach einem Jahr wiederkommen, wenn Messe ist.

Und all diese Hungrigen haben sich, wie Wild, das sich seine Pfade sucht, ihre Wege durch das umgrenzende Unterholz geebnet. Ohne Machete, nur durch Tritte an immer den gleichen Stellen, hat sich so ein Labyrinth mäandernder Querverbindungen gebildet. Bis die Stadtverwaltung, des lasterhaften Treibens und der Klagen der Anrainer überdrüssig, das deckende Dickicht unbarmherzig lichtete. Und somit das Spaßvergnügen des Versteck- und Haschmich-Spiels erheblich dezimierte.

Wann im Salon Betrieb ist und wann nicht, das gehört zu den Unerforschlichkeiten des Frankfurter Daseins. Man sollte annehmen, in warmen Lenzesnächten müssten sich die Besucher gegenseitig auf die Füße respektive auf die am Boden schleifenden Hosen treten – weitgefehlt: Kein Mensch da! Und an regnerisch-kühlen Spätabenden, wo man keinen Hund vor die Tür jagen würde und mit einer Erwartungshaltung gleich null fröstelnd in den Wagen steigt: Hochbetrieb, völlig überraschend! Das kann aber auch genau umgekehrt stattfinden. «Rund um die Uhr» stimmt schon, obwohl, was Frequentierung angeht, die Uhrzeit schon eine Rolle spielt, genau wie Wochentag, Wetter, Jahreszeit. Doch da Regeln aufzustellen, ist kaum möglich, da diese Vorgänge ins Reich des Irrationalen, ja Mystischen zu verweisen sind. Vielleicht lässt sich so viel sagen: Günstig ist die Zeit, wenn die Bars zumachen und alles, was noch nicht unter der Haube ist, gen Westend rattert. Nebel ist offenbar höchst förderlich für toilet-love, doch der wahre Wahnsinn, die totale Enthemmtheit, bricht dann aus, wenn böse Gewitter ums Häuschen toben. Dann ist drin die Hölle los!

Alteingesessene versichern mir, Frankfurt sei in den 50er und 60er Jahren ein wahres Klappen-Eldorado gewesen und die Schäferstündchen in den – längst geschlossenen – Häusln unter den Mainbrücken hätten orgiastische Aspekte gehabt. Nun, man hört ja allenthalben, dass vor der Liberalisierung von 1969 alles aufregender und toller gewesen sein soll, und man weiß auch, wieviel vom heimlichen Glanz der Nachkriegs- und Wirtschaftswunderjahre ins Reich der Legende gehört. Keine Legende ist, dass die lange SPD-Regierungszeit den Frankfurter Schwulen ein großes Maß an Libertinismus angedeihen ließ, der sich auch auf der Straße auswirkte. Die Übernahme der Regierungsgeschäfte durch die CDU 1977 brachte da eine Wende, über ein halbes Jahrzehnt vor der Wende in Bonn. Man kann Walter Wallmann nicht anlasten, eine besondere Schwulenhatz angezettelt zu haben. Aber sein Regime war von Anfang an vom Gedanken besessen, das lädierte Imago dieser «verrufenen Stadt» aufzupolieren. Und dazu gehörte auch, Schwules aus der Öffentlichkeit zu verbannen. So zogen Sauberkeit und Ordnung in Frankfurt ein – was hinter geschlossenen Türen geschieht, interessiert hier keinen – und so wurde eine Klappe nach der anderen zugemacht. Wenn man die ersten Gay-Guides mit den heutigen vergleicht, kann man nachlesen, was da alles auf der Strecke geblieben ist.

In den Anfängen der neueren Schwulenbewegung hatten die in ihr Engagierten mit dem Grünen Salon allerlei Fez betrieben, ein Parkfest veranstaltet, bei dem von Bäumen aus die anrückende Kundschaft mit Blümchen bestreut wurde. Es bestand sogar der – nie ausgeführte – Plan, die Klappe von innen gänzlich auszutapezieren, auf der Damenseite mit Blumen-, auf der der Herren mit Tigerfell-Tapete. All das ging damals locker durch.

Die Zeiten haben sich gewendet. In den letzten Jahren wurden immer mehr Versuche gemacht, das lustvolle Idyll zu zerstören. Der Zufahrtsweg wurde zur Anliegerstraße erklärt – da niemand sich an das Einfahrverbot hielt und Kontrolle schwer möglich war, wurde es wieder aufgehoben. Das Häuschen wurde zu Zeiten nach Einbruch der Dunkelheit abgeschlossen. Worauf einige Aktive der SCHWUF die Eingangstür aushängten und verschwinden ließen. Und damit leider nur halbe Arbeit leisteten, da das Objekt, nunmehr mit einem dummen Spruch besprayt, von den Ordnungshütern in einem nahen Gebüsch aufgefunden und wieder an Ort und Stelle befestigt wurde.

Der Psychologe Ernst Morgenthaler hat einmal an den Schwulen deren Fähigkeit konstatiert, ihre Fantasien in Realität umzusetzen. «Was für eine ungeheure Intensität des Triebes muss da herrschen, wenn sie die Leute dazu bringt, in die dicksten Trennwände Löcher zu bohren!» Diese Besessenheit schafft es auch immer wieder, Law and Order im Grünen Salon zu durchkreuzen: Der ständige Versuch, dem sündigen Treiben durch eine strahlende Innenbeleuchtung des Häuschens ein Ende zu machen, wird immer wieder durch pfiffige Selbsthilfe seitens der Kundschaft vereitelt. Zunächst wurden die Leuchtstoffröhren mit der Spraydose schwarz eingefärbt. Als dann die Obrigkeit die Beleuchtungskörper mit einem eisernen Schutzkäfig versah, bewaffnete sich eine gewitzte Schwester mit ihrem stabilsten Regenschirm, führte die Spitze durch das Gitter, legte sanften Druck auf die Krücke und, kracks, dunkel war's wieder.

Der Grüneburger Kriegsschauplatz bietet zur Stunde folgendes Bild: Fronten verhärtet, Kampfbereitschaft auf beiden Seiten, Klappe zwar dunkel, aber dafür auf der Männerseite die Innentür links zu den Kemenaten versperrt. Pissoire und Damentrakt rege frequentiert. Die Lage kann sich täglich, ja stündlich ändern.

Grundlegend wenden wird sich die Situation spätestens 1989, wenn in die geplante Frankfurter Bundesgartenschau auch der Grüneburgpark einbezogen werden soll. Dann wird die Stadt den Grünen Salon mit Sicherheit durch eine jener charakterlosen und keimfreien Wohlstandsklappen ersetzen, von denen zwölf auf ein Dutzend gehen. Wenn es nicht gelingt, ihn noch vorher unter Denkmalschutz zu stellen.

Die kaputte Kinderwelt

oder:
Persönliches Bekenntnis zu Offenbach

(1985)

Diesen Artikel hat Andreas Meyer-Hanno für das Programmheft «Jacques Offenbach – Orpheus in der Unterwelt» des Stadttheaters Bern (Spielzeit 1985/86, S. 13-15) geschrieben, wo er unter dem Titel «Persönliche Bekenntnisse zu Offenbach» gedruckt wurde. Der Text (NL 9) kam auf Bitte Klaus Froboeses, Opernregisseur und Dramaturg in Bern, zustande, den Meyer-Hanno aus seiner Zeit in Braunschweig kannte.

Als aus einer «Mischehe» hervorgegangenes Kind – meine jüdische Mutter hatte als Pianistin in den Jahren der faschistischen Herrschaft in Deutschland Berufs- und Unterrichtsverbot, war aber durch meinen «arischen» schauspielernden Vater geschützt – bedeuteten die Werke der verfemten jüdischen Komponisten sozusagen die verbotenen musikalischen Früchte meiner Kindheit. Bis ich 1942 aufgrund eines rassistischen Goebbels-Erlasses von der Realschule flog, war zwischen mir und den musischeren unter meinen Klassenkameraden viel von dem die Rede, was man hörte oder gar spielte. Bei uns zu Haus wurde ständig musiziert, und ich kam mir ungeheuer wichtig vor, wenn ich die Musik Mendelssohns, Offenbachs, Mahlers meinen Freunden gegenüber mit keinem Wort erwähnte, sie als etwas Besonderes, nur Auserwählten Zugängliches empfand – ein Moment von Kompensation für die allgemeine Zurücksetzung, die ich vor allem nach dem Rausschmiss aus der Höheren Schule durchzustehen hatte und die sich dann in der erneut besuchten Volksschule bis hin zur Diskriminierung steigerte. Man brauchte etwas, an dem man sich aufrichten konnte, und von der Schönheit dieser Musik, der Gedichte Heines, hatten eben die bösen Anderen keine Ahnung, die gehörte nur mir und den Meinen.

Die Eltern hatten einen Riesenpacken Klavierauszüge aus dem Nachlass des berühmten Bassisten Paul Knüpfer erworben, unter ihnen viele mit den persönlichen Eintragungen des Sängers. Die Sammlung enthielt auch, neben einigen Auszügen von Einaktern Offenbachs, zwei prachtvolle rote Bände von «Orphée aux enfers» und der «Belle Hélène» in den schönen zweisprachigen Erstausgaben von Bote & Bock, die ich noch heute besitze. Und einen nur aufs Klavier reduzierten der Edition Peters von «Hoffmanns Erzählungen», allerdings mit hinzugefügtem Text.

Meine Mutter spielte oft aus diesen Opern, und die Schauer des «Hoffmann» durchzogen meine Träume, denen die Lektüre der dem Stück zugrundeliegenden Novellen und die fantastischen Illustrationen Alfred Kubins noch zusätzliche Nahrung boten. Meine kindliche Vorstellungskraft war durch die Faszination von Stoff und Musik über Jahre okkupiert, zumal ich auch noch einen Band der Buchgemeinschaft auf stöberte, der Max Reinhardts Inszenierung der Oper am Großen Schauspielhaus gewidmet war. Aber auch den komischen Opern Offenbachs war ich verfallen, die ich, nächst denen von Rossini, als das Lustigste empfand, was es an Musik gab. Und doch: Da waren immer Momente, in denen die Lustigkeit in tiefen Ernst umzuschlagen schien, Augenblicke, wo alles stillstand. Und gleich darauf stürzte sich das Stück wieder in höchste Ausgelassenheit. Dieser Umkipp beschäftigte mich. Und er beschäftigt mich immer noch, nachdem ich vieles von Offenbach übersetzt und inszeniert habe.

Natürlich verstand ich damals die Offenbachsche Ironie nicht. Kinder finden ja erst spät dazu, das Funktionieren von Satire zu begreifen. Die Figuren der Antike, ihr Verwobensein in Mythos und Geschichte, waren mir aus Gustav Schwabs «Sagen des klassischen Altertums» vertraut. Aber ich kam nicht auf die Idee, beispielsweise den Amüsierstengel Orest mit seinem frivolen «Tsing la la, tsing la la, oya kephale, kephale o la la» in irgendeine Beziehung zu dem erynnienverfolgten Muttermörder aus dem Geschlecht der Atriden zu setzen. Das hatte nichts miteinander zu tun: Der Playboy hieß eben halt auch so. Wie auch die Geschichte vom Konservatoriumsdirektor und seiner Frau nichts war als die Beschreibung einer verkrachten Ehe, weit entfernt vom tragischen Geschick des

Sängers Orpheus und der ihm in den Hades entrissenen Gemahlin, die er – wenn auch nur beinahe – kraft seiner Kunst zurückzuerobern vermag.

Und doch: Wenn Offenbachs Eurydike, von einer der von Pluto listenreich im Kornfeld versteckten Schlangen gebissen, sterbend singt: «Der Tod will mir als Freund erscheinen», war da nicht ein Etwas, das aus einer anderen, höheren und hehreren Welt hinüberschlug in den Mief der konservatoriumsdirektoralen Spießerwelt? Warum sang die Frau Direktor, bis dahin eine keifende Xanthippe, plötzlich so schön? Wurde da nicht ein junger Mensch vom Tode angerührt und erhob die Stimme, wie der sterbende Schwan, zu einem Gesang von himmlischer Süße? Um dann, übergangslos, als Satansliebchen in die Hölle abgeschleppt zu werden. Wie ging das zusammen?

Es gibt Künstler, deren zutiefst Wesenhaftes, trotz der Fülle von Material, das auf uns gekommen ist, sich uns letztendlich entzieht. Beethoven, Wagner, Berlioz – kein Problem. Aber Schubert? Und Mozart – wer war er? Dem Wirbel um «Amadeus» ist eine in die Breite wirkende Erschütterung des konventionellen Mozart-Bildes nicht abzusprechen. Aber haben Stück und Film uns dem Rätsel des Schöpferischen auch nur einen Schritt nähergebracht? In Hildesheimers Mozartbuch immer wieder Kapitulation vor dem Eigentlichen, dem auch der späte Bruno Walter nur durch mystisch-theologische Spekulationen sich anzunähern versucht.

Offenbach gehört ganz sicher zu denen, die sich nicht erschließen wollen, denen immer etwas Unerklärliches anhaften wird. Ähnliches wie bei Mozart, zumindest Verwandtes, findet im Hinblick auf Material und Faktur statt: Das Innovative spielt eine relativ geringe Rolle. Der späte Mozart wird harmonisch wie rhythmisch immer einfacher, die tödliche Schönheit eines kleinen Klavier-Menuetts ist mit dem geringstmöglichen Aufwand an Mitteln erreicht. Ähnliches geschieht bei Offenbach: Aus einem simplen Begleitvorgang, oftmals nur einer Achtelbewegung im konsonantischen Hof, zu Zeiten durch eine Sext leicht angeschärft, erwächst eine Melodie von betörender Linie. Oder auf der ständig repetierten rhythmischen Figur einer Orchesterintroduktion baut sich eine Gesangsphase in gleicher Rhythmisierung auf, die sich zur Kapriole steigert, wobei das Moment des Virtuosen, in Offenbachs Frühwerk noch häufig im Vordergrund, immer mehr zurücktritt. Oft genügen zwei Akkorde, eine Figur in den Bläsern, ein Federn der Streicher, und der Charakter eines Stücks ist unverwechselbar geprägt.

Man spricht im Zusammenhang mit Offenbach immer von dessen Rasanz und Brillanz, seinem überwältigenden Brio, der zündenden Rhythmik, der Pikanterie seiner Melodiebildung. Und vergisst dabei immer, welch große Rolle das Sentiment in seinem Werk spielt. Das vokale Oeuvre seiner frühen Jahre, oft noch auf deutsche Texte komponiert, ist noch völlig der sentimentalen Romanzentradition verhaftet, so wie das andere Genre, mit dem Offenbach Furore machte, die Linie der bravourösen Salon-Solopiècen erfolgreich weiterführt. Irgendwann findet da ein Sündenfall statt, der den Komponisten aus dem Paradies der Einfalt vertreibt: Im Lauf seiner Entwicklung, vor allem als Bühnenkomponist, kommt Offenbach zu eigenständigen kompositorischen Formen. Doch löst er sich nie von den beiden Genre-Strängen seiner Jugendwerke, dem Sentimentalen und dem Virtuosen, sondern bedient sich ihrer nun auf ironisch-distanzierende Weise.

Dies Zitieren von «Gefühl», das Verfahren, wo Sentiment aufgepustet wird, dann durch den «Kipp» angepiekt wird, um in sich zusammenzufallen, hat etwas sehr Jüdisches und geht über die «romantische Ironie» weit hinaus; es findet sich in der Lyrik Heines wie in den bitter grimassierenden Ländler-Zitaten Mahlers und Bergs. Da ist immer viel Sehnsucht nach dem Heilen, Heimeligen, Gemütvollen, auch nach dem «Deutschen» im Spiel. Da ist Sehnsucht nach Butzenscheibe, Abendläuten, Kuckucksuhr. Da ist auch Trauer über das verlorene Paradies der Kinderzeit. Offenbach, trotz seiner vielen Amouren ein vorbildlicher Familienvater, hat eine tiefe Beziehung zur kindlichen Welt. Häufig trifft man bei ihm auf Texte einer nicht existierenden Nonsense-Sprache, wie sie Kinder benutzen am absurdesten vielleicht eingesetzt in «Ba-Ta-Clan», wo die «Chinesen», die sich samt und sonders als durch Schicksalsschläge nach Asien verschlagene Pariser entpuppen, sich eines infantilen Kauderwelschs bedienen. Oft lässt Offenbach die Handlung auf dem Höhepunkt stehenbleiben, wie im zweiten «Hélène»-Akt, und die Sänger imitieren vocaliter die verschiedenen Orchesterinstrumente, steigern die Tonerzeugung, mit kindlicher Lust an der Lärmentfaltung, zu einer bruitistischen Orgie.

Meist sind derlei Einbrüche von Sentiment, von kindlicher Freude am Krachmachen, von Sehnsucht nach einem verlorenen Reich ungebrochener Empfindung, als retardierendes Moment eingebaut, ehe sich der Trubel des Finales austobt. In der «Prinzessin von Trapezunt» beispielsweise gewinnt die Familie des Gauklerprinzipals Cabriolo per Zufall den Hauptgewinn einer Jahrmarktslotterie, ein gotisches Schloss mit umliegenden Ländereien. Die Not ist zu Ende, alle freuen sich auf ein künftig sorgenfreies Leben. Aber im höchsten Freudentaumel halten die Komödianten inne, um gefühlvoll und tränenreich Abschied zu nehmen von ihrem alten Zirkuswagen, der ihnen jahrelang Schutz und Obdach war. Um sich dann, mit allen übrigen, erneut in den Galopp des Jubelfinales zu stürzen.

Offenbachs Nie-Ganz-Zuhaus-Sein in zwei Kulturen, in zwei Ländern, das Bewusstsein, eine Religion zu praktizieren und von einer anderen umgeben zu sein, das Außenseitertum, von Hans Mayer im Zusammenhang mit dem Judentum gründlich untersucht, mag Ursache sein für die Gebrochenheit von Gefühl, das nur noch im nostalgisch-ironischen Zitat möglich ist, bei dem der Schmerz des Bewusstseins dieser Tatsache immer wieder durchschimmert. In einer «Helena»-Inszenierung von mir war auf dem Zwischenvorhang eine gewaltige Kopie des Goethe-in-der-Campagna-Bildes von Tischbein zu sehen, das den Dichter auf antiken Trümmern gelagert zeigt. Nur dass unter dem Schlapphut statt des dichterfürstlichen Antlitzes die Visage Offenbachs hervorlugte. Und dass das von Tischbein so arg verzeichnete Bein des Olympiers in einem Pferdefuß endete. Unter dessen Berührung eine kleine blaue Blume aus dem Boden hervorsprießt. Oder ist sie dort gewachsen, um von dem Fuß gleich zertreten zu werden? Man weiß es nicht. Aber die Blume war mir wichtig.

NICHT RESIGNIERT,
NUR REICHLICH DESILLUSIONIERT

ODER: TEN YEARS AFTER

(1985)

Runde fünfzehn Jahre nach dem Beginn einer neuen Schwulenbewegung in der Bundesrepublik, im fünfzigsten Jahr nach dem Sieg über den Nationalsozialismus und der Befreiung Deutschlands, erschien im Verlag rosa Winkel die von Willi Frieling herausgegebene Textsammlung «Schwule Regungen, schwule Bewegungen», die die Erinnerung wachhält und «einen exemplarischen Einblick in ‹die Schwulenbewegung› liefert. Zu den Autoren des 1985 erschienen Lesebuchs gehören u. a. Martin Dannecker, Michael Holy, Corny Littmann und Rainer Marbach. Andreas Meyer-Hanno ist mit einer Schilderung für ihn exemplarischer ‹Bewegungs-Lebensläufe› (S. 53-64) vertreten.

Diese lebensgeschichtlichen Skizzen über ein paar Leute, die ich einen größeren Zeitraum hindurch aus Bewegungszusammenhängen kannte, sind teils reale Beobachtungen an einer Person, teils Fiktion. Fiktion in dem Sinne, dass sich aus einzelnen Geschichten mehrerer eine Kurzbiografie über einen zusammenfügt.

Meine Mit-Maintochter Manfred Roth fand, dass der Titel, Zitat aus einem BAP-Song, falsche Erwartungen wecke, da die Mehrzahl der Geschichten ja Prozesse von Anpassung schildern. Vielleicht hat er Recht. Ich möchte ihn dennoch beibehalten, spiegelt er doch am ehesten meine eigene Position, auch ein wenig die seine und die von vielen, die um mich herum sind. Die Haltung von Leuten also, die, wenn auch nicht mehr durchweg in der Bewegung aktiv, heute in schwulen Zusammenhängen leben, arbeiten und, mit dem Potential ihrer Erfahrungen, das Machbare anpeilen.

Henna

Wenn's das Adjektiv «schrill» damals schon gegeben hätte, er wäre bestimmt der Super-Schrilli gewesen. Sehr gut kannte ich ihn nicht, aber ich traf oft mit ihm zusammen, als eine heftige Liebschaft zu einer unserer Gruppen-Mütter ihn zumindest an jenem Wochenende aus der Metropole in die Provinzstadt wehte, in der sich mein Bewegungs-Coming-out vollzog. Mit ihm kam stets ein Hauch der großen weiten Gay-Lib-Welt in unsere Abgeschiedenheit, durch ihn erfuhren wir Pomeranzen, was man schrieb, was man las, was man – respektive damals schon «frau» – trug. Durch ihn lernte ich Henna als Haarfärbemittel kennen. Lidstrich- und -schatten, Omas Ohrklunker, Pan-Cake auf den Pfirsichwangen, der einzeln lackierte Fingernagel, all das kontrastierte höchst merkwürdig zu dem eher folkloristisch-vitalen Zoddel-Fransen- und Walle-Walle-Look der sich formierenden Szene. An einem Gang mit ihm durch die City ermaß sich jeweils der individuelle Grad von Emanzipiertsein: Wenn's ums Ausgehen mit dieser grell-offensiven Person ging, verschwand so manche Bewegungsschwester unter irgendeinem Vorwand; andere standen das Spießrutenlaufen nur im Schutz der Gruppe durch, sodass dies exzentrische Wesen bei einem Gang durch die Innenstadt von einer Reihe Groupies eigentlich eher zugedeckt als begleitet wurde.

Immerhin: er/sie brachte in unsere redlich und ernsthaft vor sich hin diskutierende Gruppe einen Zug von Lockerheit, von lustvollem Exhibitionismus, von Mut zur Provokation, der nicht ohne Auswirkung blieb. Wir verloren einiges von unserer Biederkeit und begannen mehr und mehr, Spaß daran zu haben, die schwule Sau auch in der Öffentlichkeit rauszulassen. Innerhalb der Bewegung hatte er den «Phallokraten» den Kampf angesagt. Allein in einer radikalen Strategie des Aufknackens von Geschlechterrollen, der Infragestellung der Hetero-Welt, der Herausforderung des Bürgers sah er eine Möglichkeit, überhaupt etwas in Gang zu setzen. Mit einer leisen Neigung zur SEW war er an akuter Politik eher uninteressiert, empfand er doch seine freakig-aggressive Lebensweise bereits als Akt des politischen Handelns. Sein Pädagogikstudium spielte die Rolle eines lästigen Brummers, den man mit einer Handbewegung verscheucht. Typisch für ihn, den Spross einer stinkbürgerlichen Familie, war seine Protesthaltung allem gegenüber, was mit Begriffen wie Zuverlässigkeit, Pünktlichkeit, Ordnung zu tun hatte, und es gelang ihm mit schöner Regelmäßigkeit an den Wochenenden, das relativ geordnete Zimmer seines Lovers, wenn nicht die ganze WG, in der dieser lebte, binnen kurzem in ein apokalyptisches Chaos zu verwandeln. Nach ein paar Monaten wurden seine Besuche seltener, die Beziehung büßte ihre Ausschließlichkeit ein und löste sich, sehr im Guten, schließlich ganz. So verlor man sich aus den Augen.

Als ich im vergangenen Sommer einen meiner Ex-Männer besuchte, der in Berlin eine nicht explizit schwule, aber von viel warmer Klientel frequentierte Kneipe hat, saß neben mir am Tresen jemand, der mich ständig anguckte. Wenn er wegsah, fixierte ich ihn; da war was Vertrautes, aber es lag ganz weit weg. Schicker, sportlicher Anzug, offenes Hemd, rasant geschnittene Haare, mit zwei Worten: gepflegte Erscheinung. Ich kramte in meinem Gedächtnis nach, wühlte schließlich darin herum, ohne fündig zu werden. Endlich schien es wenigstens bei ihm gefunkt zu haben; er sprach mich an, ob ich der und der sei. Ich bejahte und bat ihn, mir doch auf die Sprünge zu helfen, ich erinnerte mich zwar an ihn, wüsste ihn aber nicht einzuordnen. Er half ein wenig nach. Und plötzlich blitzte es auf: Henna! Vor zehn Jahren! Mein Gott, dachte ich, wie isses denn nur möglich?

Ob das Wiedersehen freudig war, weiß ich nicht so recht; wir taten uns jedenfalls schwer miteinander. Nicht etwa, dass ich ihn weniger sympathisch gefunden hätte. Doch die Unterhaltung mit ihm verlief wie eine mit jemandem, den man gerade erst kennengelernt hat, gelegentlich durchzuckt von einem nostalgisch-angewärmten «Weißte noch ...?» Mag sein, dass meine eigene Veränderung, respektive mein Stehengebliebensein – Frage der Perspektive –, den gleichen beklemmenden Effekt auf ihn hatte wie die seine auf mich, kurz, wir kamen nicht so recht in die Gänge, beschränkten uns eigentlich darauf, uns gegenseitig das inzwischen äußerlich Vorgefallene zu berichten.

Zu ihm: Nachdem er sein Studium Jahre hindurch verschlampt hatte, nicht zuletzt durch sein abendfüllendes Schwulsein, wurden die Eltern dann irgendwann mal massiv und drohten – er bekam nie BAFÖG – ihm den Geldhahn zuzudrehen. Da er zu ziemlich dem gleichen Zeitpunkt befand, er habe nun lang genug rumgegammelt, war der Prozess des Sichfügens kein allzu großes Opfer, und er studierte fortan recht beflissen. Nach dem ersten Examen bekam er nach relativ kurzer Wartezeit ein Volontariat, bestand das zweite sogar mit Glanz und wurde bald darauf Studienrat an einer Westberliner Schule. Nein, mit der schwulen Lehrergruppe habe er nix am Hut, es gäbe zwar im Kollegium zwei schwule Kollegen, aber es bestünden kaum Solidarisierungsmöglichkeiten, da man sich gegenseitig nicht ausstehen könne. Seine schwulenpolitischen Ansprüche versuche er, im Rahmen der FDP zu verwirklichen, der Partei, die eine Liberalisierung des Paragrafen am weitgehendsten vorantreibe. Auf meine Frage hin, ob es denn nicht um mehr ginge und ob seine Partei innerhalb der Koalition nicht allzu schnell klein beigegeben habe – es war noch vor der «Wende»[1] – konterte er nur kurz damit, dass alles nur eine Frage der Strategie und die Sache keineswegs vom Tisch sei. Wir verabschiedeten uns freundlich, aber doch ziemlich förmlich.

Was war da geschehen? Der Ort, ihm die schwule Gretchenfrage zu stellen, war sicher nicht der richtige, und ich kann nur mutmaßen. War seine Wut, sich zu exponieren, mit der schwindenden Hoffnung auf baldige Veränderung der bundesrepublikanischen Realität ebenfalls gewichen? Hatte sein mit einem erfolgreichen Berufsleben verknüpftes Versteckspielen Müssen nun seinen äußeren Anpassungsprozess beschleunigt? Ein innerer muss wohl, seinen Aussagen zufolge, vorausgegangen sein, der den Abschluss des Studiums und das, was darauf folgte, überhaupt erst möglich machte. Der, den ich da wiedersah, hatte auf den ersten Blick fast gar nichts mehr gemein mit dem, den ich mal gekannt hatte. Oder schien das nur so? War sein damaliges Ausscheren aus einer Gesellschaft, die sich ihn nun wieder gekrallt hatte, nichts gewesen als das Aufbegehren eines Bürgersohns auf Zeit? Oder hatte mehr dahintergesteckt, mehr an Zielsetzung und mehr an Enttäuschung? War er damals – wiederum Frage der Perspektive – zur Unkenntlichkeit entstellt? Oder ist er's heute: Zur Kenntlichkeit?

---

1 Gemeint ist die durch die Wahl von Helmut Kohl zum Bundeskanzler 1982 eingeleitete sogenannte «geistig-moralische Wende». (Anm. d. Hrsg.)

Maloche

In den «Gründerjahren» war er einer der wenigen profilierten Arbeiter in der zumeist von studentischen Kreisen getragenen Bewegung. Er barst vor Aktivität und brachte einen frischen und lebensnahen Zug in die – seiner Meinung nach – grau vor sich hinlabernde Theoretisiererei der frühen Jahre. Sein offenes Schwulsein am Arbeitsplatz trug ihm manches an Diskriminierung ein, aber da er über einen ziemlich breiten Buckel verfügte, machte ihn das stark, was andere umgeworfen oder zumindest schwer verunsichert hätte. Da er im Übrigen das war, was man unter «prima Kumpel» zu verstehen pflegt, konnte er sich letztendlich unter seinen Hetero-Primis immer durchsetzen; einem weniger butchen Typ als ihm wäre das schon schwerer gefallen. Er war ein Unruhiger im Lande, siedelte sich bald hier bald dort an, stieg mit Verve jeweils in die lokale Gruppe ein, um sich meist recht bald mit seinen Mitschwestern zu verkrachen. Man sagt ihm nach, er habe mindestens so viele Schwulengruppen gegründet wie gesprengt; seine frühen Infos, in einer direkten, bildhaften, oft höchst obszönen Sprache gänzlich von ihm selbst verfasst, sind ein Stück schwuler Geschichte.

So wie er schlecht zuhören konnte und andere totredete, wussten jene wenig mit dem Kräftepotential anzufangen, das in ihm steckte. Nach wie vor hielt er den Aktionismus der frühen Siebziger für die einzig mögliche Form von Strategie und merkte nicht, oder wollte nicht wahrhaben, dass für die meisten die Zeit der spektakulären Aktionen vorbei war. Das Umgehen mit sich selbst und untereinander schien jetzt wichtiger. Immerhin wären angesichts allgemeiner Schlaffheit zwei wesentliche schwulenpolitische Ereignisse ohne seinen berserkerhaften Einsatz nicht zustande gekommen.

Er verzankte sich mit einer der beiden örtlichen Schwulengruppen, entfachte daraufhin in der anderen seinen gewohnten Wirbel und zog sich schließlich, als keiner so recht mittun wollte, frustriert zurück. Auch bei der engagierten Mitarbeit in einer neuen alternativen Initiative, diesmal einer vorwiegend hetero-orientierten, blieb er ohne sonderliche Fortune. Man warf ihm schließlich Machtpolitik vor, und beleidigt zog er auch dort ab.

Mit dem Verlust seiner Arbeit, zu dem wohl, neben der sich verschlimmernden Marktlage, sowohl seine Chaotik wie auch sein Schwulsein beigetragen haben mögen, verlor er sozusagen den Kontakt zur Mutter Erde, seiner Basis. Und damit wohl auch viel von seiner Kraft. Ich treffe ihn manchmal, leicht behäbig und bequem geworden dank der vielen Freizeit, die ihm im Moment zur Verfügung steht, am lokalen Schwulenstrand. Dann erzählt er mir von seinen Erfolgen bei den Jungens, die's eigentlich nur für Geld tun, bei ihm aber umsonst, lauter Geschichten, die ich von anderen seit Jahrzehnten kenne und die mich anöden. Er hofft, demnächst eine Umschulung zu kriegen für einen schönen, kreativen, aber angesichts dessen, was da auf uns zukommt, ziemlich sinnlosen Luxusberuf. Die Helden sind müde.

EVERPINK

Von Beginn an hatte er immer dazugehört. Schon Anfang der Siebziger war er oft in Berlin und bekam die wilden HAW-Jahre voll mit, gründete dann in seiner Stadt eine schwule Initiativgruppe und später, immer mit anderen, ein kleines Kommunikationszentrum. Man sah ihn überall: Zu Gast bei anderen Gruppen, wo er sich Anregungen holte, aber auch welche gab, bei Demos, bei Feten. Er war bei den Pfingsttreffen in Berlin, jenem legendären von 73, aber auch bei denen der folgenden Jahre. Natürlich gehörte er, trotz seines bürgerlichen Berufs, zu den Selbstbekennern im STERN, so wie er später aus dem NARGS-Umkreis nicht wegzudenken war und HOMOLULU mitorganisieren half. Auf IGA-Treffen war er ebenso zu finden wie bei den Vorbereitungstreffen zum Beethoven-Hallen-Projekt mit den Parteivertretern in Bonn[2], das dann so jammervoll havarieren sollte. Sein ursprünglich durchaus vorhandenes

---

2 Zum Pfingsttreffen und HAW s. S. 55, zur Stern-Aktion «Ich bin homosexuell» 1978 s. S. 78 f., zu NARGS und Homolulu s. S. 68. Die IGA ist die Vorläuferorganisation der International Lesbian, Gay, Bisexual, Trans and Intersex Association (ILGA), mit Beethoven-Hallen-Projekt ist die Befragung der für den Bundestag kandidierenden Parteien zu ihren Positionen zur Homosexualität 1980 gemeint, das von Realos organisiert worden war und von Fundis gesprengt wurde. (Anm. d. Hrsg.)

Vertrauen auf Glaubwürdigkeit von Parteien, auch in der schwulen Frage, wurde durch deren Defaitismus heftig erschüttert.

In den Jahren des Roll-Back gehörte er zu denen, die nicht die Hände in den Schoß legten und auf den Bauchnabel schauten. Im Gegenteil: Er warnte davor, sich mit dem Erreichten zufriedenzugeben, setzte sich für neue Initiativen ein, wobei seine Beharrlichkeit manchmal ans Donquichotteske grenzte. Seine Angst: Dass im Zug der geistig-moralischen Wende vieles von dem verloren gehen könnte, was als Terrain bereits gesichert schien.

Persönlich kommt man ihm nie sehr nahe. Wie's in ihm aussieht, das wissen wohl nur wenige. Aber man freut sich, ihn wiederzusehen, Ostern im «Waldschlösschen»[3] , beim schwulen Theaterfestival im Frankfurter Theater am Turm, weil allein seine Existenz ein Kontinuum darstellt; sie gab es immer und wird's wohl auch immer geben. Wenn man eine Verbindung, eine schwule Adresse braucht, man kann fast sicher sein, sie von ihm bekommen zu können. Das lebende Switchboard. Er ist ein Teil der Bewegung, und sie ist ein Teil von ihm. Er tut seine, wie er meint, schwule Pflicht.

The long and winding road

Seine Kindheit war eine sogenannte schwierige. Auf dem Lande aufgewachsen, besuchte er die Höhere Schule in der nahen Kleinstadt, wo er, ein halbes Bäuerlein, den kleinbürgerlich-mittelständischen Mitschülern gegenüber Durchsetzungsprobleme hatte. Das Misstrauen gegen die von den Bildungsvoraussetzungen her Privilegierteren sollte ihn sein Leben lang nicht mehr verlassen. Kein Versuch, ihn zu «verführen», war auf ihn zugekommen, er hatte kein greifbar-schwules Vorbild vor Augen, dennoch spürte er zunächst dumpf, dann immer klarer, sein Hingezogensein zu Männern, bis er schließlich die Tatsache seines Andersseins zu akzeptieren begann. In den Jahren seiner Arbeit im elterlichen Betrieb

---

3 Akademie Waldschlösschen, aus Homolulu hervorgegangenes schwules Tagungshaus bei Göttingen, das sich mittlerweile zu einer anerkannten Einrichtung der Erwachsenenbildung mit Schwerpunkten auf queeren und Genderfragen entwickelt hat. (Anm. d. Hrsg.)

lebte er weitgehend isoliert; seine gelegentlichen Sex-Jagden in der fernen Großstadt verliefen zumeist unerfreulich und ließen ihn mit schlechtem Gewissen in sein Dorf zurückkehren.

Abschied von zu Hause, erfolgreicher Versuch, in einem weiterführenden Kolleg die neugeschaffenen Fortbildungsmöglichkeiten der jungen Brandt-Scheel-Regierung zu nutzen. Folgenschwere Begegnung mit der nichtparlamentarischen Linken, Lektüre von Marx, Marcuse, Wilhelm Reich, der Frankfurter Schule. Beginnendes Vollstudium, Anschluss an die noch taufrische Zweite Schwulenbewegung.

Dort war er immer einer der Ungeduldigsten und überforderte durch sein ungebärdiges Engagement die anderen. Nichts ging ihm schnell genug, keine seiner Mitschwestern konnte es an Radikalität mit ihm aufnehmen. Man müsse nur ordentlich vorpreschen, sich mit allen Unterdrückten in gemeinsamen Aktionen solidarisieren, dann wäre die Hürde des schwulen Tabus, die nur ein Teil der allgemeinen Repression sei, bald aufgenommen. Pink paradise now!

Sein Enthusiasmus ließ nach und nach Federn. Der erste große Einbruch vollzog sich, als die antischwulen Ressentiments seiner Hetero-Genossen in ihm alle diskriminierenden Kindheitserlebnisse wiederauferstehen ließen. Der abschlaffende Elan seiner Schwulengruppe ließ ihn sein Heil im Redaktionsteam einer alternativen Stadtzeitung suchen. Die ging dann irgendwann mal ein, nicht zuletzt, weil die inneren Konflikte der Gruppe nicht bewältigt waren. Sein Studium schloss er spät, doch erfolgreich ab. Nach einer quälenden Periode des Nichtbeschäftigtseins – von ihm als einem von Kindesbeinen an rastlos Tätigen besonders schwer zu verkraften – gelang es ihm schließlich, eine Anstellung in einer öffentlich-rechtlichen Institution zu bekommen.

Der bürgerliche Job und die mit ihm verbundenen Rücksichtsmaßnahmen veränderten ihn nicht etwa allmählich, sondern schlagartig. Er wurde vorsichtig. Aus Angst, enttarnt zu werden, hörte er auf, die beiden schwulen Kneipen seiner Stadt zu besuchen. Bald frequentierte er auch nicht mehr den städtischen Bums-Park, weil in dessen unmittelbarer Nähe eine Mitarbeiterin wohnte. Seine subkulturellen Bedürfnisse deckte er fortan in fremden Städten auf strapaziösen Weekend-Trips ab. Der Prozess seiner Anpassung führte schließlich dazu, dass er sich von der dahinvegetierenden lokalen Schwulengruppe, der er sich, um überhaupt wo hinzuzugehören, zeitweise wieder angeschlossen hatte, vollkommen zurückzog. Nun praktizierte er genau das, was zu bekämpfen er ein paar Jahre zuvor ausgezogen war: Die Spaltung der Existenz in das getarnte Dasein innerhalb des Arbeitsbereichs und das schwul ausgelebte nach Feierabend.

Ihm, dem zum Glücklichsein scheinbar nicht sonderlich Begabten, lächelte Fortuna spät, aber dennoch, indem sie seinen Lebensweg mit dem eines jüngeren, noch unbeleckten Mannes kreuzte. Dieser fand in jenem, jener in diesem genau das, was er in seinem gegenwärtigen Lebensstadium suchte. Nach einer relativ kurzen Periode des Rückzuges in die traute Zweisamkeit begann der Jüngere, sich auf Anregung des Älteren hin für Schwulenarbeit zu interessieren, und es gelang ihm, dem Freund etwas von dessen Existenzängsten zu nehmen. Jetzt gehen beide zu den wöchentlichen Treffs der Gruppe; der Ältere hält sich wohlweislich zurück und gibt nur ab und zu seinen Senf dazu. Manchmal allerdings schüttelt er den Kopf angesichts der allumfassenden Schlaffheit einer Generation, die nicht mehr die seine ist, dabei völlig vergessend oder übersehend, was sich inzwischen mit ihm selbst zugetragen hat.

Yes future

Ganz sicher wirkte er ungeheuer «männlich»: groß, bärtig, freundlichkernig; jemand, dem keiner den Schwulen anmerken konnte. Kunststück; hatte er doch bis vor zwei Jahren eine Hetero-Existenz geführt: frühe Heirat, zwei Kinder, nach ein paar Jahren die Scheidung, dennoch ein Nichtloskommenkönnen von seiner Frau trotz langer sexueller Abstinenz in und nach der Ehe. Schließlich vehementer Ausstieg aus dem Berufsleben und, darauf folgend, hektisches Ausleben aller möglichen Phasen, die man gemeinhin ein Jahrzehnt früher durchmacht: eine marxistische, eine alkoholisierte, ein spät-hippyeske in Matala auf Kreta, letztere recht drogengesättigt, immer und ständig auf der Suche nach neuen Erfahrungen. Schließlich schneite er in eine Schwulengruppe, so wie er schon in andere Gruppen hineingeschneit war, «um mal die eigenen weiblichen Bedürfnisse zu testen», wie er sich ausdrückte, also jene «Anteile», die er sich bis dato kaum einzugestehen gewagt hatte. Im Gegensatz zu seiner sonstigen Gepflogenheit, eine Gruppe nach einiger Zeit wieder zu verlassen, blieb er bei den Schwulen; ihm dämmerte wohl, dass eine der Ursachen seines Umgetriebenseins in einem späten homosexuellen Coming-out liegen könnte.

Mit aller Intensität stürzte er sich in die Gruppenarbeit, wobei seinem Einsatz etwas Macher- respektive Mackerhaftes eignete. Demos, Infos, Selbsterfahrungsgruppe, Büchertisch, Arbeit mit Schülern, endlich Aufbau eines schwulen Kommunikationszentrums. Sein Engagement reichte vom Handwerklichen zum Theoretischen; niemand wusste mit Hammer und Hobel so gut umzugehen wie er, keiner konnte in der Öffentlichkeit so geschickt diskutieren. Da er von Staat eine Umschulung zum Sozialpädagogen gestiftet bekam und damit schon wieder repräsentabel war, wurde er sozusagen zum Vorzeige-Schwulen der Gruppe, bewundert viel und viel gescholten. Denn so viel «Vorbildlichkeit» wurde für alle jene, deren Mitarbeit weniger spektakulär verlief, eher zum schlechten Gewissen als zum Pfahl im Fleische, der ja auch etwas Anspornendes hätte haben können. Nein, sein nicht zu bremsender Aktionismus lähmte die anderen. Immerhin: Er bezog vieles aus der Gruppe an Rückhalt und Identifikationsmöglichkeit. Und er gab der Gruppe auch vieles zurück.

Wie es in ihm aussah, wussten nur wenige, da er sich aus seiner Selbsterfahrungsgruppe in dem Moment herauszog, als man da zu intimeren Bereichen vordrang. Seinen erotischen Einstand hatte er mit einem älteren und erfahrenen Mann aus der Gruppe gehabt; als sich für ihn herausstellte, wie schwer ihm die Verbindung von Sexualität und Gruppenarbeit fiel, trennte er beide Bereiche fein säuberlich voneinander und begann, der Nachholbedarf war groß, zunächst mal recht wahllos alles aus der lokalen Sub für ihn Infragekommende zu verknacken. Schließlich hatte er eine nicht leben könnende und nicht enden wollende Lovestory mit einem ihn anbetenden Jugendlichen aus einem kleinen Nest, der dann, als die Sache unrettbar wurde, einen ernsten Suizidversuch machte. Auf diese Geschichte hin konnte die Gruppe nur hilflos reagieren. Unser Freund fühlte sich im Stich gelassen und zog sich zurück. Die Gruppe, einer ihrer strahlendsten «Führerpersönlichkeiten» beraubt, erlitt einen empfindlichen Verlust. Und als durch ein unglückliches Zusammentreffen auch noch ein paar andere Aktive die Gruppe verließen – abgeschlossene Studia, Jobs in anderen Städten – landete sie zunächst mal auf dem Bauch. Wie sowas immer dann eintritt, wenn «Macher», Rückhalte und Motoren einer Gruppierung sich plötzlich aus dem Verkehr ziehen, ohne dafür gesorgt zu haben, ihre Stafetten verantwortlich weiterzureichen.

Sein Studium ließ er fallen und suchte Anschluss an andere Initiativen innerhalb der Scene. Er fand, man müsse als Homo auch das Schwulenbewegungs-Ghetto aufbrechen, und so versuchte er, in einem an städtischem Leben nicht gerade armen Stadtviertel ein kleines Kommunikationszentrum aufzubauen. Seine handwerklichen Fähigkeiten nutzend, hatte er mit Hingabe ein Ladenlokal zu einem Schmuckstück ausgebaut. Sei es, dass die Gegend falsch gewählt war, sei es, dass der Raum für sein Konzept sich als zu klein erwies: die Leute blieben weg, er musste schließen. Mit einem Freund, der etwas Geld hatte, kurbelte er ein neues Projekt an. Beide machten einen Naturkostladen auf. Doch das Finanzpolster war zu dünn, um über die anfängliche Durststrecke zu kommen. Durch Geldsorgen zermürbt, ging die Beziehung in die Binsen, bald darauf der Laden auch. Zurück blieb eine beträchtliche Schuldenlast. «Netzwerk Selbsthilfe», dessen Lokalverband unser Freund mit begründet hatte, lehnte eine Finanzhilfe ab. Er begann, sich aus all seinen Zusammenhängen, Sub, Schwulenbewegung, Alternativscene, zurückzuziehen und schien verschollen.

Neulich traf ich ihn per Zufall beim Wandern. Er trat aus dem Gehölz auf eine Lichtung, güldenes Gegenlicht spielte auf Haar und Bart. Was er so mache? Er ziehe die Kinder von zwei linken Eltern groß, die beide so gut verdienen, dass sie sich sowas wie einen Privaterzieher leisten können. Und versuche, die Schuldenlast abzutragen, so nach und nach. Im Übrigen sei das alles hier Pipifax, Gay Lib, Alternativgetue und der ganze Politkram nur Fürze im Vergleich zu dem, auf was er gestoßen sei. Wobei er auf das Baghwan-Medaillon hinwies, das ihm an einer Kordel um den Hals baumelte. Als ich mich nach verwirrter und ziemlich plötzlicher Verabschiedung nochmals umwandte, sah ich, dass der Entschwindende tatsächlich etwa einen Dezimeter über dem waldigen Boden schwebte. «Na, Freundchen», dachte ich mir, «das wird gewiss nicht die letzte Station sein, an der Du Dich festmachst ...» Und entschwebte gleichfalls, allerdings in die entgegengesetzte Richtung.

Seltsames Zwischenspiel

Er war seit langem quasi-platonisch, doch mit beträchtlichem emotionalen Aufwand, mit einem älteren Manne liiert, der ihn ziemlich jung kennengelernt und ihm im Lauf der Freundschaft vieles an «Bildungsgütern» vermittelt hatte. Seinen sexuellen Bedarf deckte er nebenbei in der recht ärmlichen lokalen Sub, wo wir uns über den Weg gelaufen waren und dann ein paarmal miteinander gepennt hatten. Ich spürte, dass er mit seiner Situation nicht so ganz zufrieden war, eigentlich «mehr» wollte und drängte ihn dazu, doch mal mit mir in die örtliche Schwulengruppe zu kommen. Das war kein leichtes Stück Arbeit, hatte er doch die Trennung seiner Existenz in die eines angepassten Saubermanns und die eines Feierabendschwulen zutiefst verinnerlicht. Schließlich schaffte ich es doch. Er fasste dort relativ langsam Fuß, machte aber dann eine Selbsterfahrungsgruppe mit und lernte schwule Emanzipation von der Pike auf. Es gelang ihm, die völlig untergebutterten «weiblichen Anteile» erst zögernd, dann lustvoller auszuleben, und das erste geschmetterte «Huch!» geriet ihm zum Erfolgserlebnis höchsten Grades. Einsicht in die Mechanismen von Diskriminierung und der daraus resultierende Prozess von Politisierung ließen ihn sein gesamtes Umfeld kritischer sehen, und er begann, sich auch am Arbeitsplatz freier zu bewegen. Schließlich wagte er es sogar, beschirmt vom Schutz der Gruppe, sich innerhalb eines «Marktes der Möglichkeiten» in seiner Stadt öffentlich an einem schwulen Infotisch zu zeigen. Seine Gediegenheit und Zuverlässigkeit führten dazu, dass er in der Gruppe die Funktion des Kassenwarts übernahm, und als solcher entlockte er selbst noch der hartgesottensten Karteileiche die überfälligen Monatsbeiträge. In jener Zeit ließ ihn eine intensive Liebesgeschichte mit einem leicht körperbehinderten Jungschwulen diesem ein Teil von dem vermitteln, was ihm selbst von seinem älteren Freund mitgegeben worden war. Der übrigens diese neue Beziehung auf bewundernswerte Weise in sein und seines Freundes Leben zu integrieren wusste.

Die beginnende Wirtschaftsflaute Mitte der 70er, aber auch die wachsende Rationalisierung führten dazu, dass das Werk, in dem unser Held arbeitete, seine Belegschaft um rund ein Drittel reduzierte. Die Nicht-Familienväter, darunter natürlich alle Betriebs-Homos, waren die zuerst Geschassten. Nach einem von ihm als qualvoll und degradierend erlebten Jahr der Arbeitslosigkeit fasste er den Entschluss, die größeren Chancen des Arbeitsmarktes in einer Großstadt zu nutzen, übersiedelte und fand dort recht bald einen relativ gut bezahlten Job. Da er kein «Kämpfer» von Natur aus war, ihm der Rückhalt von Gruppe und seinen beiden Bezugspersonen fehlte, begann er, am Arbeitsplatz und innerhalb seines Wohnbereichs – er lebte nun nicht mehr in einer WG, sondern in einer vergleichsweise humanen Einzimmerwohnung – Versteck zu spielen.

Wiederholte Versuche, Anschluss an die Schwulengruppe der großen Stadt zu finden, schlugen fehl. In seiner bisherigen Lebenssphäre hatte die Gruppe, bei einer praktisch kaum existierenden Subkultur und dem starken sozialen Druck einer Mittelstadt, Wärme, Geborgenheit, Kommunikation geboten. Hier in der Metropole und ihrem verwirrenden subkulturellen Angebot begriff sich die Schwulengruppe weniger als Alternative zur denn als Teil der Subkultur. Die rüden Umgangsformen der TUNIX-Zeit[1] auch innerhalb der bewegten Schwulen, das spontane, zuweilen rücksichtslose Ausagieren von Emotionen, die starke Fluktuation in einer Großstadtgruppe, all das musste ihn, der endlich angefangen hatte, wärmer zu leben, zutiefst verstören. Auch die Absage an öffentliche Aktionen, die Hinwendung der Gruppe zur Introspektion, auch das – in seinen Augen – hier völlig abwesende Moment von schwuler Solidarität trugen dazu bei, dass er sich zurückzog.

Heute lebt er fast wie vor der Zeit seiner «Erweckung». Er ist seit geraumer Zeit sehr ausschließlich mit einem Mann der Kirche befreundet, der für sein ethisches Problem mit dem Lieben Gott seine eigene, offenbar funktionierende Lösung gefunden hat. Beide leben abgeschirmt, zurückgezogen und offenbar recht zufrieden miteinander. Unser Held hält die Beziehungen zu seinen beiden Freunden aufrecht, Kontakte zu dem einen oder dem anderen Groupie aus seiner Heimatstadt, die er oft besucht, bestehen weiter. Der Gedanke an seine «bewegten Jahre» ist eine schöne und für ihn wichtige, von der Patina zeitlicher Distanz zuweilen

---

1 Das Tunix-Treffen im Januar 1979 in Berlin wurde von der Sponti- und Alternativ-Szene organisiert, um einen Gegenpol zur dogmatisch verhärteten K-Gruppen-Szene zu bilden. (Anm. d. Hrsg.)

golden verklärte Erinnerung geworden. In seinem Leben hat sich, gegenüber damals, jedoch so gut wie nichts verändert.

Alter Recke

Im Mief und Muff der ausgehenden Adenauer- und der anhebenden Erhard-Ära hatte sein Coming-out stattgefunden. Nach verschüchterten Anfängen fand er in der heimlichen Sub seiner Stadt so etwas wie ein Heimstatt, traf auf Leute, mit denen er reden konnte, die ihn auch, wenn's hochkam, mal mit sich nach Hause nahmen, bei Nacht und Nebel und gedämpftem Schritt im Korridor. Ein fürchterliches Erlebnis überschattete für längere Zeit sein Leben: Ein neunzehnjähriger Halbstricher hatte, für ein paar Mark oder auch, weil's ihm Spaß machte, mit Gott und der Welt, also auch mit ihm, etwas gehabt, war dann bei einem Automatendiebstahl festgenommen worden und gab unter dem Würgegriff der Polizei, aus Angst und wohl auch aus Torheit, die Anschriften aller Liebhaber, an die er sich erinnern konnte, preis. Eine verheerende Hexenjagd war die Folge mit allen Begleiterscheinungen, Festnahmen am Arbeitsplatz, peinlichsten Verhören, zwei Selbstmorden, vernichteten Existenzen, zerbrechenden Familien und Angst, die die Seelen auffraß. All das eines Delikts wegen, das ein Jahrzehnt später überhaupt kein solches mehr gewesen wäre.

Sein Druck, etwas zur Veränderung der Dinge zu tun, war immens. Die Lockerung des Paragrafen im September 1969 wurde von allen Betroffenen als ungeheurer Akt von Befreiung empfunden, aber ihm war klar, dass der eigentliche Kampf nach Aufhebung der Strafbarkeit nun erst beginne. Als er nach dem Abitur in eine Großstadt ging, in der sich gerade eine Aktionsgruppe zur Verbesserung der Lebensbedingungen von Homosexuellen gebildet hatte, stieg er da voll ein, und an der Seite von Mitstreitern, die gleich ihm Verfolgung und Ächtung miterlebt hatten und unter dem gleichen Druck standen, wurde er schließlich zu einer der «Stützen der Gesellschaft». Die Vehemenz seines Engagements verleitete ihn jedoch nie dazu, seine berufliche Fortbildung – er war Zahntechniker – zu vernachlässigen. So gehörte er, zwar Nichtakademiker, aber ungeheuer gescheit, zu denen, die Geld verdienten und Steuern abführten, eine damals kaum verzeihliche Sünde. Für ihn hat dann die Bewegung vieles an Erkenntnissen über sich selbst und über das, was mit ihm geschah, gebracht, aber endlich kam er an einen Punkt – er näherte sich den dreißig – da dort für ihn nichts mehr zu holen war. Er sah ein, dass sich in ihm so etwas wie ein Emanzipationsprozess vollzogen hatte, der dann aber innerhalb der Gruppe nicht mehr weiterzuentwickeln war. Er sah auch ein, dass die Gruppe immer wieder von vorn anfangen musste, dass immer wieder von einer neuen Generation die Frage nach dem Warum von Diskriminierung, die Tuntenfrage, die nach dem Verhältnis zur Sub etc. gestellt werden musste, war es aber leid, die Rolle des Schulmeisters zu spielen, der mit seinen Erstklässlern alljährlich von neuem die Fibel durchackert. Und den Jüngeren die Lebenserfahrungen vorwegnehmen, das wollte er auch nicht. Dafür war ihm zu viel an sich selbst gelegen, und er spürte, dass er anders an sich arbeiten müsse. So zog er mit zwei gleichaltrigen Schwulen und einer Frau in eine WG, während er, sehr im Guten, sich nach und nach von der Schwulengruppe abseilte.

Ab und zu sieht man ihn in der Sub, und er hat dort offensichtlich Erfolg, ja ist gleichsam lebender Beweis gegen die Annahme, dass man mit angegrautem Haar nun unbedingt zum Alleinsein verdammt ist. Wenn man ihn braucht, so kann man mit ihm rechnen; auf allen wichtigen schwulen Unternehmungen tritt er weniger als graue Eminenz denn als alter, wettergebräunter Kämpfer auf, eine Rolle, die ihm gut ansteht und ihm offenbar auch gefällt. Aber keine Angst: Wenn er was sagt, so riecht das nie nach 70/71 oder Sedantag, und wenn die Schwestern allzu nebulös werden, dann piekt er mit kritischer Nadel entstehende Luftblasen auf und bringt die Leute auf den Teppich. Auch ist er entschlossen, der schon fast modischen Larmoyanz im Hinblick auf die Bewegung das entgegenzusetzen, was sich, nicht zuletzt durch sie, inzwischen tatsächlich verändert hat. Und was man oft zu übersehen neigt. Ich mag ihn.

Das Fossil

Liebeserklärung an Frankfurts Oldtimer-Lokal Karussell

(1986)

Nach seiner Hommage an die Klappe im Frankfurter Grüneburgpark («Der grüne Salon»), die Andreas Meyer-Hanno für den Szeneführer «Frankfurt von hinten», Ausgabe 1984, geschrieben hatte, folgte für die Ausgabe 1986/87 (S. 18-26) eine kleine Verbeugung vor einer Art von Szenekneipe, die er liebte: das Karussell.

Am Beginn der Oberen Zeil, dem noch hässlicheren Abschnitt der hässlichen «umsatzstärksten Geschäftsstraße der Bundesrepublik», also jenseits der tristen Konstablerwache, eröffnet das Karussell einen Kranz von schwulen Sub-Läden rund um das Gericht, dessen östliche Ausleger die Metropol-Sauna und das Camp 26, deren westliche die drei Nachbarkneipen an der Ecke Klapperfeldstraße/Wallanlage bilden. Betritt man es, so vermeint man sich in eine leicht angegammelte Filmdekoration der Nyltest- uns Petticoat-Ära verirrt zu haben. In der Tat feiert das Karussell im Herbst 86 sein dreißigjähriges Bestehen.

Ich kenn' das *Karussell* jetzt seit anderthalb Dekaden, innerhalb derer es sich, abgesehen von einigen dekorativen Details, kaum verändert hat. Und ich denke, es wird sich seit seiner Gründung im Wesentlichen treu geblieben sein, obwohl sicher von der ursprünglichen Einrichtung kaum noch etwas existiert – das angeschaffte Neue wird dem abgeschafften Alten wohl aufs Haar gleichen.

Neueren Datums ist ganz sicher die transparente New-York-Wolkenkratzer-Wand links vom Windfang des Eingangs, deren ausgestanzte Fensterchen, wie bei einem Adventskalender, die dahinter angebrachten Lichtquellen hervorfunkeln lassen. Aber das ist auch schon die einzige Konzession an die USA, deren Einfluss zumindest seit Beginn der 70er die deutsche Tuntenbar-Szene so entscheidend verändern und einer ganzen Heerschar von lauschigen Freundschaftslokalen binnen weniger Jahre den Garaus machen sollte. Anzutreffen sind derlei Museumsstücke allenfalls noch hier und dort in der Provinz – eines von ihnen in der Großstadt zu entdecken, kommt einer Trouvaille gleich. So waren sie damals fast alle: mehr oder weniger plüschig und puffig, alle jedoch eine «Gemütlichkeit» ausströmend, die dem einen Horror verursachte, dem anderen das Gefühl von Geborgenheit vermittelte. Bastion, Fluchtpunkt, Freistatt, bürgerlicher Kontakthof in einem, aber auch ein Stück Knast mit schmiedeeisern verbrämten Gitterstangen. Für mich eine Proustsche, in Lindenblütentee getauchte Madeleine, schwules Brot der frühen Jahre.

Im *Karussell* glänzt alles, schimmert, reflektiert das gar nicht einmal allzu gedämpfte Licht. Es entströmt vorwiegend barocken Wandarm-Paaren mit Schirmchen auf leicht schiefhängenden Messingtabletts. Oder es funkelt durch das Perforations-Filigran dreier riesiger, über Kopfhöhe angebrachter, güldener Doppel-Fächer, deren Löchlein, wie die auf der Wolkenkratzerwand, das Birnengeglitzer freigeben. Die Wände, teils fahnenrot drapiert, teils mit chaotisch gefältelter Goldfolie bespannt, umschließen offene Nischen, deren geblümte Sitzgruppen jeweils um einen rustikalen Tisch gruppiert sind; zwei von ihnen bilden den Abschluss auf einem Podest links vor dem New Yorker Glitzerding hinter einer Ebene, die zuweilen als Tanzfläche dient. Drei weitere reihen sich vor der rechten Seitenwand, deren Mitte ein schwermarmornes Kratzrelief, ein Karussell darstellend, bildet. Links hinten springt die nach zwei Seiten sich öffnende Theke in den Raum, der, höchst kommunikationsfördernd, so angelegt ist, dass jeder fast jeden sehen kann. Man badet in den Wonnen dekorativer Gewöhnlichkeit.

Clou und absolut unverwechselbarer Zentralakzent des Ganzen ist jedoch das in der Mitte herausragende, dem Lokal den Namen verleihende Karussell, ein Theken-Pilz mit drei von seiner Zentrumssäule ausgehenden, den Flügeln eines Propellers gleichenden Winz-Tresen. Sein mit einem Spiegelsteinchen-Rundfries versehenes Dach birgt in seinem

Inneren farbige Spots, die die Scheitel, Haarkränze oder gar Glatzen der unter ihm Stehenden oder auf hohen Barhockern Schwebenden in indirektem Glanz auflodern lässt. Diese ingeniöse innenarchitektonische Lösung macht das bizarre Gebilde zur idealen Kommunikations-Nabe, wobei die Glitzersäule das statische, die sie umkreisenden, aufeinander zugehenden, miteinander redenden, sich voneinander lösenden Gäste das dynamische Moment dieses Merry-Go-Rounds darstellen.

Schweift das Auge umher, so trifft es auf eine Reihe liebenswerter Ungereimtheiten: Hier hat man versucht, durch ein Übermaß applizierter Goldfolie von der Hässlichkeit eines Ventilationsschachts abzulenken. Dort prangen üppig seidenschleifenverzierte Blumenarrangements, die falsch sein müssen, sich bei näherer Betrachtung jedoch als echt und – soweit bei der Dichte des aus Old Spice und Zigarettenqualm gemischten Raumodeurs wahrnehmbar – wohlduftend erweisen. Da zieren ein paar schräg eingesteckte Ansichtskarten das Sims: eine Rückenansicht von Michelangelos David und ein Kitschportrait von Ludwig II., dem jungfräulichen König. Wenn man mehr Muße hätte, so gäbe es viel an Einzelheiten zu entdecken, aber man hat vollauf damit zu tun, Leute zu beobachten.

Man geht nicht ins *Karussell*, um unbedingt was abzuschleppen. Wiewohl gewiss hier so mancher Mann an seinen Mann gekommen ist, und sei es nur für eine Nacht. Aber es herrscht hier nicht jene scharfe Anmache, die so viele Orte schwuler Begegnung zu Vorhöfen einer kalten Hölle gemacht haben, jenes eiserne Schweigen, das nur vom phonstarken Disco-Sound übertüncht wird. Hier ist der Lautstärkepegel angenehm mezzoforte, wird im Wesentlichen bestimmt von Menschenstimmen, und der Hintergrundteppich sehnsuchtsvoll-einschmeichelnder Musik wirkt zeitlos wie das ganze Ambiente; die Schnulze von Nana Mouskouri oder Christian Anders unterscheidet sich eben nicht allzu sehr von der eines Andy Borg oder Nino de Angelo. Man redet, schwätzt und lacht miteinander, man kreischt lauthals. Und es darf ungestraft und heftig rumgetuckt werden, weil sowas wie Rollenstrategie hier durchaus fehl am Platze wäre. Da es ein eigentlich zeitloser Ort ist, hat das *Karussell* die Veränderungen der Sub seit dem Auftauchen von Aids relativ unbeschadet überstanden und seine angestammte Klientel behalten.

Man kennt sich, oft seit Jahren, mitunter seit Jahrzehnten. Man ist froh, miteinander zu sein, und dem Fremden gelingt es meist auf Anhieb, in das allgemeine Gebabbel und Gegluckse einbezogen zu werden, sofern er nicht hochgradig kontaktgestört ist. Und man trägt «Freund», wie man es an derlei Orten immer getragen hat. Wobei das Elend von langwährenden Zweierbeziehungen, wie auch deren Segnungen, hier sozusagen auf dem Präsentierteller liegen. Die soziale Kontrolle ist perfekt. Glanz klar, dass der eine von den beiden langjährig Befreundeten aus Dieburg scharf auf den jungen Spanier da am Nebentisch ist, mit ihm offenbar schon handelseinig für einen flotten Dreier war, dann aber, auf Einspruch seines eifersüchtigen Lebenspartners, von der geplanten Eskapade Abstand nahm, um nun, frustriert und übellaunig, mit seinem tödlich gekränkten Angetrauten das Lokal zu verlassen. Das alles und noch mehr kriegen die nicht nur mit sich selbst beschäftigten Tresennachbarn voll mit; es wird kommentiert und begutachtet. Will man sich auskotzen, findet man nirgendwo eher ein offenes Ohr als hier. Eigentlich wäre das *Karussell* ein Idealbild jenes Kommunikationszentrums, um das sich die Nusskuchen-Fraktionen diverser Schwulengruppen, auch in ihren Versuchen, verschiedene Generationen unter einen Hut zu bringen, oftmals und jahrelang so vergeblich bemühten.

Ein grobschlächtiger Bierkutscher-Typ mit blitzlustigen Blauaugen steht, von einigen Mitschwestern umringt, unter dem Pilz und lässt in schönstem Hessisch eine komisch-trockene Bemerkung nach der anderen fallen. Seine Entourage verschwindet nach jeder Pointe prustend unter dem Tisch; er steht wie ein Fels in der Brandung, um, wenn sein Publikum wieder aufgetaucht ist, die nächste Schote loszulassen. So geht das über eine halbe Stunde, und die Zahl der Mitlacher wird immer größer. In der Ecke tanzt ein uraltes Freundespaar in hellgrauen Konfektionsanzügen, mit Perle und Goldnadel in der Krawatte, selig umschlungen, langsamen Walzer. Die leben in Neu-Isenburg und sind schon seit Jahren zusammen, das weiß jeder. Und der da drüben mit dem ernsten Gesicht und seinem eisgrau dichten Haarschopf war bei den Nazis als Rosa-Winkel-Häftling im KZ, redet aber niemals darüber. Ein nur englisch sprechender Orientale, der offenbar ein Auge auf mich geworfen hat, will um keinen Preis damit herausrücken, aus welchem Land er kommt. Auf mein Insistieren hin gesteht er endlich, dass er Iraner und hier nur auf Geschäftsreise sei. Und bricht dabei in Tränen aus, weil er mal rauslassen muss, was in Khomeinis Persien mit Schwulen geschieht. «They just kill you!» schluchzt er an meiner Schulter.

Das *Karussell* ist explizit ausländerfreundlich. Portugiesen, Spanier, Türken, Griechen kommen, oft nur an den Wochenenden, von weit her, meist stadtfein gemacht, und viele wollen nicht unbedingt in einem deutschen Bett landen, eher mit Freunden und Landsleuten zusammensein. Doch hat schon so manches brünstig-dunkle Brustgelock seinen zärtlichen Platz an einem unbehaarten deutschen Männerthorax gefunden, wie denn auch nicht? Ausgegrenzt wird hier keiner.

Nachdem sich die Szene so polarisiert hat, dass man genauestens weiß, was einen in welcher Spezies von Laden erwartet, hat sich im *Karussell* ein wenig von dem Pluralismus und der Klassenlosigkeit, auch von der Solidarität, die für die Schwulenlokale vor der sogenannten «sexuellen Revolution» der 60er so typisch waren, in die 80er hinübergerettet. Da steht der schwule Handwerker neben der Fummeltrine, die Ledermaus mit einem Gelegenheitsstricher neben dem heimkehrenden, angehübschten Theaterabonnenten, der Anatolier neben dem Prokuristen. Und alle klönen, flachsen, flirten, lachen, klatschen, streiten, heulen miteinander. Möge der schwule Liebe Gott seine schützende Hand über das *Karussell* halten und dafür sorgen, dass sein irdischer Mitarbeiter, der Wirt Jochen, diese kleine Insel von Menschlichkeit noch viele Jahre erhält.

Zwischen Aids und Aids

Die Operntunte

(1987 / 1988?)

«Klappentexte» nannte der Verlag rosa Winkel eine Zeitschrift, in der zwischen 1980 und 1986 zu thematischen Schwerpunkten Texte aller Art erschienen sind. Für eine geplante, jedoch nie erschienene Ausgabe zum Thema Musik und Theater verfasste Andreas Meyer-Hanno den folgenden Text (NL 202), dessen Überschrift von Verleger Egmont Fassbinder stammt.

Bei meinem ersten New York-Aufenthalt vor einigen Jahren fiel mir ein höchst amüsanter Artikel aus der Schwulenzeitschrift Advocate in die Hände, «Cruising the Met», in dem die Verhaltensweisen schwuler Opernmafiosi im Hinblick auf Anmache innerhalb des Opernhauses untersucht und Ratschläge für eine Ergänzung vokaler Genüsse durch sexuelle nach dem Verlassen des Lincoln-Centers mit dem soeben Aufgerissenen erteilt wurden. Auch im Spartacus-Guide wurden jahrelang gewisse Rangzonen der Mainländer Scala als einschlägig schwule Aktionsgebiete empfohlen. Trotz meiner Ahnung von Zusammenhängen zwischen Oper und Schwulsein kann ich mir die Sensation, sich beispielsweise in «Aida» während des Triumphmarsche auf dem vierten Rang einen blasen zu lassen, nur schwer vorstellen, aber das ist wohl eine Frage persönlicher Präferenzen. Meine einzige Erfahrung mit einer nach beendetem Opernabend abgeschleppten, mir bis dato unbekannten Schwester bestand darin, dass sie sich ein Prunkalbum über Primadonnen auslieh, um nie wieder was von sich hören zu lassen. Nun, die Schrecken der four-letter-word-Krankheit werden die Anzahl der von musiktheatralischen Ekstasen angeheizten Sexualkontakte drastisch reduziert haben – geblieben sind die angehübschten Rudel von Operntrinen, die, landauf-landein, die Opernfoyers und -kantinen bevölkern und in den so wichtigen Pausen sich gleich kostbaren Flamingos stelzend oder im Stehen wiegend und dabei um sich blickend, die Freitreppen der Entrees verschönern.

Um nicht missverstanden zu werden, möchte ich eine klare Unterscheidung treffen zwischen dem schwulen Opernfan, der, mit profunder Sachkenntnis ausgestattet, sich nicht wesentlich von seinem heterosexuellen Kollegen unterscheidet, und der klassischen Operntunte, bei der es sich um einen Ableger der allgemeinen Kulturtunte handelt. Die Übergänge, allerdings, sind fließend. Charakteristisch für die echte, authentische Operntucke ist wohl die Tatsache, dass ihre Opernpassion Suchtcharakter angenommen hat. Sie stürzt sich in Schulden, um ihrer Leidenschaft frönen zu können, sie bekommt, gehört sie nicht zur Schar betuchter Festspielbesucher, Entzugserscheinungen während des theaterlosen Sommerlochs, und sie würde ein date mit dem tollsten Kerl angesichts einer in letzter Minute ergatterten Premierenkarte klaglos, ja freudig platzen lassen.

Für mich als Opernregisseur ist es einigermaßen schwer, der Operntunte gerecht zu werden, stehen ihre Bedürfnisse doch in krassem Gegensatz zu dem, was mir wichtig und zeigenswert erscheint. Operntunten halten Regietheater eigentlich für überflüssig, wenn nicht gar störend; je unauffälliger, ja, konventioneller eine Inszenierung ist, je größeren Raum sie der persönlichen Entfaltung des Stars einräumt, desto größere Chancen hat sie, vor ihren – der Tunte – Augen Gnade zu finden. Sie ist auch, Teil ihres Selbsthasses, extrem schwulenfeindlich. Ich habe erlebt, wie das Opern-Regiedebut eines schwulen, in der Subkultur einschlägig bekannten Regisseurs nach der von vielen Tucken besuchten Generalprobe durchgehechelt und, am Vorabend der Aufführung, in den Schwulenbars das Buh- und Pfeifkonzert für die Premiere abgesprochen und organisiert wurde. Die Theaterskandale in den 50ern bei den frühen Henze-Uraufführungen in Berlins Städtischer Oper waren im Wesentlichen das Werk einer schwul-reaktionären Opernklicke, die es einem Gleichgesinnten verübelte, derlei Schweinkram auf die Bühne zu bringen.

Im Gegensatz zum echten Opernkenner reduziert sich für die klassische Operntunte das Repertoire auf dreißig bis vierzig Werke, die sie dann allerdings in- und auswendig kennt, deren diverse Einspielungen nicht von ihrem Plattenteller kommen. Von Ausnahmen abgesehen, geht es eigentlich so richtig erst nach Mozart los. Sie liebt die Belcanto-Piècen von Donizetti und Bellini; Rossini in seinen serie nur da, wo sängerische Bravour sich entfalten darf. Dann geht's über Verdi (ausgenommen den ensembleträchtigen «Falstaff», in den sich kaum eine Tunte verirrt), die Franzosen, Wagner (in Grenzen), Tschaikowsky, Puccini zu Strauss, und damit hat sich's eigentlich schon. Die Barockoper ist, trotz der verlangten Gesangskunst, wohl wegen der Starre im Einheitsablauf des jeweiligen Arien-Affekts, so gut wie ausgeklammert, und mit Gluck, der das alles überwand, tut sich die Tunte schwer.

Es gilt, zu unterscheiden zwischen Großstadt- und Provinz-Operntrine, wobei es sich bei den Vertretern der erstgenannten Spezies häufig um ehemalige der zweiten handelt. Eine Operntrine von echtem Schrot und Korn hält es nicht allzu lange in der Enge ihres kleinstädtischen Dunstkreises. Hat sie erstmal die Hintergründe der Personalpolitik an ihrem Stadttheater hinsichtlich des Sängerensembles durchschaut, hat sie erst einmal versucht, in Publikumsorganisationen wie den sogenannten «Freundeskreisen» einer mittelstädtischen Bühne Einfluss auf Spielplan, Besetzung, etwaige Gäste auszuüben, gibt es in Kantinengesprächen nichts mehr zu steuern, so heißt es: Zelte abbrechen und sich in der nächstgelegenen Opern-Metropole (die sich dann unter Umständen als Nekropole entpuppt) niederlassen! Auch auf dem Gebiet der Kulturtunterei macht nichts so frei wie Großstadtluft.

Die Provinz-Ausgabe der Operntucke ist zutiefst uneins mit dem, was stimmlich an ihrem Stadttheater los ist, von Regie und Ausstattung mal ganz zu schweigen. Mit dessen Ensemble ist sie natürlich äußerst intim und verfolgt jede Bewegung innerhalb desselben mit Argusaugen. Leider sind ihr im Intrigieren die Hände gebunden, da die goldenen Zeiten, in denen am gleichen Hause spinnefeind sich die Vertreter eines Stimmfaches waren, endgültig dahinschwanden. Bei wachsender Beweglichkeit wird ein Sänger den Teufel tun, sich mit seinem Fachkollegen zu befetzen; täte er das, so gingen ihm viele Gastiermöglichkeiten flöten, die er nur aufgrund der Kollegialität seiner Doppelbesetzung wahrnehmen kann. Indem diese ihm nämlich ein oder zwei Vorstellungen abnimmt, für die er eigentlich angesetzt war. Da wäscht manus manum, und die

Rivalität zweier Sänger(-innen), die die Schar ihrer Bewunderer in zwei Lager teilte, wobei man «seinem» Favoriten natürlich auch persönlich verbunden war, existiert im tradierten Sinne nicht mehr.

Aber erfinderisch, wie die Mädels nun mal sind, ersannen sie eine andere Möglichkeit, sich wichtig zu machen: In steigendem Ausmaß behaupten sie nämlich, dass in einem noch kleineren, möglichst nicht allzufernen Provinztheater die Besetzung dieser oder jener Partie anzutreffen sei, dass ihre Kieler «Tosca» der in Rendsburg oder Flensburg leider nicht das Wasser reichen könne, und überhaupt ... Und säen damit Beklommenheit und Argwohn unter das friedlich kooperierende Ensemble. Mit dem sie, wie gesagt, eng verbunden sind – kein Tuntengeburtstag ohne mehrere Sängerinnen –, das sie aber am liebsten durch ständige Präsenz der salzburgerisch-wienerisch-münchnerischen Belcanto-Aristokratie an ihrem Heimatort ersetzen und auf den Mond schießen würden. Im Übrigen wird an dem heißgeliebten und ständig frequentierten Stadttheater alles provinziell gefunden, weil man ja genauestens weiß, wie die Dinge anders und besser zu lösen wären. Überhaupt das Selbermachen: Wenn schon klar ist, dass man singend nicht selbst auf den Brettern stehen kann, wenn also diese Möglichkeit der Selbstverwirklichung, leider, wegfallen muss, so wäre doch Inszenieren, Kostüme machen, so ein Haus leiten von jedermann zu bewältigen, der diese Kunst so liebt wie man selber.

Die großstädtische Operntunte hat einen weitgespannteren Aktionsraum und kann leichter Vergleiche ziehen, siedelt sie sich doch meistens, wenn nicht in Metropolen, so doch zumindest in kulturellen Ballungsräumen wie dem Ruhrgebiet oder Rhein/Main an, wo sich die Stadt- und Staatstheater gegenseitig auf die Füße treten. Aufgrund ihrer reichen Möglichkeiten, Opernaufführungen in diversen Städten zu besuchen (wenn sie nicht selbst einen Wagen besitzt, so hat sie doch eine den gleichen Süchten huldigende, platonische, autofahrende Freundin)[1], en-

---

1 Vor einigen Jahren wurde das Wiesbadener Opernhaus umgebaut, und das Ensemble spielte in einem Interimsbau, der nur eingeschränkte Aufführungsmöglichkeiten zuließ. Ein Freund hatte dort eine «Ariadne»-Generalprobe gesehen und mir von einer szenischen Lösung berichtet, bei der das Orchester hinter den Sängern postiert war. Am Abend darauf besuchte ich eine Frankfurter Lederkneipe; drei Wesen in knirschenden Monturen standen an der Bar und ratschten empört: «Unmöglich!», «Hinter den Sängern!» «Eine Zumutung!!» Ich spitzte die Ohren und

gagiert die Großstadtunte sich weniger für das Theater an ihrem Wohnsitz, sondern sieht das Ganze eher globaler; sie wirkt müder, blasierter, abgehobener als ihre provinzielle Schwester. Um sich opernmäßig dennoch irgendwo heimisch zu fühlen, schließt sie sich oft dem Clan einer einst prominenten, jetzt jedoch jenseits ihres Zeniths befindlichen, aber dennoch sängerisch aktiven Primadonna an, ist mit ihr per «du» und folgt der Adorierten von Gastspiel zu Gastspiel. Operntunten lieben das leicht Defekte, den leisen Hautgout an ihrem Star – die Callas wie die Schwarzkopf wurden opernschwule Kultfiguren erst in dem Augenblick, da sie sängerisch ihre besten Tage hinter sich hatten. Das ist fast wie bei Zarah Diva.

Nach Ursachen der Affinität von Homosexualität und Opernfanatismus zu fragen, heißt, in tiefere Schichten schwulen Empfindens hinabzutauchen. Platt- und tuntenfeindlich obendrein ist die landläufige Erklärung, Schwule liebten die Oper, weil deren Protagonisten eben jene starken Empfindungen ausagierten, denen sie – die Tunten – selbst nicht fähig seien. Erstens haben Tunten Empfindungen, und was für welche!, zweitens leben sie sie aus. Auch die Begründung, die Operntunte ersetze nichtgelebtes Daseinsglück durch den Glanz einer Fantasiewelt, in der alle Konflikte in der Sphäre purer Ästhetik sich auflösten, mag Richtiges enthalten, berührt das Phänome jedoch lediglich an seiner Oberfläche.

Was auch immer auf der Opernbühne geschieht, nie sind ihre Helden Leute wie du und ich; ausnahmslos sind sie etwas Besonderes. Selbst den Gestalten, die ihr freudloses Leben auf einem Seine-Schleppkahn fristen, wird ein BILD-Aufmacher-Schicksal zuteil. Glück als theatralisches Sujet ist uninteressant, und da jede Queen sich im Grunde für etwas Besonderes hält, verbindet sich ihre Existenz naturgemäß mit der Opernfigur «an sich», der nie etwas Prosaisches eignet. Beide sind «auserkoren», nicht nur zum Leiden, sondern zu allem, das sie der Welt gemeiner Sterblicher mit deren Alltagsschicksalen enthebt.

Ganz sicher wird so manche mit Glücksgütern aus Fortunas Füllhorn nicht gerade überhäufte Tunte sich daran hochziehen, dass sie sich eins weiß mit all den Königinnen, Buhlerinnen, Sklavinnen, den heroisch Lei-

---

mir wurde klar: Die waren in der benachbarten Wiesbadener Premiere gewesen, anschließend in die Frankfurter Sub gedüst und hatten dazwischen, vermutlich im Auto, das Kleine Schwarze ausgezogen und sich in ihr schweres Schwarze gezwängt.

denden wie den sieghaft Auftrumpfenden dort oben auf den Brettern, die sie immer wieder auf ihre eigentliche Bestimmung als Queen hinweisen. Eine Bestimmung, die ein widriges Geschick – oder eine unglückliche Baby-Vertauschung im Entbindungsheim – durch das profane Los des kaufmännischen Angestellten oder des Lufthansastewards ersetzt hat.

In einer tieferen Schicht liegt das Moment von Hysterie, das sich da oben, durch Klangschönheit geadelt, so ungehemmt austoben darf. Wer hätte nicht schon Lust gehabt, einfach loszuschreien, dem Druck von Anpassungszwängen, Einsamkeiten, Herzensnöten oder, im besseren Falle, amourösen Höhenflügen durch einen vokalen Ausbruch ein Ventil zu schaffen? Die da oben dürfen das, was einem selbst verwehrt bleibt, denen ist's vergönnt, ihren Emotionen, auch den stärksten und verzehrendsten, lauthals Ausdruck zu geben. Und damit, stellvertretend, dem eigenen Gefühlsüberschwang Luft zu machen. Um ein Zitat aus Goethes «Tasso» abzuwandeln: «Und wenn der Mensch in seiner Qual verstummt, gab denen ein Gott, zu singen, wie sie leiden.» So wenig eine klassische Operntunte die nach-Strauss'sche Oper goutieren mag: Die größten Chancen einer schwulen Wertschätzung haben jene Szenen der Opernmoderne, in denen in höchsten Rängen «geschrien» wird, die Marie-Sequenzen im «Wozzeck», in denen Zerknirschung wie Stolz zu vokalen Explosionen führt, der Streit von Elisabeth und Maria Stuart bei Fortner, die vokalen Exzesse von Goneril und Reagan in Reimanns «Lear», die Koloratur-Hysterie seiner Kassandra in den «Troades».

Geht man von der Richtigkeit der Annahme eines heimlichen Identifikationsprozesses von Operntunten mit bestimmten Opernfiguren und Opernszenen aus, so gelangt man in eine tiefere Schicht, wenn man sich fragt, mit wem sich da eigentlich identifiziert wird. Ich kenne keinen schwulen Opernfreak, der sich je mit einem männlichen Opernhelden eins gewusst hätte. Der opernbeflissene Florist wird sich kaum mit Tamino oder Parsifal identifizieren – mit letzterem nicht einmal in der Blumenmädchen-Szene. Bei Kundry, der rätselhaften Doppelexistenz, ist das schon was ganz anderes: Ihre Verwandlung von der Büßerin zur Verführerin, bei deren Manipulation ihr Beherrscher Klingsor das uns allen so vertraute Moment sexueller Hörigkeit (seine Beschreibung des mit den Wachen siegreich kämpfenden Bodybuilders P. ist reiner Porno) als letztes und Kundrys Widerstand schließlich brechendes Druckmittel einsetzt, ist die operntuntige Identifikationsszene schlechthin. Da ist alles, was an unterdrückten Wünschen und Trieben in uns lauert, in einer Figur gebündelt: internalisierte Schuld, Genuss an der Unterwerfung, erotische Obsession, die sich aus dumpfem Gestöhn zum Lust-Schrei hochschaukelt, prangende Bezirzungskunst, der das – männliche – Unschuldslamm fast zum Opfer fällt, höhnische Hass- und Verfluchungsorgien, Buß und Reu, schließlich Taufe, Entsühnung und Erlösungstod.

Und immer sind es die hochdramatischen unter den Opernweibern, mit denen Identifikation stattfindet, so gut wie nie die lyrischen. Wen erschüttert schon Micaela, wen Chrysothemis, wenn ihr eine hochhysterische Elektra, in Wahrheit ihrer Mutter Klytemnestra Kind, gegenübersteht?

Dergleichen Identifikationsmodelle stehen in dialektischem Widerspruch: Einerseits liebt die Tunte jene Opernheldinnen, an denen ein Mann zerbricht (Carmen, Dalilah), dabei ihrem kryptischen Wunsch nach Dominanz über das begehrte und zugleich gehasste Mannsgeschlecht frönend. Andererseits identifiziert sie sich mit Frauengestalten, die an einem Mann zugrunde gehen (Cio-Cio-San, alle Undinen/Rusalken, Santuzza), dabei eigene schmerzliche, wenn nicht gar tragische Erfahrungen mit dem obskuren Objekt der Begierde verarbeitend. Immer handelt es sich um übermächtig große, auch im Leiden starke Gestalten – für das lyrische Mittelmaß ist im Herzen der Operntunte kaum Platz. Und nichts schöner, als wenn zwei solche Super-Frauen aufeinanderprallen (Aida – Amneris, Elsa – Ortrud) und es im Kampf um den Mann, um Macht, um Gott, nur Verlierer geben kann.

Die meisten der von Operntunten geliebten Figuren stehen gesellschaftlich im Abseits und spiegeln so ein zutiefst internalisiertes, oft durch soziale Anpassung nur übertünchtes Minderwertigkeitsgefühl ihrer Fans. Oft sind es Gestalten die der Halbwelt zuzurechnen sind, Fremdlinge, Sklavinnen, Besessene, der Ächtung Ausgelieferte. Wobei der Rang keine Rolle spielt, da auch Königinnen, sofern sie sich triebgesteuert und damit unköniglich benehmen, der Ausgrenzung anheimfallen. Viele haben eine Tabuverletzung begangen, eine elementare (hybrides Durchbrechen der zugemessenen Lebenssphäre und Eintauchen in eine andere bei den elbischen Wesen), eine ethische (Ausspionieren von militärischen Geheimnissen beim geliebten Feind und damit Konflikt zwischen Pflicht und Neigung), schließlich religiöse (heimliches Abtrünnigwerden vom eigenen und Annehmen eines anderen Glaubens). All diese Überschreitungen der Individuen aus ihren Lebensordnungen sind Verbrechen der Liebe, werden damit nachvollziehbar und verzeihlich. Welche Tunte hätte kein Herz für die Vestalin, die, ihr Keuschheitsgelübde missachtend, während einer leidenschaftlichen Zusammenkunft mit dem Geliebten das zu hütende Feuer im Tempel der Casta Diva ausgehen lässt und damit Verachtung und einen ihre Schuld sühnenden Tod auf sich zieht?

Solidarität der Uneinsichtigen

(1988)

«Am 9. Juli 1988 gehen wir alle als Uneinsichtige, Unbelehrbare und Desperados (Verzweifelte) auf die Straße. Wir solidarisieren uns mit den HIV-Antikörper-Positiven, die mit den Instrumenten des Seuchenrechts ‹aus dem Verkehr› gezogen werden sollen — und das unter dem falschen Etikett der AIDS-Prävention.» So hieß es im gemeinsamen Aufruf der Aidshilfen zum Aktionstag in Frankfurt/Main. Die an verschiedenen Plätzen in der Stadt gehaltenen Reden hat die Deutsche Aids-Hilfe e.V. in einem Sonderband ihrer Reihe «Aids-Forum D. A. H.» dokumentiert, darunter auch die von Andreas Meyer-Hanno (S. 21-23) am Theaterplatz gehaltene.

Im Diskurs vom 20. Januar 1988 sprach Baghwan über den Zusammenhang zwischen Homosexualität und AIDS: «Homosexuelle haben die Krankheit AIDS geschaffen, denn sie sind verdorben. Homosexualität ist absolut unfruchtbar, sie erschafft überhaupt gar nichts ... Und die an AIDS erkrankten Menschen müssen ausgesondert werden. Sie sollten in ihren eigenen kleinen Städten leben, wo alle an AIDS leiden: die Ärzte, Schwestern, Patienten und Wissenschaftler. Dann gibt es keine Gefahr mehr.»

Uns Menschen sind offenbar zwei Begabungen in die Wiege gelegt worden, die etwas miteinander zu tun haben: Die Gabe des Vergessens und die Gabe, Vergangenes zu verklären. Sich also falsch zu erinnern. Die älteren Homosexuellen neigen dazu, das, was in Deutschland nach 1945 passierte, heute unter eher freundlichen Aspekten anzusehen. Dabei trügt sie ihre Erinnerung, denn sie übersehen, dass ihnen im Muff und Mief der Adenauer- und Erhardt-Zeit jegliche freie Entfaltung ihrer Sexualität versagt war. In jener «bleiernen Zeit» stand die Instanz des allzeit präsenten Sittenpolizisten, wenn auch nicht in persona, so doch als richtende und aburteilende Bedrohung in jedem homosexuellen deutschen Schlafzimmer. Die von den Alliierten betriebene Umerziehung der Deutschen zur Demokratie endete vor der Bettkante. Die Rechtsprechung der Nazis blieb, die Polizisten blieben die gleichen, die Richter blieben die gleichen, der Apparat staatlicher Überwachung blieb, wie er war. Ein Umdenken auf dem Gebiet der Sexualmoral hat in beiden Teilen von Deutschland nie stattgefunden. Auch die allmähliche Aufweichung in der Behandlung des § 175 in den 60er Jahren, schließlich seine partielle Aufhebung im September 1969 war eher ein Nebenprodukt der allgemeinen sexuellen Liberalisierung als das erfolgreiche Resultat eines Kampfes der Homosexuellen.

Dennoch schien es so, als ob anderthalb Jahrzehnte hindurch das ständige Beharren auf dem Recht sexueller Selbstverwirklichung allmählich so etwas wie ein Klima gesellschaftlicher Akzeptanz geschaffen hätte, ja, eine Zeitlang konnte es durchaus Spaß machen, in Deutschland schwul zu sein. Vor allem in der jungen Generation schien «schwul» kaum mehr ein Thema zu sein, zumindest für Jugendliche, die in größeren Städten mit ihren zahlreichen und vielfach gefächerten Subkulturen aufwuchsen.

Wie dünn diese Schicht sozialer Akzeptanz tatsächlich war, zeigte sich bei der ersten schweren Belastung, dem Aufkommen von Aids um 1982. Der Ruf nach Eingrenzung, Kenntlichmachung, schließlich Ausgrenzung der Homosexuellen als potentielle Multiplikatoren der Krankheit wurde überall hörbar. Es wird wieder in homosexuellen Schlafzimmern herumgeschnüffelt, nur ist diese Schnüffelei staatlicher Instanzen nun nicht mehr moralisch begründet, sondern entspringt vorgeblich einer gesundheitspolitisch motivierten Notwendigkeit. Der Geist, der hinter diesen Zwangsmaßnahmen steht, ist der gleiche, die Methoden, mit denen gearbeitet wird, sind die gleichen. Wenn Sprache etwas verrät, dann hier: Ständig wird von «Tätern» gesprochen, niemals von «Opfern». Wer «Ausdünnung einer Szene» sagt, der meint deren Ausrottung.

Mein eigenes Coming-out Ende der 40er Jahre war vor allem von Angst geprägt, und ich möchte es keinem heranwachsenden Jungschwulen wünschen. In den 70ern habe ich die Jugendlichen fast beneidet um die Vielzahl von Informations-, Kontakt- und Sozialisierungsmöglichkeiten, die ihnen nun zur Verfügung stand. Wer heute seinen Prozess der sexuellen Selbstfindung durchmacht, kann – wie lange noch? – auf dieses Instrumentarium zurückgreifen. Dennoch wird jedes heutige Coming-out wiederum von Angst geprägt sein, Angst, die aus einer anderen Richtung kommt, Angst, die zwar auch noch Furcht vor sozialer Ausgrenzung enthält, deren wesentliches Moment jedoch in der Bedrohung durch Infektion, Krankheit und Tod liegt.

Als Homosexualität noch unter die Krankheiten und Perversionen eingeordnet wurde, galten wir Schwulen als labil, durchsetzungsunfähig und zum Versagen geneigt. Die große Überraschung der Untersuchung von Dannecker und Reiche vor 15 Jahren lag im Nachweis der Autoren, dass Schwule, ganz im Gegenteil, lebenstüchtig, erfolgsorientiert, vor allem aber anpassungsfähig sind. Diese Anpassungsfähigkeit, die natürlich auch zum Teil Überlebensstrategie ist, hat sich auch in ihrem Umgang mit Aids erwiesen. Als ich Martin Dannecker vor einiger Zeit fragte, ob sich schon Resultate seiner jüngsten, noch breiter angelegten Untersuchung abzeichneten, sagte er: «Ich bin noch bei der Auswertung, aber eins ist jetzt schon klar. Das Sexualverhalten hat sich vollkommen geändert.» Jeder, der seinen Fuß in die schwule Szene setzt, wird das bestätigen. Man(n) weiß, dass zu einer Infektion, damit sie zustande kommt, zwei gehören, dass man AIDS nicht kriegt, sondern sich holt, dass jeder ungeschützte Sexualkontakt ein Risiko birgt und dass man, bei allem, was man macht, die Verantwortung für sich selbst tragen muss und sie keinem Partner anlasten darf. Dass bei einer so mächtigen Antriebskraft wie dem Sexualtrieb das Schutzsystem nicht lückenlos sein kann, liegt in der Natur der Sache. Mit diesem «Restrisiko», ich benutze bewusst das ominöse, ja schreckliche Wort, müssen wir leben.

«Anpassung» hat stattgefunden und musste wohl stattfinden. Nur geht meine Befürchtung dahin, dass wir allzu schnell mutieren und dass wir über dem «Mit Aids leben» vergessen, welche Freiräume von gelebter Fantasie da zugeschüttet worden sind; dass wir uns abfinden ohne Zähneknirschen, dass wir zu vergessen geneigt sind, was an Verzicht uns da tagtäglich abverlangt wird; dass wir keine Trauer empfinden, sondern die Einengung und Abschnürung von Sexualität schließlich als normal empfinden.

Ich sagte eben, dass Erinnerung verklärt, und ich selbst unterliege wohl gerade dem Vorgang des falschen Erinnerns, bei dem nur das im

Gedächtnis bleibt, was richtig und wichtig war. Dennoch: Da war was! Und das droht nun, verlorenzugehen. Wenn wir nicht ständig im Bewusstsein haben, was an Spontaneität, an unverkrampftem Umgang mit Körperlichkeit, auch was an Lust auf der Strecke geblieben ist, wenn wir uns zu Mutanten machen und uns verkrüppeln lassen, werden wir als Schwule nicht vor dem bestehen, was da vermutlich noch auf uns zukommt.

«Nicht nur reden ...»

Eröffnungsrede von Homolulu II

(1992)

Im Oktober 1992 wurde im vereinten Berlin der Versuch unternommen, an das 1979 in Frankfurt/Main organisierte Festival Homolulu anzuknüpfen. Damals hatten die Maintöchter mit ihrem Stück «Die Wildnis der Doris Gay» einen bedeutenden Anteil am Erfolg des schwulen Polit-Festivals – vielleicht ein Grund dafür, dass Andreas Meyer-Hanno gebeten wurde, die hier erstmals veröffentlichte Eröffnungsrede (NL 206) zu halten. Einen Erfolg wie Homolulu I, wie es fortan genannt wurde, stellte das Treffen im Oktober 1992 in Berlin allerdings nicht dar.

Ich tue mich immer schwer damit, Ansprachen zu halten, und so wusste ich bis gestern früh noch nicht, was ich hier heute eigentlich sagen sollte. Ob ich die «Hannchen-Mehrzweck-Stiftung» einer größeren schwulen Öffentlichkeit vorstellen, ob ich Grundsätzliches über «gesamtgesellschaftliche Aspekte eines Homolulu II» absondern sollte, oder was und wie überhaupt. Bis mich der so schwer zu erreichende Jürgen Vetter gestern um halb zehn in groben Zügen darüber unterrichtete, was hier von mir erwartet würde: Persönliche Erinnerungen eines, der bei Homolulu I 1979 dabei war, bewegungsmäßig noch aktiv ist und ein Bogenschlag zu dem, was Homolulu II 1992 leisten könnte: das schwule Treffen, das heute, am Tag der deutschen Wiedervereinigung, beginnt und an dem, im Gegensatz zu 1979, unsere Schwestern aus den sogenannten Neuen Ländern teilnehmen werden, in hoffentlich (!) großer Anzahl. Womit bereits eines der wesentlichsten unterscheidenden Merkmale der beiden Festivals genannt ist: Seinerzeit war das ausschließlich eine Veranstaltung der westlichen Hemisphäre, während nach Öffnung der Grenzen Homolulu II nun für die Menschen hinter dem ehemaligen Eisernen Vorhang zugänglich ist. Sofern sie sich's pekuniär leisten können.

Den gestrigen Tag verbrachte ich im Wesentlichen damit, mich um einen Freund zu kümmern, der früher in Frankfurt/M. lebte, zu den ersten Mitgliedern der schwulen Theatergruppe «Die Maintöchter» gehörte und mit dem zusammen ich dort gespielt hatte. Der dann nach Berlin ging, da als Umlernling Abitur machte, studierte, Lehrer wurde. Und der nun schwer an AIDS erkrankt ist. Ich holte ihn zu Hause ab und fuhr mit ihm in die Arztpraxis, wo er seine täglichen Infusionen von Blut und anderen lebensverlängernden Elixieren erhielt. Der vor mir lag, an drei Infusionsschläuche angeschlossen, war ein anderer Aggregatzustand des Menschen, den ich einmal gekannt hatte: ungeheuer tapfer im Ertragen, doch anscheinend nur noch von seiner Krankheit besessen. Aber sich bis zur Weißglut eifernd über das, was allnächtlich in diesem unseren nun größer gewordenen Lande vorgeht und über die Indifferenz, mit der seine vermeintlichen Freunde diesen schrecklichen und angstmachenden Geschehnissen gegenüberstehen. Für ihn bedeutet Homolulu II heute nichts mehr, da er andere Prioritäten gesetzt hat.

Meine Gedanken gingen zurück in das Jahr 1979. Und ich sehe ihn noch, mit abenteuerlichem Make-up geziert und einem unsäglichen Blumenhut auf dem Kopf, auf Rollschuhen die Gay-Pride-Parade, angeführt von einem Samba-Wagen, auf dem Klaus Plänkers in Tiger-Shorts wild tanzte, umfahren. Und plötzlich war Homolulu I wieder da, seine Euphorie und das Mit- und Hinreißende, das es ausmachte. Bis dahin hatte die Schwulenbewegung, eher im Selbstmitleid verharrend, um gesellschaftliche Akzeptanz ersucht, und nun, plötzlich, besann sie sich ihrer eigenen Kraft, Fantasie, auch ihres Witzes und begann, das Selbstverständliche einzufordern. Im Vorfeld zu Homolulu I hatte es viele Auseinandersetzungen gegeben, und die ganze Unternehmung mit ihrem riesigen Festzelt auf dem Rebstockgelände hing, pekuniär wie organisatorisch, am seidenen Faden. Aber das Wunder trat ein, denn dann klappte schließlich doch alles: Das Zelt stand und war allabendlich zum Bersten voll, das Programmangebot war reich und fand sein Publikum, und der Campus der Universität hatte sich in ein kleines Woodstock verwandelt, kurz, es wurde ein Stück «Wärmer leben» praktiziert.

Vor allem: Die ganze Stadt spielte mit. Ich war mit zwei schwulen Ärzten im Kaufhof, um eine lange Bahn rosa Nessel für ein Transparent zu kaufen. Worauf die Verkäuferin, eine waschechte Hessin, sagte: «Ich weiß schon, für was des is.» – «Für was denn?» – «Na, für Homolulu!», als ob's das Selbstverständlichste von der Welt sei. Auf der Zeil bei der großen Demo dann: nirgendwo Aggressionen, keine Angriffe von Skinheads (die es damals noch gar nicht gab), überall verwunderte, belustigte, schließlich zustimmende Gesichter. Gemeinsam waren wir un-wi-der-steh-lich.

Jede WG rammelvoll, meine Wohnung ein Matratzenlager, das man nur für die paar Stunden notwendigen Schlafs betrat. Frühstück in verschiedenen Schichten, weil die Küche zu klein wurde. Bilder am Rande: Der blutjunge Ralf König, der zum ersten Male einer gewaltigen Ballung von schwuler Kraft gegenüberstand und dessen Entwicklung von da an eine andere Richtung einschlug. Corny Littmann und Gunter Schmidt, die leise die «Moorsoldaten» anstimmten und der Schwulenvernichtung im Faschismus gedachten. Ein wackerer, etwas beleibter Studienrat aus dem Münsterland, von dem wir wussten, dass er auch in Sachen Lederszene nach Frankfurt gekommen war und den wir in seine schwere Montur zwangen, weil die Farbe schwarz, die ja keine ist, als Tupfer in der Demo fehlte. Was wir dem guten Mann an jenem schwülheißen Tag damit angetan hatten – er war einem Herzschlag nahe – erwies sich beim Ausziehen: Die schwarze Farbe, vermischt mit Strömen von Schweiß, war tief in die Poren eingedrungen, und wir mussten den armen Kerl in der Badewanne mit einer Wurzelbürste abschrubben wie ein schlachtreifes Schwein. Klaus Lucas, der, in ein fürchterliches Jackenkleid gewandet, eine grauenhafte Kappe auf dem Kopf, im Arm eine riesige Krokotasche aus Plastik, die Passanten anmachte und ständig von sich gab: «Nicht provozieren! Informieren!!»

Und schließlich ich selber, als Hochschulprofessor im Miriam-Makeba-Kleid auf dem Fahrrad durch die Stadt und allabendlich mit Maintöchters «Wildnis der Doris Gay» auf der kleinen Bühne des Anderen Ufers in der Mercatorstraße, dachte: «Ich bin gespannt, was nun passiert, denn irgendwas wird ja passieren. Entweder du wirst zum Rektor zitiert oder du musst gar nach Wiesbaden ins Kultusministerium, wo man dir sagen wird: ‹Sind Sie wahnsinnig geworden, als Beamter so was mitzumachen?›» Aber nichts passierte. Rein nichts. Was mir nun wieder Mut machte, mich künftig mehr zu exponieren.

Die Erinnerung verklärt, aber ich glaube, mich gut und, vor allem, richtig zu erinnern. Allen, die damals dabei waren, wird Homolulu I unvergesslich bleiben. Homolulu II, dreizehn Jahre später, findet mit einer anderen Generation unter völlig veränderten gesellschaftlichen Bedingungen statt. Ein Teil des vermeintlich gesicherten Terrains an Akzeptanz ist durch Aids verlustig gegangen und muss mühsam zurückerobert werden. Andererseits sind öffentliche Institutionen bereit wie nie zuvor, sich auf schwule Forderungen einzulassen. Sich in diese Instanzen einzubinden, scheint mir die wesentliche Aufgabe der näheren Zukunft zu sein. Ich denke, dass in der Tatsache des plötzlichen Ge- und Beschütztwerdens durch Justiz und Polizei, also der Organe, die uns Schwule immer immer bekämpft haben, auch ein gerüttelt Maß von Subversivität steckt.

Dieser langsame Marsch durch die Institutionen ist nicht gerade lustvoll, sondern dröge und dornenreich. Und, vor allem, sehr unschwul. Wenn BVH und SVD[1] für ihr bevorstehendes Streitgespräch den wunderbaren Titel «Denver contra Dallas» entrüstet abgelehnt und durch einen sachlich zwar richtigen, aber furztrockenen Titel ersetzt haben, ist das ein Ausdruck von Austrocknung des Sinns für schwule Komik.

Wenn ich mir was wünschen dürfte, so möchte ich, dass ein Teil jener Kraft und Fülle, jener Entfaltung schwuler Fantasie und schwulen Witzes, die Homolulu I ausgezeichnet hat, nach dem Verlust von Unschuld auf Homolulu II überspringt.

---

1 Bundesverband Homosexualität (BVH): 1986 gegründeter und 1997 aufgelöster Dachverband regionaler Schwulengruppen in der Bundesrepublik; Schwulenverband in Deutschland (SVD): Im Februar 1990 in der DDR gegründeter Schwulenverband, der sich ab Juni 1990 bundesweit als Alternative zum BVH organisiert hat, seit 1999 LSVD.

Die Ungnade der frühen Geburt

(1994)

Im Juni 1989 traf sich die Projekt-Gruppe für ein «Mahnmal Homosexuellenverfolgung» in Frankfurt zum ersten Mal, im Dezember 1994 wurde der Frankfurter Engel schließlich eingeweiht. Den Text, den Andreas Meyer-Hanno zu diesem Anlass gelesen hat, findet sich im Nachlass (NL 202), wir legen die veröffentlichte Fassung zugrunde: Initiative Mahnmal Homosexuellenverfolgung e.V.: «Der Frankfurter Engel. Mahnmal Homosexuellenverfolgung», S. 108-113.

Wir waren – und sind – unserer sechs. Man kannte sich aus der schwulen Emanzipationsbewegung über anderthalb Jahrzehnte in verschiedenen Intensitätsgraden der Zusammenarbeit. Da hatte es gegnerische Positionen gegeben, Kämpfe um Strategien, die ausgefochten werden wollten (jedoch nie an die menschliche Substanz gingen), aber im Lauf der Jahre hatten persönliche Entwicklung der einzelnen und Achtung voreinander es möglich gemacht, die Konzipierung und Errichtung eines Mahnmals im Gedenken an die Opfer der nationalsozialistischen Homosexuellenverfolgung gemeinsam anzugehen.

Gleiche Ausgangspositionen für alle? Nein, denn etwas unterschied mich von den übrigen fünf Mitgliedern der Gruppe: Sie, in der «Nachseptemberzeit» aufgewachsen, waren zwar mit den durch die Schwulenhatz nicht nur an ihrer Menschenoberfläche Beschädigten ständig konfrontiert, hatten sie selbst aber nicht mehr unmittelbar erlebt, während ich dem Terror gegen alles von der sexuellen Norm Abweichende noch mit dem eigenen Leibe und mit der eigenen Seele ausgesetzt war. Sie hatten ihre Selbstfindung als sexuelle Wesen schon zu einer Zeit vollzogen, da nicht der Makel, wohl aber seine Pönalisierung getilgt war, während die Jahre meiner Suche nach erotischer Identität ausschließlich geprägt waren von heilloser Angst vor dem, was da in mir steckte und was ich mir nicht einzugestehen wagte.

In «Vorseptember-» und «Nachseptemberzeit» unterschied man in den frühen 70ern die Jahre vor und nach der partiellen Liberalisierung des Paragrafen 175 am 1. September 1969, und tatsächlich markiert dies Datum einen entscheidenden Unterschied für die vor oder nach ihm Heranwachsenden: Diese erlebten Familie und Umfeld noch als ihren Selbstverwirklichungsbedürfnissen oftmals ablehnend entgegenstehende Autoritäten, aber sie konnten sich nunmehr ungestraft organisieren, fanden emanzipatorische Initiativen bereits vor oder gründeten selber welche. Während jene gar nicht auf die Idee kommen konnten, dergleichen anzugehen, da allein das Offenbarwerden der Neigung zum eigenen Geschlecht ihr Weggedrücktwerden an den Rand der Gesellschaft, wenn nicht gar die Auslöschung ihrer sozialen Existenz zur Folge gehabt hätte. Aus diesem Grund muss mein Blick auf den Frankfurter Engel ein anderer sein als der meiner Mitstreiter, ebenso wie die Motivation, ihn zu erkämpfen, eine unterschiedliche war. Mir als gebranntem Kind der «Vorseptemberzeit» war eine Zeichensetzung in der Öffentlichkeit auch ein sichtbarer Hinweis auf eigene frühe Verletzungen.

Die Aufbruchsstimmung in den frühen Jahren der zweiten deutschen Schwulenbewegung konnte von den in 24 Jahren Nachkriegsgeschichte Ge- und Beschädigten kaum geteilt werden. Dass viele sich, nachdem die Strafverfolgung abgeschafft und die Basis für eigenständige schwule Lebensweisen gelegt war, so ganz und gar nicht in die Bewegung zu integrieren vermochten, hängt gewiss mit den Verwundungen zusammen, die ihnen zugefügt worden waren. Die Fähigkeit zum aufrechten Gang war den meisten genommen, weil das Beste, das sie hatten, ihre Zuwendungsfähigkeit, ihnen vergällt, verunglimpft, mit Verbrechen und Kriminalität konnotiert worden war. Corny Littmann brachte das ein paar Jahre später für seine Generation in seinem Lied der Brühwarm-Truppe auf den Punkt: «Sie hab'n mir ein Gefühl geklaut, und das heißt Liebe.» So mussten auch die meisten Versuche scheitern, Rosa-Winkel-Opfer zum Reden über das von ihnen Erlebte zu bewegen. Das Anrühren ihres Schmerz-Grabes war zu leidvoll, und es herrschte nur ein Wunsch vor: der, endlich in Ruhe gelassen zu werden.

Obwohl ich mir über meine Neigungen seit meinem fünfzehnten Lebensjahr im Klaren war, fand mein eigentliches Coming-out erst mit zweiundzwanzig statt, verschoben, immer wieder weggedrängt, fast erstickt im Mief und Muff der 50er Jahre. Das ganz und gar Abscheuliche, das dieser «Veranlagung» offensichtlich anhaftete, trieb mir die Schamröte ins Gesicht. Nein, so werden wie »die« wollte ich nicht, so abartig und krankhaft wie diese Jungensverführer und Hinterlader, diese hüftenschwingenden Schwuchteln mit den gezierten Handbewegungen und ihrer affektierten Sprache. «Verkehrt in homosexuellen Kreisen» und «besucht einschlägige Lokale» las man immer in Kriminalberichten, und die Verquickung von persevem Laster und Verbrechen prägte in mir ein Bild vom Homosexuellen, dem ich keineswegs gleichen wollte. Schrecklich die zahllosen Nächte ohne Schlaf zwischen siebzehn und zweiundzwanzig, in denen sich mir siedend heiß die Frage stellte: «Was wird dann mit dir werden, du Verdammter?» Und immer wieder der absurde Versuch, ans andere, ans «normale» Ufer zu schwimmen, und immer wieder die Verzweiflung, wenn das im Moment des Vollzugs scheiterte.

Ich hatte viel Glück. Vom Augenblick an, da ich mich selbst annahm, lebte ich offen schwul und kam dennoch mit dem Strafrecht nie in Berührung. So waren es eher die kleinen, miesen, einer Blockwart-Mentalität entspringenden Piesackereien aus meinem nachbarlichen Umfeld, die mir das Leben schwermachten: faulendes Laub und ein Zettel mit hässlichen Beschimpfungen im vollgestopften Briefkasten, anonyme Briefe, öfter das in den Autolack eingekratzte »schwule Sau«. Eher beiläufige, doch verletzende Aggressionen, die immer dann auftauchten, wenn nach einem Wohnungswechsel der Nachbar spitzgekriegt hatte, was Sache war, und die regelmäßig nach einer gewissen Zeit verschwanden, wenn man etwa dem abwesenden Nachbarn zum ersten Mal das Geld fürs Hör Zu-Abo ausgelegt hatte oder ihm nach und nach klar wurde, dass man es nicht unbedingt auf Verführung seines halbwüchsigen Sohnes angelegt hatte.

Und doch: Zwischen den Engel und mich schieben sich immer wieder Bilder, die aus der Erinnerung an die Quälerei der frühen Jahre auftauchen: mein Ex-Lover Karlheinz in Wuppertal, der eines Tages schreckensbleich auf der Türschwelle stand, eine Tasche in der Hand, die er mich aufzubewahren bat, da er eine Hausdurchsuchung zu befürchten hatte. Eine Tasche, in der sich Briefe, Fotos und ein paar der harmlossentimentalen «Freundschaftshefte» der 50er Jahre befanden, die seine sexuelle Orientierung preisgegeben hätten. Was war geschehen? Er hatte sich auf einen Neunzehnjährigen eingelassen, der als Schwuler aufgekippt und in die Fänge der Polizei geraten war, dann ausgequetscht und mit der Aussicht auf Straffreiheit erpresst wurde und schließlich all seine Partner hochgehen ließ. Hexenjagd in der Stadt, zwei Selbstmorde, zahlreiche vernichtete Existenzen. Wie erwartet, fand die Durchsuchung statt, und Karlheinz wurde an seinem Arbeitsplatz, dem Postamt, verhaftet, weil, wie immer in solchen Fällen, die gesellschaftliche Vernichtung einer Existenz intendiert war. Er kam mit einer Geldbuße davon, aber seinem Status als Postbeamter war ein Ende gesetzt.

«Im gleichen Tritt die Treppe rauf» heißt mein ältester und unendlich oft gehaltener Vortrag, der über die Lebens- und Liebesbedingungen von Schwulen in der «bleiernen Zeit» Auskunft gibt. Sein seltsamer Titel bezieht sich auf die Wohnsituation meiner frühen Theaterjahre als «Möblierter Herr»: Der Hausbesitzer, mir durchaus feindlich gesinnt, hatte Verdacht geschöpft und beargwöhnte meinen Umgang. Als dann die große Liebe zu meinem lebenslangen Freund Walter ausbrach, mussten er und ich, wenn wir zusammen sein wollten, immer so lange warten, bis im Hause alles dunkel war, um dann im gleichen Schritt die Treppe in den vierten Stock hinaufzuschleichen, damit sich das Geräusch wie der Tritt eines einzelnen anhörte. Wären wir dort gemeinsam von der Polizei erwischt worden, hätte man uns unzuchtsmäßig zwar nichts anhängen können (die entsprechenden Ausreden hatte man sich zurechtgelegt), aber in die Rosa Listen hätte man uns als «Homoeventuelle» in jedem Fall eingetragen.

Ein Bild, das immer wieder auftaucht: Walter, aus dem gemeinsamen Bett gesprungen, in Windeseile in seine Klamotten geschlüpft, eilends durch eine Luke aus der Mansarde geklettert und nun platt auf der Schrägung des Teerdachs liegend. Weil der Hausbesitzer am Sonntagmorgen von Wohnung zu Wohnung ging und sich laut schimpfend über irgendwelchen ins Haus geschleppten Dreck beschwerte. Als er dann bei mir klopfte, ahnte er nicht, dass sich im Bett vor wenigen Minuten noch zwei Männer geliebt hatten. Wehe uns, wenn er das mitgekriegt hätte! Er gehörte zu den Personen, die sofort die Kripo alarmiert hätten.

All diese Verfolgungen sind nichts im Vergleich zu dem, was den Homosexuellen in den Jahren der nationalsozialistischen Herrschaft angetan worden war. Und dennoch: Die Häufung von derlei Matratzenschnüffeleien (die «Sitte» wäre nicht davor zurückgeschreckt, unsere Bettwäsche im Labor auf Spermaspuren untersuchen zu lassen) und die ständige Furcht vor dem Zugriff der Öffentlichkeit auf den privaten Bereich schufen ein Klima von Angst, in dem die geradlinige Entwicklung eines Heranwachsenden kaum möglich war. Die Liebesfähigkeit der meisten von uns wurde zuschanden gemacht, und als Verbogene und Verquälte bevölkerten wir die klägliche, all das durch eine angesagte Fröhlichkeit übertünchende Subkultur.

Und andere Bilder tauchen auf und schieben sich vor den Engel: ich, als halbjüdisches Kind mit zehn vom Gymnasium geflogen und nun den Quälereien meiner Nazimitschüler und meiner Nazilehrer in der Steglitzer Volksschule 3 ausgeliefert. Als «Itzig» in den Klassenschrank gesperrt, dieser, Tür nach unten, auf die Erde gelegt, und die halbe Klasse trampelte und polterte auf ihm herum, bis mir Eingeschlossenem fast das Trommelfell platzte. Oder die Ödnis der im Dachbodenversteck verbrachten Tage bei meiner Tante Erna in Babelsberg, wenn in Berlin Gestapo-Razzien angesagt waren und alle, die's hätte treffen können, in ihren Schlupflöchern verschwanden.

Auch hier: keine Anne-Frank-Geschichte, aber genug für ein Kind, denk' ich, um es sein Leben lang die Unbefangenheit gegenüber staatlicher Institution verlieren zu lassen. Und die Wurzel von diesem wie jenem scheint mir die gleiche: Hass auf alles Nicht-Konforme. Dass ich mein jüdisches Coming-out vergleichsweise gut bewältigte, mag an der geglückten Initiation durch meine Mutter gelegen haben, die mir Sechsjährigem so etwas wie Jewish Pride vermittelte. Ich hatte sie bei einem Gang zum Schuster auf dem Laubenheimer Platz in Berlin vor einen Schaukasten gezerrt, in dem die neueste Ausgabe von Julius Streichers Hetzblatt «Der Stürmer» aushing – wohl ein Racheakt der Nazis gegen die Bewohner der als wildes Antifa-Nest berüchtigten Wilmersdorfer KÜNSTLERKOLONIE. «Guck mal», sagte ich, auf eine der krummnasigen Judenkarikaturen weisend, «das ist ein Jude, und wenn du dem die Hand gibst, wird sie schwarz und fällt ab». Meine Mutter, dabei die Einkaufstasche auf die Erde stellend: «Wer hat dir denn das erzählt?» – «Och, die Kinder auf dem Platz.» – «So, jetzt will ich dir mal was sagen, was du noch nicht weißt: Ich bin selbst eine Jüdin, nur dass ich nicht so aussehe wie der da. Und du bist ein halber. Das ist nichts, auf das man besonders stolz sein muss, das gehört zu einem wie die Farbe der Augen oder der Haare. Nur: Im Moment werden wir Juden schrecklich verfolgt. Und wir müssen stolz auf unser Judentum sein, so blöd das ist, denn sonst werden wir nicht überleben.»

Ich schluckte und begriff sehr langsam: bestehen können, indem man auf etwas stolz ist, das in keiner Weise ein Verdienst, sondern etwas ist, für das man im Grunde gar nichts kann. Mit dieser Initiation legte meine Mutter in mir die Möglichkeit an, mich später und nach langem Herumgeplage auch als schwulen Mann zu akzeptieren.

Bei vielen meiner Generationsgenossen ist die Notwendigkeit des Mahnmals umstritten; die Ablehnung reicht vom plumpen Ärger über ein paar verlorengegangene Parkplätze in der Innenstadt (oder ist es eher die Angst, die «Normalbevölkerung» könnte ihren Ärger über die fehlenden Parkplätze uns Schwulen anrechnen?) bis zur Frage nach seiner Gestaltung: «Was haben wir eigentlich mit Engeln zu tun?»

Auch mein alter Freund Walter – der auf dem Teerdach – opponierte ganz heftig gegen das Mahnmal, offenbar weil es etwas aufwühlt, das besser unangetastet bliebe. «Wir haben's ja doch ganz gut jetzt – warum also nochmals daran rühren?» Wobei sein Erinnern – und das der meisten aus der Vorseptember-Generation – ausschließlich das «Gemütliche» der schwulen Nachkriegs-Enklaven in seinem Filter belässt, während das Schmerzliche in den See des Vergessens geflossen ist. Man neigt zum Verklären und erinnert folglich falsch.

Gebranntes Kind scheut das Feuer. Vielleicht bin ich als Kind meiner Zeit empfindlicher für Anzeichen von Rückfällen hinter einmal Erreichtes, vielleicht auch nur vorsichtiger als die Jüngeren, der heutigen öffentlichen Akzeptanz von Schwulen ganz vorbehaltlos zu trauen. Wie dünn dies Eis sein kann, hat das schnelle Wiederaufleben aller schwulenfeindlichen Ressentiments in den Jahren früher Aids-Hysterie gezeigt. Und selbst für viele, die sich zu den «Aufgeklärten» zählen, behält Homosexualität noch immer einen Hauch von Anrüchigkeit. Dennoch: Ein gesichertes Terrain, das durch Aids wegzubrechen drohte, hat gehalten, hat sich sogar gefestigt und trägt auch einen Engel.

Als aber die Stadt Frankfurt, trotz bekundeter Bereitschaft zur Errichtung des Mahnmals, seinerzeit kein Geld für den Wettbewerb und Bau hatte, wurde ich doch misstrauisch. So wie es mich später wiederum stolz machte, als der überraschende Erfolg der Spendenaktion den Bau des Mahnmals letztlich «aus eigener Kraft» ermöglichte. Emotionen, wo man auch hingreift – was Wunder, da Narben wieder zu brennen beginnen? Als die Anfragen bei möglichen FestrednerInnen aus Kultur und Politik mit einer Absage beantwortet wurden, meinte ich sofort, der Grund könne nur in der Angst vor dem Engagement für ein noch immer anstößiges Thema liegen.

Dass der Festakt in der Paulskirche mich dann die Absagenden nicht vermissen ließ, war eine unerwartete Erfahrung. Auch wenn die Nicht-Präsenz so mancher, die vielleicht glauben, sie hätten einen Namen zu verlieren, wenn sie öffentlich mit Schwulen und mit Schwulsein in Berührung kommen, mir zu denken gab. Ach, hätten sie doch wenigstens zu diesem Anlass ihren Mut gezeigt! So aber war man more or less «unter sich», was eine gewisse Konsequenz, aber auch seine Schönheit hatte.

Der kleine, anmutig rührende Engel steht nun da, und alle Befürchtungen, er und sein jüngst als Beispiel für Platzgestaltung sogar ausgezeichnetes Umfeld könnten der Verwüstung anheimfallen, sind bislang ausgeblieben. Neulich habe ich ihm eine Zigarettenkippe entfernt, die ihm ein Scherzbold zwischen die Lippen geklemmt hatte. Das war einer der wenigen Augenblicke, da sich die Bilder, die sich zwischen ihn und mich drängen, verflüchtigten.

Hannchen Mehrzwecks Leben in Frankfurts Nordend West

(1994)

> *«Ein Ort, überall. 18 Erfindungen von Heimat» hieß eine 1994 im Magnus-Medien-Verlag erschienene Anthologie, an der zahlreiche schwulenbewegte Künstler-Persönlichkeiten beteiligt waren. Auch Andreas Meyer-Hanno war in dem Band vertreten (S. 113-126) – mit einer doppelbödigen Hommage an seinen Wohnort Frankfurt.*

> Ceci tuera cela (Dies wird jenes vernichten)
> Victor Hugo

Vor dem Haus das ständige Rattern einer Betonmischmaschine, nach hinten raus das einer zweiten, Dreck und Baulärm seit fast zwei Jahren, und kein Ende abzusehen. Da hat ein Wahnsinniger, einer mit Geld, das Nebenhaus gekauft, die Mieter vertrieben und versucht nun, aus dem bieder spätklassizistischen Haus so etwas wie eine Luxusresidenz zu machen. Mit draufgesetztem Penthouse und einem an die Rückfassade rangeklotzten Außenfahrstuhl, unangemessen aufgemotzt, kurz: Frankfurt am Main, Nordend West. Frankfurt-Bankfurt-Krankfurt, die am höchsten verschuldete Stadt Deutschlands und gleichzeitig eine, in der Geld keine Rolle zu spielen scheint, obwohl dauernd von ihm die Rede ist.

Die so übel beleumundete Stadt hatte ich nur durch gelegentliche Theater- und Museumsbesuche kennengelernt und meinen Schöpfer immer angefleht, mir diesen Ort doch bitte nicht in den Lebensweg zu legen, als just dies passierte: 1976 verschlug mich das Schicksal von der Oker an den Main, obwohl es die Alternative einer Übersiedlung an die Spree, wo meine Wiege stand, durchaus gegeben hätte. Die Zuneigung zu meinem künftigen Arbeitsplatz entschied auf Anhieb, und diese Entscheidung aus dem Bauch heraus, allen karrieristischen Erwägungen zum Trotz, habe ich niemals bereut.

Braunschweig, das war Midlifecrisis gewesen, Berufskrise und Abschied vom Theater, Suchen nach einem neuen Weg. Ende und Anfang zugleich, ceci tuera cela. Schon vor der Studentenbewegung hatte ein Prozess von Politisierung stattgefunden, ausgelöst durch die Bundestagsdebatte über die Notstandsgesetze. Aufgewachsen in einem antifaschistischen Elternhaus, hatte der stalinistische Totalitarismus dem Studenten von 1950 die kommunistischen Flausen so heftig ausgetrieben, dass er fortan die Existenz eines auf die eigene Laufbahn fixierten Ästheten führte, tüchtig, erfolgreich und – karrieresüchtig. Der Opernregisseur von 1967 nahm plötzlich sein Land mit anderen Augen wahr und sah nun, was er in der Bleiernen Zeit nicht hatte sehen wollen. Das Gefühl des Mitschuldigseins an der Restaurierung der alten Strukturen und der Versuch von Aufarbeitung und Neuorientierung rückten das Interesse an Oper und Theater aus dem Zentrum. Der Eintritt in die Schwulenbewegung, vier Jahre vor der Übersiedlung nach Frankfurt, war eine logische Konsequenz.

Nun war für mich die Berufung zum Leiter der szenischen Arbeit an der Musikhochschule Frankfurt so spannend wie angsterfüllt: Wie würde ich, Großstadtkind, aber dem Leben in einer Metropole seit zwanzig Berufsjahren entwöhnt, einen Neubeginn in der großen und zunächst abweisenden Stadt bewältigen? Aber alles schien auf Anhieb zu klappen: Die Wohnungssuche, auf zwei vermutlich fürchterliche Wochen anberaumt, erwies sich als unproblematisch, weil gleich die erste Behausung; die ich ansah und in der ich noch jetzt lebe, sich als Trouvaille herausstellte, die mir gleichsam in den Schoß fiel. Sie liegt 326 Schritte von Arbeitsplatz entfernt in einer ruhigen Seitenstraße des Nordends zwischen zwei Ausfallstraßen, die vom Eschenheimer Turm nach Norden abzweigen, in einer – seinerzeit – kleinbürgerlich-studentischen Wohngegend mit viel «Lebensqualität», kleinen Geschäften, Bürgertreff, Umweltläden. Kurz, sie war genau das, was ich mir vorgestellt hatte. Good neighborhood, wie die Amerikaner sagen würden.

Auch in der Hochschule fühlte ich mich wohl, zumal eine unter günstigen Sternen zustande gekommene Einstands-Inszenierung mich dort auf beiden Beinen landen ließ.

Aber die Stadt selbst? Amerikanisierter Moloch, permanente Baustelle, Hure Babylon, neben Kopenhagen die einzige Stadt Europas, in der man vom Hauptbahnhof direkt ins Glitzerbordell fällt? Wie würde ich in ihr leben?

Im Bewusstsein des Glücks, in einer Nische gelandet zu sein, begann ich nach Abklingen der Umzugswirren über den Zaun meines Szene-Ghettos hinauszuspähen und die Stadt an den frühen Sonntagmorgen sektorenweise mit dem Fahrrad zu erkunden, um festzustellen, dass Frankfurt im Vergleich zu anderen Großstädten eher klein ist, denn innerhalb eines Zirkelschlags von anderthalb Kilometern rund um den Römer liegt schon fast alles, was an der Gemeinde bemerkenswert ist. Zwar ufert die Stadt aus – Bonames, die Nordweststadt und eine Reihe von Trabantenstädten (nicht nur am Fuße des Taunus, sondern in alle Richtungen) –, aber der Stadtkern ist klein und übersichtlich.

Der Schriftsteller Horst Krüger, zu dessen Lesepublikum ich seit langem gehöre und den ich ziemlich bald nach der Übersiedlung kennengelernt hatte, prophezeite mir, dass ich mich am Main wohlfühlen würde. Er, ebenfalls Berliner und seit langem in Frankfurt lebend, hatte sich in mehreren Aufsätzen über die Wesensverwandtschaft beider Städte geäußert. «Frankfurt», so sagte er, «ist die Stadt, an der die deutsche Nachkriegsgeschichte mit all ihren Widersprüchen vollkommen ungeschönt abzulesen ist. Überall sind Fassaden aufgerichtet worden, hier aber nicht. Und diese Knochenehrlichkeit, bei aller Räudigkeit, hat was mit Berlin zu tun.» Das hörte sich überzeugend an. Doch die Beziehungen von Menschen und Städten funktionieren nach dem Prinzip von Wahlverwandtschaft – würde Krüger Recht behalten?

Er behielt, aber das konnte ich damals noch nicht wissen.

Zunächst galt es, neben der Stadt die Sub auszuspähen. Was für ein Angebot! Es gab sozusagen alles, fein nach Bedürfnissen geordnet, vom lauschigen Plüschstübchen bis zur scharfen Anmache des Boots, des ersten Frankfurter Lederlokals, wo der selige Rainer Werner F. oft spätabends hinter dem Tresen stand, nachdem er tagsüber seinen Main-Horrortrip auf Zelluloid zu bannen gesucht hatte.

Die Fülle der Möglichkeiten, das Abenteuer, das an jeder Ecke lauerte, verwirrte mich durchaus, der ich, von gelegentlichen Berlin-Besuchen abgesehen, nun zwanzig Jahre lang die zum Kotzen gemütliche, aber überschau- und kalkulierbare Subkultur der deutschen Provinz gewohnt war.

Gleichzeitig mit mir war ein Freund gekommen, ebenfalls aus Braunschweig, der dort bei einer sich gesundschrumpfenden Firma, die zunächst mal die Junggesellen und Homos rausschmiss, seine Arbeit verloren hatte. Nun, die fand er sofort in der neuen und an Möglichkeiten reicheren Stadt. Wir hatten beide in der «Arbeitsgruppe Homosexualität Braunschweig» gearbeitet, und was lag näher, als gemeinsam die Frankfurter Gruppe aufzusuchen, die damals in einem Zentrum in der Wittelsbacher Allee, ziemlich im Norden, tagte?

In einer Stadt wie Braunschweig hatte für uns das Engagement in der Schwulengruppe eine entscheidende Rolle gespielt: Da war Hoffnung, die Dinge aus eigener Kraft verändern zu können, da war Nähe untereinander inmitten einer als feindlich erlebten Umwelt, da war Geborgenheit, Heimat, Aufeinander-Bezogensein. Drei Selbsterfahrungsgruppen arbeiteten parallel. Da gab es die gemeinsame Lektüre von Dannecker/Reiches «Der gewöhnliche Homosexuelle», Aktionen in Schulen, Büchertische, Elternberatung, den schwulen Kochkurs, Kaffeeklätsche, gemeinsame Radtouren und Wanderungen. Kurz: Da war Familie entstanden.

Uns war klar, dass das in einer so großen Stadt wie Frankfurt nicht genau so funktionieren würde, aber wir hatten doch gehofft, da schneller Fuß fassen und uns ein irgendwie ähnliches schwules Arbeitsfeld schaffen zu können. Weit gefehlt: Wir wurden zunächst mal als merkwürdig anachronistische Landpomeranzen beargwöhnt und, im besten Falle, bespöttelt. Vor allem gelang es zumindest auf Anhieb nicht, einen Fuß in die Zentrums-Tür zu kriegen. Für meinen Mit-Neufrankfurter war die Zurückweisung so schockierend, dass er sich schlagartig, und zwar bis heute, aus der Bewegung zurückzog. Ich hatte da wohl ein Mehr an Geduld und hielt durch.

Bald zog das Zentrum ins Nordend, also näher zur Stadtmitte, unter anderem, weil sich die Entfernung zur Sub als besucherfeindlich erwiesen hatte. Am Aufbau dieses Anderen Ufers, achthundert Meter von meiner Wohnung entfernt, war ich dann schon marginal beteiligt, wenngleich ich nie in den *inner circle* gehörte, der weitgehend spontaneistisch orientiert war. Überhaupt galt ich damals als seltsamer Außenseiter: jemand, der Geld verdiente, Steuern zahlte, sogar Beamter war und, oh

Schreck!, Oper machte. Und offensichtlich das Zentrum nur nutzte, um Frischfleisch abzuschleppen. Ha! Wenn die gewusst hätten, dass ich das Inzesttabu unter Bewegungsschwestern so stark internalisiert hatte, dass es in all den Anderen-Ufer-Jahren nur zu einem einzigen, dazu noch misslungenen «innerzentrumsmäßigen» Sexualkontakt kam!

Der Einstieg gestaltete sich für mich so schwierig, weil all das, was mir in Braunschweig wichtig gewesen war, hier abgelehnt wurde. Soziales Engagement und jeder pädagogisch-pflegerische Ansatz wurden sofort abgeschmettert; man dachte zunächst mal an sich selbst und hielt den eigenen Nabel für den der Welt. Es galt auch als höchst anrüchig, einem geregelten Broterwerb nachzugehen. Und die Standardantwort auf die Frage: «Was machst'n du eigentlich?» lautete: «Im Moment mach ich überhaupt nix. Ab nächsten Monat jobbe ich dann mal 'ne Weile, bis ich wieder Stütze kriege.» Mit Selbsterfahrungsgruppe lief gar nichts, hingegen machte fast jeder eine Therapie durch. Harte Zeiten für so 'ne Sendungsbewusste wie mich ... !

Es konnte, im Gegensatz zu Braunschweig, auch kaum zu einer kontinuierlichen Arbeit kommen, weil die Fluktuation in einer so großen Stadt mit einem riesigen Einzugsbereich und einer vielgestaltigen und verlockenden Subkultur einfach zu groß war. Dort hatte es uns mit einem gewissen Stolz erfüllt, der kleinen kommerziellen Barszene etwas Eigenes entgegenzusetzen. Hier in Frankfurt hieß es nun meist gegen elf: «Laden zu und ab in die Sub!»

Die Konzeptionslosigkeit bei der Gründung des «Ufers» musste sich bald verhängnisvoll auswirken. Die Devise «Konzeption hin und her, wenn das Ding erst mal steht, wird es sich schon mit Inhalten füllen» war trügerisch gewesen, denn in dem sperrmüllbemöbelten Gehäuse machte sich nur allzu bald der Frust breit. Aktionisten wie etwa der berserkerhafte Rolf Stein, der im Berlin der Bewegungs-Gründerjahre eine Rolle gespielt hatte und sich nun in seiner Geburtsstadt wiederfand, standen auf verlorenem Posten, weil niemand verstand, ihre Kraft einzusetzen.

Aus dem Zentrums-Frust heraus entstand die Idee, Theater zu spielen, und aus dem, was sich mit kleinen Sketchen bei Feten zögernd an die Öffentlichkeit wagte, wurde dann später die Theatergruppe Die Maintöchter, die mit ihren Stücken bis in die Mitte der 80er Jahre die Republik bereiste. Was zunächst nur als Hobby gedacht war und neben Studium oder Beruf einherging, wurde spätestens nach Homolulu I, zu dem die

«Töchter» ihr Stück «Die Wildnis der Doris Gay» herausgebracht hatten und woraufhin es Einladungen in andere Städte regnete, ernsthafte und passionierte Beschäftigung mit den Möglichkeiten schwulen Theaters.

Die Maintöchter verstanden sich weniger als Theater- denn Selbsterfahrungsgruppe, und die inhaltliche wie persönliche Auseinandersetzung ist bis heute, wo die Gruppe nach wie vor besteht, nur eben nicht mehr Theater spielt, wesentlich geblieben. Und als das Andere Ufer nach fünf Jahren des Bestehens an seinen inneren Widersprüchen zugrunde ging, überlebten die Maintöchter. Ich selbst war inzwischen in Frankfurt heimisch geworden, nicht zuletzt durch die Arbeit mit und an ihnen. Da gab es plötzlich Familie, da gab's ein Daheim.

Ceci tuera cela – dies wird jenes vernichten», so nennt Victor Hugo im «Glöckner von Notre Dame» das Kapitel, in dem das mittelalterliche Paris beschrieben wird und in dem der Autor seine kulturphilosophischen Thesen darlegt, nach denen eine Kultur nur dann lebensfähig ist, wenn sie einen Teil von der, die vor ihr bestand, zerstört, um Platz für Neues, Eigenes zu schaffen. Das, was bei Hugo wertfrei gemeint ist, lässt sich ohne weiteres auf mein Dasein in der Stadt am Main übertragen.

In den Achtzigern wurde von der Wallmann-Regierung alles darangesetzt, die Stadt Frankfurt von ihrem schlechten Image zu befreien. In diesem binnen kurzer Zeit hochgefönten und schnieken Ambiente waren ihre inneren Widersprüche zwar nicht beseitigt, aber geschickt verkleistert. Dieses wird jenes übertünchen. Stadtteile verloren innerhalb von zwei Jahren ihr Gesicht und bekamen ein anderes verpasst, das dem vergleichbarer Städte zum Verwechseln ähnelte. Die Schweizer Straße in Sachsenhausen wurde von einer Kleine-Leute-Zeil zu einem Flanier- und Einkaufsboulevard mit Benetton, Le Sac und Palais des bières. Wenn früher die High Society nach Wiesbaden fahren musste, um sich schicke Klamotten zu kaufen, so konnte sie das nun in den Mauern ihrer Stadt erledigen.

Der Oeder Weg, die Hauptstraße meines Wohnviertels, war ursprünglich als Fortsetzung der umsatzträchtigen Schillerstraße nördlich vom Eschenheimer Turm geplant. Nur hatte das nie so recht geklappt, weil in einer WG- und Kleinbürgergegend der Bedarf an Luxusartikeln gering war. Ein Laden schloss nach dem anderen, und bei den Nachfolgern war bereits abzusehen, wann deren Ende nahen würde.

Inzwischen ist diese Straße genau das geworden, was sie einst werden sollte und was immer misslungen war. Wenn Frankfurt, wie so oft behauptet, eine Kopie New Yorks *en miniature* ist, dann im Rausputzen ehemals volkstümlicher Wohngegenden. Als das Village dem Prozess der *gentrification* zum Opfer fiel, zogen die Alternativis nach Soho, als das plötzlich in und damit unbezahlbar wurde, an die Lower East Side. Wie schnieke es da heute aussieht, wo vor einem Jahrzehnt noch Ruinen standen, zeigen mir die Fernsehbilder. Vorboten dieser Entwicklung waren stets Restaurants, *art galleries* und, was es hierzulande nicht gibt, Cafétheater.

Wenn ich aus dem Fenster sehe, erblicke ich eine gewiss für Unsummen mit einem postmodernen Portikus versehene Kunstgalerie. Da war früher die nette und sehr schwulenfreundliche Szene-Kneipe Schmendrick. Wenn ich den Oeder Weg entlanggehe, entdecke ich jedes Mal, dass wieder etwas Liebgewordenes und Vertrautes weg ist: Bandagengeschäft weg! Drogerie weg! Polsterei weg! Dafür Antiquitätengeschäfte, Sylvias feiner Laden, Kindermodenshops und Luxus-Frisiersalons, die meisten auch auf Kunstgalerie geprasselt. Und wo es früher kaum ein Lokal gab, ist nun jede Seitenstraße gesäumt von einem Restaurant oder einem Bistro, wo *junk food* in anspruchsvoller Form serviert wird. Alle gut besucht von Leuten, die man früher hier nie sah, Anzug, Krawatte, schwarzer Übergangsmantel. Da in der Innenstadt – also dem Gebiet innerhalb des alten Befestigungsrings – Wohnraum nicht in gewerblich genutzten umgewandelt werden darf, fressen sich die Werbeagenturen und Computerfirmen, die Anwaltspraxen und Versicherungsbüros immer weiter in die dem Cityring angrenzenden Bezirke. Die vielen freundlichen Handwerksbetriebe in den Hinterhöfen sind verschwunden. Mein Viertel hat einen anderen Charakter angenommen, dies hat jenes vernichtet.

Luxussanierungen haben die Wohngemeinschaften, die zum Schluss eher Gemeinschaftswohnungen waren, verschwinden lassen. Mein Nebenhaus zur linken, einst ein reines WG-Haus, ist verkauft und von einigen seiner früheren Bewohner, die nun inzwischen brav verheiratet und mit Kindern gesegnet sind, erworben worden. Und was haben meine lieben Linken als erstes gemacht? Den verwunschenen Garten, wo mir vor Jahren ein Engel in Gestalt der Katze Pussy zulief, mit hässlichen Betonsteinen plattieren lassen, um Parkplätze für ihre Autos zu schaffen. Verständlich, aber scheußlich. Eigentlich gut, dass mir nun der besagte

Glaskorpus des Fahrstuhls den hässlichen Anblick ein wenig verstellt. So mildert ein Übel das andere. Dieses wird jenes vertuschen.

Noch fühle ich mich in meinem Haus, in dem ein Teil der Mieter durch mich und meine gute Beziehung zu unserem Hausherrn seine Wohnung bekam, geborgen. Aber das, was ringsumher geschieht, erfüllt mich mit Sorge. Die freundschaftlichen, oft ganz spontanen Kontakte mit Leuten aus den Nebenhäusern bleiben aus, weil dort das große Geld Einzug gehalten hat. Das früher so fröhliche Straßenfest, zu dem all die Weggezogenen für ein paar Stunden zurückkehrten, ist nun von Sektbar- und Edelfresspavillons geziert, und wenn du keinen Fuffi rausrückst, bist du nicht satisfaktionsfähig. Alles trifft sich hier außer den Bewohnern dieser Straße, eigentlich schade!

Andererseits: In meinem Viertel sind auch viele Dinge entstanden, an die vor anderthalb Jahrzehnten niemand zu denken wagte. Aus dem jüdischen Gymnasium Philantropin in der nahen Hebelstraße ist ein Bürgerhaus geworden, das dem fabelhaften Freien Schauspielensemble einen Spielraum bietet. Nicht weit davon hat sich, unterstützt von Freunden und privaten Sponsoren, in einer ehemaligen Matzen-Bäckerei das Freie Theaterhaus etabliert, und zwei Ecken weit von mir liegt das hochanspruchsvolle Programm-Kneipenkino Mal sehn, in dem häufig schwule Filmreihen veranstaltet werden. Und bewegungsmäßig? Wenn ich in den Reisejahren mit den Maintöchtern früher in Städte wie Bielefeld, Nürnberg, Osnabrück oder Bremen kam, in denen sich emanzipatorisch etwas getan hatte (was an der Aufgeschlossenheit des Publikums spürbar war), kam ich mir als Frankfurter reichlich hinterwäldlerisch vor. Das hat sich grundlegend geändert, nicht zuletzt durch die Arbeit von Hans-Peter Hauschild, von dessen Charisma viele Impulse ausgingen, die noch nach seinem Weggang nach Berlin fortwirken. Das Switchboard als Außenstelle der Aids-Hilfe einzurichten, der Stadt das Lesbisch-Schwule Kulturhaus mit einer im Kulturetat fest verankerten Subvention abzuringen, all das wäre noch vor ein paar Jahren unvorstellbar gewesen. Der Beschluss des Magistrats, den aus einem Wettbewerb hervorgegangenen Entwurf der Rosemarie Trockel für ein Mahnmal Homosexuellenverfolgung zu verwirklichen, steht fest, und es stellt sich jetzt die Frage, wie das nötige Geld angesichts der Leere städtischer Kassen zu beschaffen ist. Auch hier wird privates Engagement gefragt sein.

Zu den meisten dieser Initiativen stehe ich in Beziehung. Sie werden getragen von einer Generation, die nicht mehr die meine ist, von der mich Welten trennen, mit der sich's jedoch arbeiten lässt. Pragmatisch, gut organisiert und eigentlich unpolitisch, verfolgt sie die Realisierung ihrer Vorstellungen, wobei ihr inhaltliche Auseinandersetzung eher schwerfällt. Da wird nichts mehr zerredet, weil eigentlich überhaupt nicht mehr miteinander geredet wird. Während im Ufer jede Diskussion sofort personalisiert wurde und die Emotionalisierung jeglicher Debatte zu heftigen Schlägen unterhalb der Gürtellinie führte, geht es in den Kulturhaus-Plena vergleichsweise zivilisiert zu. Bei einem Renovierungs-Termin im alten Zentrum erschien grundsätzlich keiner von denen, die zugesagt hatten; geht es jetzt um das Beseitigen von Bauschutt im noch unfertigen Parterre in der Klingerstraße, kommen alle, die's versprochen hatten, und noch ein paar mehr. Die eigene Befindlichkeit, einst Achse, um die sich die Welt zu drehen schien, bleibt heute außen vor, und an die Stelle von Unfähigkeit zum Handeln vor lauter Grundsatzdebatte ist heute der zweckgerichtete, oftmals unreflektierte, in jedem Falle aber leidenschaftslose Aktionismus getreten. Der Triefigkeit und Trübetümpligkeit von ehedem steht die eher genussorientiert-amüsierlustige Haltung einer Generation gegenüber, die die Lektion, dass sich Leistung wieder lohnt, brav gelernt hat. Nein, um den Bestand der gegenwärtigen Aktionsorte in Frankfurt muss man sich keine Gedanken machen.

Nach meiner Pensionierung 1992 hatte ich gedacht, mein Leben aufzuteilen zwischen Frankfurt und Berlin, wo ich eine Wohnung habe. Die Resultate eines praktischen Versuchs waren verheerend: Nach einer zweieinhalbmonatigen Abwesenheit von Frankfurt hatte ich dort die Bezüge zu meinen Initiativen – Maintöchter zuvörderst, Mahnmal, Kulturhaus – verloren und brauchte geraume Zeit, um wieder in die gewohnten Zusammenhänge hineinzukommen. Und in Berlin, das wurde mir klar, bin ich nicht mehr zu Haus; die Freunde aus der Elterngeneration fast alle weggestorben, die aus der meinigen, Berlin-Exodusgewohnten, bis auf wenige Ausnahmen jetzt in Westdeutschland. Ich bin nicht mehr in dem Alter, in dem man sich einen neuen Freundeskreis aufbaut. Nein, mir wurde klar, dass meine Reiche am Main liegen.

«Dieses wird jenes vernichten», kann man auch, etwas unblutiger, auf Privates anwenden, würde dann aber besser sagen: «dieses wird an die Stelle von jenem treten». Mein Arbeitsleben ist weitgehend abgeschlossen, und ich unterrichte weiterhin das mir gastweise erlaubte Stundendeputat. Die Freiheit liegt darin, zu können und nicht mehr zu müssen. Natürlich hatte ich aus Angst davor, in das berüchtigte Rentner-Loch zu fallen, vorgesorgt und mir ein Laufstühlchen von Betätigungen gezimmert. Und dabei manchmal des Guten zu viel getan. Ein Equilibrium zwischen Tätigkeit und Ausspannen zu finden, das wird die Aufgabe der Zukunft sein. Als alter Preuße muss ich mich dazu zwingen, «Frau im Morgenrock» zu sein. Einen Regentag im Bett verschlunzen, lesen, was sich da alles angesammelt hat, Videos, und nicht nur cineastische, gucken, Platten hören, Briefe schreiben. Im April, eh es heiß wird, nach Apulien fahren und Staufenschlösser besichtigen, mich von Karl, meinem Freund, in sein geliebtes Australien entführen lassen, alles Dinge, die während des Berufslebens nicht möglich waren. Oder einfacher: Mit dem Roller nach Hofheim fahren, Brombeeren klauen und Marmelade kochen. Oder, noch einfacher, auf den Lohrberg radeln und von oben auf Frankfurt, auf *mein* Frankfurt schauen.

CSD-ANSPRACHE 28. JUNI 1997

(1997)

1997 war ein für die Homosexuellenbewegung besonderes Jahr. Zum 100sten Mal jährte sich die Gründung des Wissenschaftlich-humanitären Komitees von Magnus Hirschfeld, die Geburtsstunde der ersten deutschen, der internationalen Emanzipationsbewegung der homosexuellen Männer und Frauen. Die Berliner Akademie der Künste und das Schwule Museum Berlin zeigten eine gemeinsame Ausstellung, begleitet von zahlreichen Rückblicken. Werner Hinzpeter scheuchte die Bewegung mit einem kritischen Zwischenruf auf. In Anlehnung an Aldous Huxleys «Schöne neue Welt» titelte er sein Buch «Schöne schwule Welt». Die Bewegung feierte sich selber und fand sich in erregten Diskussionen. Andreas Meyer-Hanno sprach in dieser Situation auf der Berliner CSD-Demonstration (handschriftliches Manuskript NL 205).

Im Augenblick erregt das Buch «Schöne schwule Welt» von Werner Hinzpeter die schwulenbewegten Gemüter, und im Veteranen-Gespräch im Rahmenprogramm der Akademie-Ausstellung hat sein Autor von Seiten der Bewegungssenioren heftige Schelte einstecken müssen. Auf die er übrigens gescheit parierte. Das Buch, um es auf einen Nenner zu bringen, zeigt, wie herrlich weit ‹schwul› es mittlerweile gebracht hat und wendet sich gegen das allgemeine Gejammer der Schwulenverbände. Es zeigte aber auch, dass im Laufe eines Vierteljahrhunderts vieles von dem erreicht ist, was zu Beginn der zweiten deutschen Schwulenbewegung noch utopisch schien.

Ich möchte die Thesen des Buchs nachdrücklich verteidigen. In seinem strategischen Ansatz sehe ich eine Parallele zu dem von Rosa von Praunheim und Martin Dannecker in ihrem Schwulenfilm von 1970 verfolgten

Prinzip, die Schwulen aus ihrer Opferrolle herauszuholen und sie dabei zu provozieren, ihre Forderungen nach Akzeptanz nicht nur zu artikulieren, sondern auch durchzusetzen.

Nicht ohne innere Bewegung spreche ich heute auf dem gleichen Platz, an dem ich vor dreiundzwanzig Jahren meine erste Schwulendemo auf dem Pfingsttreffen der HAW, der Homosexuellen Aktion Westberlin, mitmachte. Als aus Westdeutschland angereister Berliner, der sich in seiner Heimatstadt zum ersten Mal als Schwuler öffentlich machte, konnte ich das damals eigentlich nur durch den Schutz der Gruppe ertragen. Die war eher ein Fähnlein von Aufrechten, nicht gerade ein versprengtes Grüppchen, aber doch ein relativ überschaubares, das durch ein feindseliges, verbiestertes, wenn nicht gar flaschenschmeißendes Spalier von Passanten Spießruten laufen musste. Im Anschluss daran Manöverkritik über den Ablauf der Demo und heftige Schelte von einem Teil der Bewegungsschwulen für eine herbeigereiste italienische Gruppe, die gewagt hatte, im Fummel zu demonstrieren und die dadurch die «Innung blamierte», dass sie die Vorurteile der Normalempfindenden gegen Homos zu bestätigen schien. Das war 1974.

Im vergangenen Jahr hatte ich mich mit zwei Mitarbeitern auf dem CSD am Apotheker-Wagen verabredet, aber angesichts der schier unübersehbaren Menge auf dem Savignyplatz und der Vielzahl von Wagen dachte ich: «Die wirst du nie und nimmer finden – das ist wie die Suche nach der Stecknadel im Heuhaufen.» Dennoch fügte der schwule Liebe Gott, dass wir drei ganz woanders als ausgemacht zusammentrafen.

Was für ein Unterschied zu 1974! Statt des mutigen Häufleins von damals eine an die Festwiese in den «Meistersingern» erinnernde, sozusagen ständisch geordnete Parade, die durch ein dicht gedrängtes Spalier von gut gelaunten, amüsierten, die vielen fantasievollen Kostüme beklatschenden Zuschauern zieht. Der Punker neben Schalterbeamten, und erlaubt ist eigentlich alles.

Nun dürfen wir uns, bei allem Spaß an der Freud, keinerlei Täuschung darüber hingeben, dass die Diskriminierung endgültig begraben sei – sie geht verstecktere und verborgenere Wege. Zwar ist durch derlei unbeschwertes Feiern die lesbisch-schwule Community endgültig aus der Leidensrolle herausgetreten, doch immer unübersehbarer wird die Kluft, die sich zwischen den permissiven Großstädten und der nach wie vor miefigen und engstirnigen Provinz auftut. Eine CSD-Demo in einer mittelgroßen hessischen Universitätsstadt etwa lässt mich die gleichen feindselig-verschlossenen Mienen sehen wie 1974 in Berlin.

Wenn ich sage, die Ausgrenzung von Lesben und Schwulen sei versteckter und subtiler geworden, so meine ich nicht nur einen Fall wie das mit Paragrafenfuchserei begründete Verbot der Beflaggung öffentlicher Gebäude mit Regenbogenfahnen zum heutigen Tag durch Berlins Innensenator Schönbohm. Nein: Es gibt Vorgänge, die nicht nur spekulativ antilesbisch-antischwul sind, die doch Berührungsängste, wenn nicht gar heimliche Ablehnung, verraten. So war es der Mahnmal-Initiative in Frankfurt am Main für die Einweihung des Mahnmals für die verfolgten homosexuellen Männer und Frauen in der Paulskirche nicht möglich, einen namhaften Festredner zu gewinnen: Alle angefragten Promis aus Politik und Kultur fanden das Vorhaben großartig und «an der Zeit», waren aber just an diesem Datum unabkömmlich, mussten ein Buch oder eine Inszenierung zu Ende bringen, kurz: man blieb bei der Mahnmalübergabe «unter sich».[1] Weil schwul-lesbisch immer noch etwas leicht Anrüchiges anhaftet und man lieber bedauernd absagt als sich auseinanderzusetzen.

Auch im Vorfeld der Ausstellung in der Akademie Berührungsängste, Vorbehalte immer dann, wenn es um Sexualität ging: Das Gezerre um das Ausstellungsplakat, dem ein zweites, «wohlanständiges» folgen musste, weil die BVG sich geweigert hatte, das erste zu kleben. Dann der Entschuldigungsbrief wegen des zu obszön geratenen Programmheftes. Der Eiertanz des um die Ausstellung hochverdienten Präsidenten Walter Jens um das Wort «schwul» in seiner Eröffnungsrede. Der Professor für Rhetorik hatte sicher keine Ahnung davon, dass der von ihm ständig benutzte Ausdruck «homophil» bei uns Schwulen seit zwanzig Jahren Zielscheibe des Spotts ist, weil er als Synonym für an Hetero-Normen angepasstes Verhalten steht. Und die moralische Rechtfertigung von Homosexualität durch das Zitieren der großen Leistungen, die homophil Empfindende zur Geistesgeschichte der Menschheit beigetragen haben, nötigt uns ebenfalls seit zwei Jahrzehnten nur noch Kichern ab.

Nein, der schwule Käs ist noch lange nicht gegessen. Wie im Märchen vom Hasen und vom Swinegel müssen wir in der Ackerfurche ste-

---

1 Siehe «Die Ungnade der frühen Geburt», oben S. 168 f. (Anm. d. Hrsg.)

hen und rufen «Bün all dor», in allen Lebensbereichen als Lesben und Schwule präsent sein.

Und neben der Durchsetzung unserer politischen Forderungen gilt es weiterhin, uns unserer heterosexuellen Umwelt zuzumuten, mit unserer anderen Sexualität, mit unserer ganz anderen Sensibilität, mit unserer Fantasie, mit unserer Kraft, mit unserer Stärke!

«Die Seele loslassen»

Schwarze Luftballons und ein rosa-lila Fahrrad

(2001)

Eine «sozusagen ständisch geordnete Parade» nannte Andreas Meyer-Hanno in seiner CSD-Ansprache 1997 die Demonstration. Ein ähnliches Bild hatte der Herausgeber des CSD-Lesebuchs «Over the Rainbow» (2001) vor Augen, als er Autorinnen und Autoren einlud, kleine Geschichten aus und über ihren / seinen ‹Stand› zu schreiben. Andreas Meyer-Hanno steuerte einen Text zum Gedenken an die Aids-Toten auf dem Frankfurter CSD bei (S. 53-58).

«Ja, da hätt ich was. Ein erstklassiges 28er-Markenrad mit Sechsgangschaltung. Hat mal 700 Mark gekostet, könntste für hundertachtzig haben. Kauft kein Mensch.»
«Wieso?»
«Wegen der Farbe.»
«Wie iss'n die?»
«Na, rosa und lila, 'n wildes Design.»
«Brauch ich gar nicht erst angucken, ist schon gekauft. Unbesehen.»

Es war vor vier Jahren. Ein paar Tage vor dem CSD wurde mir im Frankfurter Nordend mein Fahrrad geklaut. Die Panzerkette mit einem Bolzenschneider durchgekniffen. Und da ich noch damit beschäftigt war, meinen farblich schwulenpolitisch korrekten, also violetten, Scooter abzustottern, erstand ich für 'nen Appel und 'n Ei das schrillste Fahrrad von ganz Frankfurt.

Die Jungfernfahrt, direkt vom Fahrradhändler zum CSD, dann mal am Kopf, mal am Ende des Zugs, wurde zum Triumph. Zum Triumph für mein Fahrrad.
«Wo hast du denn dieses tolle Fahrrad her?»
«Kannste ganz billig kriegen. Für 180 Mark. Bei Burger-Bikes im Nordend.»
Sage ich, und radle fröhlich klingelnd weiter.

Die Anfänge des CSD in Frankfurt fielen zusammen mit der Hilflosigkeit gegenüber Aids. Sie wurden vor allem durch die Arbeit des charismatischen Hans-Peter Hauschild geprägt. Man verzichtete bewusst auf ein Gedenken an die Vorgänge in New York und stellte Bezüge zur aktuellen Situation in Frankfurt her. Die «Solidarität der Einsichtigen» hatte Rita Süssmuth im Kampf gegen Aids gefordert. Wir griffen den Slogan auf und wendeten ihn gegen die Tendenz der Ausgrenzung, die in ihm steckte. So nannten sich die Demos Mitte der achtziger Jahre nicht *Christopher-Street-Day*, sondern *Solidarität der Uneinsichtigen*. Drogenabhängige und Prostis beiderlei Geschlechts, Abschiebehäftlinge und Knastis, kurz: alle gesellschaftlich Ausgegrenzten, waren einbezogen.

Der Demo-Zug berührte die Brennpunkte in der Innenstadt: den Kaisersack, den Treffpunkt der Junkies am Hauptbahnhof, das Gericht, die Rotlichtbezirke. Und bei jedem Stopp sprach ein Vertreter oder eine Vertreterin der Notgemeinschaften, die der jeweilige Ort etwas anging. Und von Anbeginn spielte diese so genannte ‹Schwulenpest› eine Rolle, galt es doch einerseits, der allgemeinen Hysterie entgegenzuwirken, und andererseits, die relativ spät gegründete Aids-Hilfe Frankfurt im Bewusstsein der Stadt (und ihres Säckels) zu verankern.

Im Laufe der Jahre hat sich der CSD, der dann später auch so genannt wurde, entpolitisiert. Er ist zu dem lauten und schrill-fröhlichen, inzwischen von großen Teilen der Bevölkerung getragenen Spektakel geworden, das er andernorts auch ist. Nach anfänglichen proppevollen Straßenfesten rund ums Lesbisch-Schwule Kulturhaus in der Klingerstraße hat der CSD seinen Platz auf der Konstablerwache, am Ende der Kaufhausmeile Zeil gefunden. Eine große Bühne bildet den Abschluss, während der eigentliche Festplatz von Informations- und Verkaufsständen umringt wird, die ihn nach außen abschotten, doch durch viele Zugänge zu einer transparenten Agora machen.

Indes gibt es ein Moment, das ihn bis heute von allen anderen CSDs unterscheidet – ein Moment, das gerade an seine politischen Anfänge erinnert: Die Gedenkminuten an die Aids-Toten in Frankfurt, die Schweigephase in all dem Trubel, die das stolze Auftreten, das Sichtbarmachen der Schwulen und Lesben verbindet mit der persönlichen Trauer. Schwarze Luftballons – für jeden Toten und für jede Tote – werden in den Himmel gesandt.

Die Idee zu dieser Schweigeminute – es werden fünf, acht oder zehn Minuten – stammt von Rainer Gütlich, dem umtriebigen Manager des CSD in Frankfurt. Sein Freund war an Aids gestorben. «Die Seele loslassen!» – das wollte er an diesem Festtag zeigen, und so wird seit Jahren für jeden an dieser Krankheit verstorbenen ein schwarzer Luftballon in die Lüfte geschickt. Vor sechs Jahren waren es 600, inzwischen sind es über 800.

Ich bin mit meinem buntigen (so sagt man in Hessen) Fahrrad zum Opernplatz geradelt – hier startet der Demonstrationszug. Ich platziere mich an der Spitze der Parade, setze mich irgendwo auf den Rinnstein und lasse sie vorbeiziehen, überhole sie wieder und bilde doch meist das Schlusslicht, wenn sie am Ende die ‹Konsti› erreicht. Das Straßenfest lasse ich dann meist aus, aber kurz vor sechs bin ich immer wieder da auf der nun zum Bersten vollen Wache.

Plötzlich senkt sich Stille auf den lärmigen Platz. Nicht einmal das Klingen von Äppelweingläsern, die in den Abwaschbecken gespült werden, ist mehr zu hören. Weil dann Rüdiger Anhalt von Act Up die Gedenkrede hält – so unpathetisch wie engagiert.

Ein Klarinettist, ganz allein auf der großen Bühne, stimmt dann Judy Garlands «Over the Rainbow» an, die ersten Ballons werden losgelassen, steigen hinter der Bühne auf und schweben in den Himmel. Sie ziehen einander an, trennen sich in ihrer Aufwärtsbewegung, überholen einander – wie im richtigen Leben die Menschen es tun. Und plötzlich sind sie alle wieder um mich herum: Erich, der als erster starb und dessen Dahinsiechen man noch für Leukämie gehalten hatte, Terence, Edgar, mein Schüler Wolfram, Joachim und Klaus – um nur die mir Nächsten zu nennen.

Die schwarzen Punkte im Himmel werden immer kleiner, ehe sie gänzlich dem Blick entschwinden. Neben mir schluchzt ein soignierter

Herr, die dicke Transe mit der brandroten Perücke wird ihr sicher nicht tränenfestes Make-up erneuern müssen, ein Jugendlicher birgt den Kopf an der Schulter seines Freundes. Obwohl der Platz vom Verkehr umbraust ist, hat jetzt für einen Augenblick die Stille das Sagen. Nicht die Welt, aber Frankfurt am Main hält für einen Moment den Atem an.

Da der Frankfurter CSD im Reigen der Paraden in ganz Deutschland meist das Schlusslicht bildet, haben wir meistens bestes Juli-Wetter. Oder Petrus ist irgendwie homophil veranlagt. Jedenfalls fügt sich mein Fahrrad prächtig in den Farbenrausch dieses Samstags ein. Außerdem verfügt es über unbestreitbare velozipedale Qualitäten, sodass ich mir sage: «Das wird demnächst bestimmt wieder geklaut. Kauf dir – bei dem Preis – besser gleich noch ein Zweites und leg's dir als Reserve auf den Dachboden.» Gesagt, geplant, aber längst nicht gekonnt.

«Tut mir Leid, aber die sind alle weg», sagt mein Händler, als ich wieder im Laden stehe.

«Wieso denn? Wann denn?»

«Komisch, nachdem du das Rad gekauft hast – fünf Stück hatte ich noch auf Halde – sind die weggegangen wie warme Semmeln. Und nun habe ich keins mehr.»

«Also eigentlich müsste ich jetzt Prozente kriegen, weil ...»

Ich oute mich, was völlig überflüssig ist, und erzähle vom CSD. Und immerhin: Die Mühle ist bis heute nicht gestohlen, vermutlich wegen der schrillen Farben, und ab und zu erblicke ich in der Stadt jetzt einen Doppelgänger – und darauf eine Schwester, die mich anlächelt.

Stifter-Vater oder Mutter Courage?

Laudatio zum Rosa-Courage-Preis 1993

von Manfred Roth

Der Preis «Rosa Courage» für herausragendes Engagement für die Belange von Lesben und Schwulen wird seit 1992 im Rahmen der «Gay in May-Wochen» in Osnabrück verliehen. Die erste Preisträgerin war Gisela Bleibtreu-Ehrenberg, ausgezeichnet für ihr publizistisches Werk zum Thema Homosexualität. Der erste Preisträger war im Jahr darauf Andreas Meyer-Hanno. Die Laudatio hielt am 29. April 1993 Manfred Roth, ein enger Freund und Weggefährte aus Frankfurter Zeiten, u. a. auch Mitglied der Maintöchter.

Formale Gleichheit vor dem Gesetz ist nicht mit der materialen Egalität einer gleichen Lebenschance zu verwechseln, eignet sich vielmehr, wie die Geschichte der bürgerlichen Gesellschaft demonstriert, vorzüglich zur Verhinderung. (Mayer 1975: S. 9)

Keine Angst, meine sehr verehrten Damen und Herren, liebe versammelte Mit-Schwestern, lieber Andreas, mit diesen Worten von Hans Mayer möchte ich nicht, obwohl sie auch dazu quasi als Warndreieck am Wegesrand heranzuziehen wären, in die aktuelle Diskussion um die schwule Ehe eingreifen.

Nichtsdestoweniger ist heute, da wir zusammengekommen sind, um Andreas Meyer-Hanno zu ehren, unser Thema kein anderes als schwule Emanzipation. Ohne das Appositum schwul ist uns der Begriff der Emanzipation bekannt aus dem Zeitalter der bürgerlichen Aufklärung, deren Scheitern Hans Mayer in seinem Buch «Außenseiter» behauptet. Gleich in der Einleitung grenzt er sich gegen Ernst Bloch ab, indem er schreibt:

> Das Trompetensignal aus dem «Fidelio», die Musik von Belmont: sie müssen auch denen erklingen, die gedrückte Menschen sind, ohne als gedrückte Menschheit aufbegehren zu können. Florestan ist ein kühner Jedermann und bestätigt die Freiheitsphilosophie. Allein ob die permanente Aufklärung noch eine Chance hat in der Aktualität und Zukunft, muß an jenen Außenseitern der Gesellschaft demonstriert werden, die als Monstren geboren wurden. Ihnen leuchtet nicht das Licht des kategorischen Imperativs, denn ihr Tun kann nicht zur Maxime einer allgemeinen Gesetzlichkeit gemacht werden. Eben darum jedoch muß sich Aufklärung vor ihnen bewähren. (a. a. O.: S. 11)

Damit bin ich am Punkt. Es kann doch kein Zufall sein, dass ein Mensch, der, geboren 1932, aufgewachsen im Faschismus, promoviert in den 50er Jahren, seine berufliche Karriere im Wirtschaftswunder-Deutschland aufbaut und sich bis in die späten 60er Jahre als Homosexueller begreift und dementsprechend lebt, dass ein solcher Mensch, als er dann, zunächst politisiert durch die Notstandsgesetze, im Alter von vierzig Jahren zum ersten Mal einer Gruppe beitritt, also vom Homosexuellen zum Schwulen wird, dass ein so beschriebener Mensch als Auslöser dafür die Fernsehausstrahlung des Films «Nicht der Homosexuelle ist pervers sondern die Situation, in der er lebt» von Rosa von Praunheim und Martin Dannecker angibt.

Dieser Film hat damals, 1973, die Geister geschieden, und ich kann mir lebhaft die Diskussionen unter den Vierzigjährigen und Älteren vorstellen, wenn ich nur daran denke, wie kontrovers und oft hasserfüllt sie schon unter uns Jüngeren bereits ein Jahr zuvor im Frankfurter Volksbildungsheim geführt wurden. Nun waren die Zeiten ja schon ein wenig liberaler geworden – und dann das! Genau damit werden doch die Vorurteile über uns in der Öffentlichkeit bestätigt, das schadet unserer Sache doch nur! Ganze Wiedergutmachungsfeldzüge wurden angetreten bei den befreundeten Heterosexuellen, vor deren Augen sich ja Abgründe aufgetan hatten. Nein, wir sind nicht alle so!

Ja, hier hätte sich Aufklärung bewähren müssen nicht nur an sondern auch unter uns Monstren. Für dich, Andreas, gab es dann allerdings kein Stillhalten mehr. «Jawohl, wir sind die schwulen Säue, für die man uns hält!»

Ein Zeitsprung: Frühsommer 1977. Im damaligen Schwulenzentrum Anderes Ufer höre ich von Mitschwestern, ein schwuler Opernregisseur tauche regelmäßig auf und wolle nun zusammen mit ein paar anderen eine Theatergruppe aufmachen. Oh Gott, ein Opernregisseur, das ist alles, was uns noch gefehlt hat! waren meine ersten Gedanken.

Es hat uns sicher noch viel mehr gefehlt. Aber er, der heute hier zu Ehrende, ganz sicherlich.

Aus jener damals nicht nur von ihm projektierten Theatergruppe haben sich Die Maintöchter entwickelt. Auch hier in Osnabrück, in der Lagerhalle, beide Male auf Einladung der AHO, hat Andreas mit uns in zwei Gastspielen auf der Bühne gestanden, es waren die schlechtesten nicht! Inzwischen sind die achtziger Jahre vorüber, es gibt Die Maintöchter jetzt immer noch, aber schon seit einiger Zeit nicht mehr als Theatergruppe. Wie auch hier und heute nicht über Andreas Meyer-Hannos, weiß Thespis, nicht gerade geringen theatralischen Verdienste zu reden ist.

Es gibt Die Maintöchter weiterhin als schwulen Zusammenhang, als ein Stück Heimat, als Familie, die sich durchaus einmischt. Und von daher ist auch die folgende Assoziation zu erklären. Andreas firmiert nicht nur unter dem Namen, unter dem er sein Angespartes, seine zu erwartende Lebensversicherung, also sein Vermögen zum Grundstock einer Stiftung für homosexuelle Selbsthilfe zusammengetragen hat: Hannchen Mehrzweck! Er wird unter den Maintöchtern viel öfter zärtlich als auch mit dem gebührenden Respekt «Mutter» genannt. Als ich zuerst davon hörte, dass er hier mit dem Preis für Rosa Courage ausgezeichnet werden sollte – wer will mir dann die nächstliegende Wortverbindung «Mutter Courage» verübeln?

Damit finde ich mich mittendrin im Dilemma, das sich stellt, wenn man einen Menschen zu beschreiben hat. Hier erst recht, weil es sich in der Person Andreas Meyer-Hannos um einen durchaus besonderen, vielschichtigen Menschen handelt.

Absolut ungeübt, wie ich in der Disziplin der vorformulierten Rede bin, habe ich das Objekt dieser Laudatio in meiner Vorstellung tagelang liebevoll umkreist, danach versucht, die nötige Distanz herzustellen, was gar nicht leicht ist, wenn man seit fünfzehn Jahren recht vertrauten Umgang miteinander pflegt.

Zunächst Wortspielereien: Also Mutter Courage ... ? «Hier stock ich schon!» (Goethe 1972, S. 40) – wie Faust gleich nach der ersten Zeile seiner versuchten Bibelübersetzung. Immerhin, auch ein gewichtiges Vorhaben! Aber treffe ich wirklich etwas mit dem Vergleich zu Bertolt Brechts Mutter Courage, die ihren Karren durch die Wirren des Dreißigjährigen Krieges zieht und der der Krieg ihre Kinder mordet, der Frieden jedoch das Geschäft ruinierte? Das Unermüdliche vielleicht, vielleicht auch das Gewitzte. Keinesfalls aber das Uneinsichtige, das Gewinnlerische. Das fehlt Andreas nun absolut.

Die nächste wortspielerische Assoziationskette ist, man verzeihe mir bitte, noch alberner: Andreas Meyer-Hanno als Stifter! – Stifter ... Stifter ... da war doch was – und schon war ich bei Adalbert Stifter, bei der großen Erzählung «Nachsommer», bei der väterlichen Mentor-Figur des Freiherrn von Risach. Ein Mensch, der, lebensklug und -erfahren in einem eigenen Kosmos lebt und wirkt, der bis ins Detail nach Prinzipien der Rationalität, der Effektivität, aber auch der kunstgerechten Wirkung geordnet ist, und der dem jungen Ich-Erzähler dieses Bildungsromans alles Wirklichkeitsmaterial in Form von Sammlungen, Spezialbibliotheken darbietet und ihm wie ein idealer Vater in langen Gesprächen seine Erfahrung sorgfältig vermittelt. Ach, Andreas, da komm ich Dir schon näher, der ich viel von Dir habe lernen können.

Auch wenn dieser Vergleich nur unvollkommen und in mancher Hinsicht vielleicht haarsträubend ist, hat er mich dennoch auf vier Begriffe gebracht, die mir, was Deine Person betrifft, zentral zu sein scheinen.

Universalität – Anachronismus – Moral – Sehnsucht.

Unter diesen vier Überschriften möchte ich im Folgenden meine Gedanken zur Persönlichkeit und zum Handeln Andreas Meyer-Hannos herumstreunen lassen, wobei wir gelegentlich auch den beiden Hinkenden, Stifter-Vater und Mutter Courage, noch begegnen werden.

Universalität

Ich kenne kaum einen Menschen, der so enzyklopädisch gebildet ist wie er. Das heißt natürlich erst einmal gar nichts, denn so etwas kann im Umgang mit einem Menschen eher lästig sein. Worauf ich ziele, das ist etwas ganz anderes als ein heruntergekommenes Bildungsideal. Natürlich hat er allein schon vom Elternhaus her einen enormen Fundus an Kenntnissen über Musik, Literatur, Theater und Kunst mitbekommen, natürlich im Laufe vieler Jahre und vieler Erfahrungen permanent neue Bereiche hinzuerobert, die Wohnung quillt über von Büchern, Schallplatten, Videokassetten usw. Das alles ist da, aber es ist nicht toter Besitz, es ist lebendig und wird, wenn man mit ihm zu tun hat, ohne falschen Respekt aktiviert für das, was mich und dich gerade angeht, für die heutige Lebenspraxis. Soweit die Ähnlichkeit mit dem Stifterschen Freiherrn.

Mit Universalität meine ich aber auch noch etwas anderes: Das Überspringen von Grenzen. Es fallen mir da so viele Gegensatzpaare ein, die in Andreas' Leben locker aufgehoben sind: Theorie und Praxis, Herz und Geist, das Erhabene und das Lächerliche, und was an dergleichen Abstrakta mehr wäre.

Konkret bedeutet das, dass er ebenso bei der Uraufführung eines neuen Werkes eines zeitgenössischen Komponisten zu finden ist wie vielleicht noch bis kurz vor acht in einer Besprechung mit der Kulturdezernentin über das Mahnmal für die Homosexuellen Opfer des deutschen Faschismus. Morgens früh zum Notar, um die Stiftungsunterlagen abzugeben, drei Stunden szenischer Unterricht in der Opernklasse, nachmittags neue Video-Aufnahmen katalogisieren, vielleicht noch ein bisschen Korrespondenz mit Waldschlösschen und BVH, und abends der wöchentliche Kochtermin auf der Aids-Station des Uni-Klinikums. Am Wochenende Jahresversammlung der HS in Göttingen, ganz nebenbei noch Auftritt in einer schwulen Talkshow in Braunschweig, es hätte aber ebenso die Lesung seines schönen Vortrags über Platen und Fichte sein können, es hätte auch sein können eine Maintöchter-Klausur mit Redaktionsarbeiten für unser Buch, es hätte auch sein können, dass noch Hilfe gebraucht wird beim Putzen des Lesbisch-Schwulen Kulturhauses.

Und ist alles doch mehr als die Summe der einzeln aufgezählten Aktivitäten, weil es einem großen Willen und Lebensplan und einer konsequenten geistigen Haltung entspringt. Das Leben als Kunstwerk. Auf'm Motorrad. Ein Schubert-Lied im Kopf. Birkenstock an den Füßen. Einen Sozialamtsantrag für einen AIDS-kranken Freund in der Tasche.

So banal und so überhaupt nicht banal meine ich Universalität.

Anachronismus

Dass so einer quer stehen muss zu den Zeiten, ergibt sich von selbst. Ich zitiere aus einem Brief, geschrieben ein halbes Jahr vor dem Breittreten, dem Beitreten der DDR, also April 1990:

> Merkwürdig die Duplizität von Ereignissen: Nachdem Michael Holy bei mir zu einem langen Gespräch war, dessen Inhalt weniger aktuelle Anlässe als ein allgemeines Unbehagen, ja ein Verzweifeln an der Entwicklung zum ‹Enjoy the pleasures of capitalism› hin waren, passierte genau zwanzig Stunden später mit Hansgeorg während der Maintöchter-Sitzung Ähnliches: Auch er, zutiefst verbittert, kotzte sich gleichsam aus und war schwer wieder in Fassung zu bringen. So schlimm das für den Einzelnen ist (von meiner Situation rede ich mal gar nicht): Wenn's sozusagen kollektiv passiert, ist noch Hoffnung da! Wie heißt es in «Emilia»?[1] «Wer über gewisse Dinge nicht den Verstand verliert, hat keinen zu verlieren.»
> (Andreas Meyer-Hanno an den Verfasser, 8. 4. 1990)

Nein, «enjoy the pleasures of capitalism», das ist sicherlich seine Sache nicht, Protzerei und Schicki-Micki-Getue sind ihm ein Gräuel. Unmodisch zu sein, das muss er wohl schon mit den Genen mitbekommen haben. Doch gehen wir darüber hinaus: Als ‹halbjüdisches› Kind 1942

---

[1] Gemeint ist Gotthold Ephraim Lessings Trauerspiel «Emilia Galotti». (Anm. d. Hrsg.)

aufgrund eines rassistischen Goebbels-Erlasses von der Realschule geflogen, muss er, denke ich, als junger Homosexueller in der neuen BRD die schockierende Erfahrung des Draußen-Stehens, des Nicht-in-die-Zeitläufte-Passens erneut gemacht haben. Mutter Courage sagt zwar zum Feldprediger recht dialektisch:

> Die Sieg und die Niederlagen der Großkopfigen oben und der von unten fallen nämlich nicht immer zusammen, durchaus nicht. Es gibt sogar Fälle, wo die Niederlag für die Untern eigentlich ein Gewinn ist für sie. (Brecht 1966, S. 40)

Das aber ist der Unterschied zur Mutter Courage wie zu allen anderen Kriegsgewinnlern: Wie man es auch wendet, der Sieg der Alliierten oder die Niederlage des Faschismus, das Kriegsende hat für die Homosexuellen keinen Gewinn gebracht, «dem legalisierten Totschlagen von Homosexuellen in den ‹finsteren Zeiten› folgte das Totschweigen ihres Schicksals im befreiten Deutschland.» Es wurde «ohne Scheu und ohne jegliche Scham der von den Nazis verschärfte § 175, der ihrem Terror gegen Homosexuelle den Anschein von Legalität gab, in die neue Ordnung übernommen und von dieser als rechtsstaatlich salviert [...]. Damit also galt, dass, was in der Bundesrepublik Recht geworden war, vordem nicht Unrecht gewesen sein konnte.»

Andreas ist nicht zufällig Mitglied der Frankfurter Initiative Mahnmal Homosexuellenverfolgung, aus deren interner Dokumentation ich soeben zitiert habe. 1969 zaghaft reformiert, west der unsägliche Paragraf immer noch in den Gesetzesbüchern. Nicht nur klammheimliche Zustimmung fand und findet Franz Josef Straußens berühmtes Diktum «Lieber ein kalter Krieger als ein warmer Bruder», und wenn sich die heutige Bundesregierung nun überhaupt einmal daran begibt, den Paragrafen ganz zu streichen (Vieles unsäglich an dem ganzen Verfahren!) und sich dabei der SPD-Abgeordnete Jürgen Meier aus der Opposition heraus in die Brust wirft und von einem «Symbol der Unmenschlichkeit» spricht, das endlich verschwinden müsse (FR, 24. 4. 1993, S. 1), dann muss auch die SPD daran erinnert werden, dass noch ein Bundeskanzler Schmidt zu seiner Zeit Herrn Genscher auf einen diesbezüglichen Vorschlag hin entgegnen konnte, dafür müsse er sich einen anderen Koalitionspartner suchen.

Doch zurück zu den Anachronismen, die Andreas Meyer-Hanno

nicht mit uns allen teilt und die für seine Lebensgeschichte charakteristisch sind. Ich habe eingangs erwähnt, dass er erst 1973 zur politischen Schwulenbewegung kam. Damals schon über vierzig, Oberspielleiter am Staatstheater in Braunschweig, gehörte er, um eine Formulierung von ihm selbst zu gebrauchen, «zu denen, die Geld verdienten und Steuern abführten, eine damals kaum verzeihliche Sünde» («Nicht resigniert, nur reichlich desillusioniert», s. S. 140 f.). Mein Gott, das war auch 1977 noch so in Frankfurt, wo wir immer noch keinem über dreißig trauen wollten, wo eine solche «bürgerliche Kuh» immer irgendwie verdächtig war und wahrscheinlich sowieso nur auftauchte, um Frischfleisch abzuschleppen. – Und selbst wenn ..., kann ich heute nur sagen.

Wir hatten uns gründlich verrechnet mit dieser anachronistischen Person, die erst einmal so gar nicht in unsere ebenso ungeschriebenen wie strengen Anti-Normen passte. Gleichfalls verschätzt haben sich übrigens auch manche seiner Berufskollegen und Heterofreunde aus dem vorausgehenden Lebensabschnitt, bei denen er durch seinen ungestümen Aufbruchsgestus und den neuen Umgang, den er pflegte, ebenfalls zwischen allen Stühlen saß: ‹Es reicht ja, dass du so bist, aber muss es denn sooo zum Thema werden?!?›

In vielen folgenden Jahren konnte, was einigermaßen schwulenbewegt war, zwar kaum noch um ihn herum, anachronistisch blieb er dennoch in mancher Hinsicht. Zuverlässigkeit, Pünktlichkeit waren und sind für ihn durchaus keine altmodischen, zu vernachlässigende Werte. ‹Ja, ja, es wurde mal so angesprochen, dass man zusammen am Sonntag früh nach Fulda vor den Dom demonstrieren geht› – aber: Sonntag früh, welche Trine hebt sich denn da schon zum ersten Zug aus dem Bett? Und so stand er alleine, aufgetakelt und mit Demonstrationsschild, am Bahnsteig.

Fairer Umgang mit dem Gegner, Menschlichkeit selbst in den sachlich schärfsten Debatten, lange Zeit stempelten ihn auch diese Eigenschaften zum Fossil aus alten Tagen. Wie lange ist das alles her, und wie seltsam harmlos scheint vieles aus diesen frühen bewegten Jahren herüber, gemessen an dem, was wir inzwischen an Kraft und Trauerarbeit aufzubringen haben: «Die Auseinandersetzung um die Krankheit AIDS haben vielerorts sichtbar gemacht, wie groß die Bereitschaft noch ist, zurückzufallen in Barbarei und wieviel humaner Vernunft es bedarf, dagegen zu widerstehen.»

Viele haben etwas kapiert, viele machen engagierte seriöse Arbeit in Verbänden. Hilfsorganisationen, Gruppen und in den Medien. Das erfüllt Andreas mit großer Genugtuung. Dennoch läßt ihm auch heute der Anspruch auf eine Ganzheitlichkeit, das Universelle im vorhin aufgezeigten Sinn, keine Ruhe. Das eine tun, aber das andere nicht lassen.

«Ich will alles, ich will alles», höre ich ihn rufen, wenn ich die Passage aus der Rede zur Eröffnung von HOMOLULU II im letzten Oktober lese:

> Dieser langsame Marsch durch die Institutionen ist nicht gerade lustvoll, sondern dröge und dornenreich. Und, vor allem, sehr unschwul. Wenn BVH und SVD für ihr bevorstehendes Streitgespräch den wunderbaren Titel ‹Denver contra Dallas› entrüstet abgelehnt und durch einen sachlich zwar richtigen, aber furztrockenen Titel ersetzt haben, ist das ein Ausdruck von Austrocknung des Sinns für schwule Komik. (oben S. 162)

Und da spricht einer, der nun wahrhaftig immer für seriöse Arbeit war, dessen Begriff von Kultur aber weit über das Sachliche, Rationale hinausgeht, und der bei keinem Marsch durch irgendeine Institution je vertrocknet wäre. Da spricht einer, der sich immer auch als Bewahrer verstanden hat, einer, der auch abgestoßene Raketenstufen nicht allzu schnell auf den Müll werfen kann, weil er nämlich noch darin herumklaubt, was denn auch an Gutem in ihnen war, was es denn gilt, aufzuheben. Unmodisch sowas. Eine seiner vielen schönen Inszenierungen hat mir besonders gut gefallen: Don Quichotte. Sein Leben!

MORAL

Oh, dieser lange Zeit so verhasste Begriff! Doch mit einigem Recht natürlich haben wir Schwule ihm mehr als skeptisch gegenübergestanden, ja ihn abgelehnt. So wie er uns um die Ohren geschlagen wurde, war es ein Herrschaftsbegriff, aus den Bedürfnissen der heterosexuellen Majorität geprägt, um uns zu ächten, zu diskriminieren.

So verstanden möchte ich den Begriff hier aber nicht einengen. Es geht nicht um Sexualmoral, allenfalls mittelbar. Es geht um die uralte Frage, wie soll ich leben? Die Frage nach dem Doppelleben, der täglichen

Heuchelei, dem Lügen und Verbergen unserer wahren Identität, diese Frage hat sich für uns Jüngere, die wir etwa zur Zeit der aufbrechenden Schwulenbewegung unser Coming-out hatten, bald nicht mehr gravierend gestellt. Ex negativo war schnell etwas formuliert, der Leidensdruck war groß genug. Was wir nicht wollten, war ziemlich klar.

Aber was wollten wir? Woran sollten wir uns orientieren, wo hätten nach dem Faschismus schwule Leitfiguren herkommen sollen? Aus wohlbekannten Gründen hatten sich die meisten derer, die nicht ermordet worden waren, zurückgezogen und so gut es ging eingerichtet. Letzten Endes alle beschädigt in ihrer Existenz. Und es hat lange gebraucht, bis wir über die Mauer unseres Jugendkults lugten, um denjenigen, die uns etwas sagen wollten und konnten, auch zuzuhören.

Nun ist ja Andreas Meyer-Hanno nicht so alt, dass er den Faschismus als erwachsener Schwuler hat durchleiden müssen. Aber er ist doch noch zu einer anderen Zeit und unter anderen Bedingungen aufgewachsen als die meisten von uns, die wir in der Bewegung waren oder sind. Und so sehr sie uns mit unserem stets angriffsbereiten Ideologieverdacht anfänglich auch aufgestoßen sind: Die Ansprüche aus seinem unerschütterlichen Glauben an die Ziele ‹Aufklärung und Humanität› haben inzwischen viele von uns geprägt. Irgendwann mussten wir einfach begreifen, dass wir es nicht mit einem Vertreter der verhassten «Systems» zu tun hatten, sondern mit einem, dessen Subversivität gerade darin bestand, dass er es oft missbrauchte, oft längst hohl gewordene Werte ernst nahm und mit seiner Existenz dafür einstand. Bei Nennung des Namens Andreas Meyer-Hanno fällt wohl jedem, der ihn nur annähernd kennt, ein zentraler Begriff ein, und ich steuere darauf zu mit einem Text von ihm selbst, «Everpink», ein Dichtungs- und Wahrheitsporträt aus dem Buch «Schwule Regungen – Schwule Bewegungen»:

> Wenn man eine Verbindung, eine schwule Adresse braucht, kann man fast sicher sein, sie von ihm bekommen zu können. Das lebende Switchboard. Er ist ein Teil der Bewegung, und sie ist ein Teil von ihm. Er tut seine, wie er meint, schwule Pflicht. («Nicht resigniert …»: oben S. 133)

Pflicht! Keine von außen gesetzte, sondern eine aus innerer Lebensnotwendigkeit geborene und so gelebte Kategorie. Und hier darf nun auch

Adalbert Stifter seinen Freiherrn von Risach zur Sprache kommen lassen. Möge mir der Preuße Meyer-Hanno die Heranziehung eines österreichischen Gewährsmannes nachsehen:

> Eine Handlung, die nur gesetzt wird, um einer Vorschrift zu genügen oder eine Fassung zu vollenden, konnte mir Pein erregen. Daraus folgte, dass ich Taten, deren letzter Zweck ferne lag oder mir nicht deutlich war, nur lässig zu vollführen geneigt war, während ich Handlungen, wenn ihr Ziel auch sehr schwer und nur durch viele Mittelglieder zu erreichen war, mit Eifer und Lust zu Ende führte, sobald ich mir nur den Hauptzweck und die Mittelzwecke deutlich machen und mir aneignen konnte. […] im zweiten Falle gingen die Kräfte von selber an das Werk, und es wurde mit der größten Ausdauer und mit Verwendung aller gegebenen Zeit zustande gebracht, weshalb man mich auch wieder hartnäckig nannte. (Stifter, 1981, Bd. 4: S. 242 f.)

Wenn es um die Werbung neuer Mitglieder für die HS oder die HMS geht, ist Andreas längst auch andere Adjektive gewöhnt, «penetrant» ist vielleicht das mildeste. Und was den langen Atem betrifft, so meldet sich hier ebenfalls die gute Mutter Courage als Kronzeugin: «Ich sag nur, Ihre Wut ist nicht lang genug, mit der können Sie nix ausrichten, schad.» (Brecht 1966: S 57)

Das könnte seinem Mund entstammen!

Wenn ihm eines verhasst ist, dann ist es das Saturierte, das Wohlanständige, die gelackte Oberfläche, unter der es modert. Ebenso hasst er aber auch Schlampigkeit und Unzuverlässigkeit, die noch eine dreiviertelstündige Verspätung zu einem vereinbarten Termin mit revolutionärem Grundgestus oder aber ganz aus dem Bauch heraus mit «null Bock» begründete. Da wird er sehr moralisch.

Aber so sehr er geradezu ein Antipode jeglicher «anything goes»-Haltung ist, so sehr er auch weiß, dass die Forderung «paradise now» uns bitte sehr immer antreibt, aber doch nie zu verwirklichen sein wird, so sehr sind seine Moral, sein Ethos aber auch absolut diesseitige. Ein Brief aus dem letzten Jahr begann so:

> Da meine Lebenserfahrung erweist, dass alles, was man tut,
> im Guten wie im Bösen, einem hier und nicht erst im Jenseits

vergolten wird, halte ich es schon für ein Zeichen dieses oft auf Umwegen funktionierenden Ausgleichs, dass ...
(Andreas Meyer-Hanno an den Verfasser, 3. 7. 1992)

Da wusste er von diesem Preis, den er heute erhält, noch nichts! Aber ich denke, er ist vereinbar mit seinen moralischen Maßstäben.

Sehnsucht

Über den Komponisten Jacques Offenbach schrieb Andreas Meyer-Hanno 1985 in einem sehr persönlichen Aufsatz:

> Dies Zitieren von «Gefühl», das Verfahren, wo Sentiment aufgepustet wird, dann durch den «Kipp» angepiekt wird, um in sich zusammenzufallen, hat etwas sehr Jüdisches und geht über die «romantische Ironie» weit hinaus; es findet sich in der Lyrik Heines wie in den bitter grimassierenden Ländler-Zitaten Mahlers und Bergs. Da ist immer viel Sehnsucht nach dem Heilen, Heimeligen, Gemütvollen, auch nach dem «Deutschen» im Spiel. Da ist Sehnsucht nach Butzenscheibe, Abendläuten, Kuckucksuhr. Da ist auch Trauer über das verlorene Paradies der Kinderzeit. (Die kaputte Kinderwelt: oben S. 125)

Lieber Andreas, ich unterstelle dir zwar keine Kuckucksuhr, aber ein Bewusstsein darüber, dass Dir hier mit der Charakterisierung der Musik Offenbachs eine sehr treffende Selbstbeschreibung gelungen ist. It' so you! Nur kommt bei Dir zu dem, was Du da «das Jüdische» nennst, auch noch unterstützend das Tuntige, das «Campe» hinzu. Brüche zu spielen, das ist eine der wichtigsten Techniken, die Du als Professor Deinen Studenten in der Opernklasse beibringst, Brüche in einer Bühnenfigur oder in der Stilebene eines Werkes auf der Szene sichtbar, erlebbar zu machen, das zeichnet unter vielem anderem Deine Regiearbeiten aus. Und nicht anders ist es auch, wenn Du in irgendeiner schwulen Diskussion, in einem Plenum, einer Arbeitssitzung dazwischenfährst:

> ... und wenn die Schwestern allzu nebulös werden, dann piekt
> er mit kritischer Nadel entstehende Luftblasen auf und bringt
> die Leute auf den Teppich. Auch ist er entschlossen, der schon
> fast modischen Larmoyanz im Hinblick auf die Bewegung das
> entgegenzusetzen, was sich, nicht zuletzt durch sie, inzwischen
> tatsächlich verändert hat. Und was man oft zu übersehen neigt.
> Ich mag ihn. (Nicht resigniert ...: oben S. 141)

Wieder die Beschreibung eines anderen, die Dich selbst trifft. Und wieder wird «gepiekt», was ohne Humor, Ironie, Lachen, und sei es unter Tränen, nicht vonstattengeht, nicht bei Offenbach, nicht bei den von Andreas geachteten Bewegungsschwestern und nicht bei ihm selbst. Und doch: Da ist das Andere, was dahinter steht. Ich verwende als Überbegriff das Wort Sehnsucht. Und meine doch ein vielfältig verzweigtes Geflecht aus Utopie, Ganzheitlichkeit, Integration, Harmonie.

Wenn der Ober-Realo Joschka Fischer kürzlich auf einer Diskussion zum Thema «25 Jahre nach 68» meinte, dass der Begriff der Utopie endgültig ausgedient hätte, ihn gar als gefährlich bezeichnete, so will ich ihm einmal zu Gute halten, dass er ihn nur in einem platten Sinn verstanden hat, vielleicht gar schon seit damals. Utopie im Sinn von Sich-Herausdenken aus einer als ungenügend empfundenen Gegenwart, als ein Abreiben am schlechten Bestehenden, hat Andreas Meyer-Hanno nie an realer Aktion gehindert, im Gegenteil. Utopie ist die Antriebskraft für tagtägliches Handeln. «Ideen Spinnen ist wichtig» heißt es in der Überschrift des Hannchen-Mehrzweck-Porträts in der letzten Nummer des Gay Express (Gay Express 4/1993, S. 10). Noch einmal der Blick auf Adalbert Stifters «Nachsommer». In einem Artikel aus den 70er Jahren wird der Autor rückwärtsgewandt und restaurativ genannt, denn er «schreitet (...) alle für sein Bewusstseinsfeld maßgeblichen Wirklichkeitsbereiche ab, um deren ursprünglich chaotisches und unverlässliches Erscheinungsbild im Akt des Erzählens zu reharmonisieren, d. h. in ein stabiles und überschaubares Gefüge zu bringen. Es handelt sich um den enzyklopädisch-weitläufigen Versuch, eine ursprünglich als sinnentleert erfahrene Welt wenigstens im epischen ‹Abbild› wieder mit Sinn zu begaben.» (Kindlers Literatur Lexikon, Bd VII, 1970: S. 6568 f.)

Wo soll die Suche nach dem Sinnganzen denn anders hingehen als in erdachte Gegenwelten? Na klar, das Machbare machen, aber doch immer auf der Basis unserer Wünsche und Träume! Und so sehe ich auch den heutigen Preisträger: Ausgestattet mit einer ungeheuren Integrationskraft, ausgestattet mit einer oft schon tragikomischen Sehnsucht nach Harmonie. Und nur das sehe ich auch als Movens für seine Kampfbereitschaft. Er hätte es doch gerne schön und friedlich («aber in netter Form» ist eine seiner Lieblingsfloskeln), ich kenne kaum einen, der unter zwischenmenschlichen Konflikten so leidet wie er. Aber wenn es denn nicht anders geht, dann ist er eben anstößig, dann saust er bei HOMOLULU I als Hochschulprofessor im Miriam-Makeba-Kleid auf dem Fahrrad durch die Stadt.

Typisch für ihn, dass eine seiner liebsten Erinnerungen an die damalige große Demo die ist, dass «Klaus Lucas (...), in ein fürchterliches Jackenkleid gewandet, eine grauenhafte Kappe auf dem Kopf, im Arm eine riesige Krokotasche aus Plastik, die Passanten anmachte und ständig von sich gab: «Nicht provozieren! Informieren!»» (Nicht nur reden ...: oben S. 151)

Mutter Courage meint:

> Die armen Leut brauchen Courage. Warum, sie sind verloren. Schon dass sie aufstehn in der Früh, dazu gehört was in ihrer Lag. Oder dass sie einen Acker umpflügen, und im Krieg! (...) Sie müssen einander den Henker machen und sich gegenseitig abschlachten, wenn sie einander da ins Gesicht schaun wolln, das braucht wohl Courage. Dass sie einen Kaiser und einen Papst dulden, das beweist eine unheimliche Courage, denn die kosten ihnen das Leben. (Brecht 1966: S. 69)

Mit dem kritischen Blick auf die Figur, den der Brecht ja ganz bewusst provoziert, braucht Mutter Hannchen Mehrzweck ihre Courage, um einen Erzbischof Dyba nicht zu dulden! Andreas hat die Courage, nicht zum gegenseitigen Abschlachten, aber um als Schwuler jedem aufrecht ins Gesicht zu schauen, auf welchem Parkett auch immer ungeteilt schwul zu leben. Diese Sehnsucht nach Harmonie, von der ich sprach, hat aber eben nichts Gleichmacherisches, lässt Differenzen bestehen, ja sucht sie geradezu. Noch einmal Hans Mayer:

> Eine Denkrichtung, die eine jede sogenannte Personalisierung

verachtet, um allein die Kollektivitäten anzuerkennen, die quantitativ erheblichen Regelfälle, statt der qualitativen Einzelfälle, fördert das fetischisierte Denken und damit eine unmenschliche Praxis. (Mayer 1975: S. 464)

Auch das ist kein Zufall, dass der Anstoß dazu, Charlotte von Mahlsdorf das Bundesverdienstkreuz zu verleihen, gerade von ihm kam. Nun wird heute mit Dir, lieber Andreas, ein Anstifter geehrt, von dem ich weiß, dass er sehr glücklich darüber ist, in vielen Jahren immer wieder und mit zunehmender Tendenz kluge und fähige Mitstreiter gefunden oder sich zu ihnen gefunden zu haben. Sie alle, die vielen Gruppen, Initiativen, Verbände und Vereine, die Bestandteil Deiner Existenz sind, konnten hier nicht im Einzelnen gewürdigt werden, denn es ging um Dich, den besonderen, individuellen. Vive la différence!

Ich freue mich über die mit wachem Blick getroffene Wahl und die Initiative des Kuratoriums für den Preis Rosa Courage, beglückwünsche Dich, lieber Andreas und danke Ihnen und Euch allen.

DIE HANNCHEN-MEHRZWECK-STIFTUNG

VON DER SCHWULEN ZUR «SCHWUL-LESBISCHEN STIFTUNG FÜR QUEERE BEWEGUNGEN»

1991 gründete Andreas Meyer-Hanno, zentraler Akteur der bundesdeutschen Schwulenbewegung und Professor der Musikhochschule Frankfurt, mit seinem privaten Vermögen eine Stiftung, welche «die Allgemeinheit über das Phänomen der Homosexualität» (§ 2 (1) der Satzung) aufklären und so zur «Emanzipation von Schwulen und Lesben» beitragen sollte. «Hannchen Mehrzweck», so kannten ihn die Aktivist_innen, konnte glamourös sein. Wo nötig war er jedoch schamlos pragmatisch (Andreas: «Das Hannchen ist sächlich!») und so spiegelten die Formulierungen der Satzung am ehesten das Bemühen wider, Finanzämtern keine Steilvorlage zur Ablehnung der Gemeinnützigkeit zu liefern.

Die Stiftung nahm ihre Arbeit zehn Jahre nach dem Verein Homosexuelle Selbsthilfe e. V. (hs e. V.) auf, mit dem sie nach dem Willen des Stifters eng zusammenarbeiten sollte: «Zwei Schwestern, ein Ziel» so lautete die Parole, welche die Öffentlichkeitspolitik des «Hannchens» leitete. Der Verein, der bewusst nicht gemeinnützig war, um individuell fördern und so auch Rechtskostenbeihilfe für Mustergerichtsverfahren gegen die Diskriminierung (zunächst von Schwulen) leisten zu können, steht für die eine Schwester. In der Gründungszeit waren noch Verfahren wegen des § 175 prägend, heute hat die Rechtskostenhilfe für geflüchtete LGBTIQ* einen großen Anteil. Die Stiftung, die Projekte gemeinnütziger Vereine aus der schwulen Szene unterstützen sollte, steht für die andere. In diesem Sinne kreierte Hannchen Mehrzweck mit einem Künstler auch das gemeinsame Logo beider Fördereinrichtungen für homosexuelle Emanzipation, zwei aufeinander gestützte Dreiecke. Das rosa mit der Spitze nach unten gerichtete Dreieck, der Rosa Winkel, war das identitätsstiftende Symbol der schwulen Bewegung dieser Zeit. Es erinnerte an die Verfolgung von schwulen Männern in der Zeit des Nationalsozialismus. So drückte das erste Logo (s. S. 9) die zunächst eindeutig auf die Bewegung der Schwulen ausgerichtete Förderpolitik der Stiftung aus.

Als die Stiftung bekannter wurde, stellten auch Lesben selbstbewusst Anträge, obwohl diese nach außen mit dem Logo und dem rein schwul besetzten Vorstand und Beirat ein sehr schwules Erscheinungsbild hatte. Für Hannchen war es keine Frage, Solidarität mit Lesben zu zeigen und auch lesbische Projekte, die dem Stiftungsziel entsprachen, zu fördern. Schon von Beginn an reagierte die Stiftung flexibel auf die Bedürfnisse der Community, in der sich in den 1990er Jahren zunehmend gemischtgeschlechtliche Strukturen bildeten, zunächst in Projekten, später aber auch in den ersten schwul-lesbischen Zentren. In ihrer Förderarbeit verstand sich die Stiftung von Beginn an als Partnerin der Projekte. Im «Stiftungsalltag» der hms kam dies nicht zuletzt im besonderen Stellenwert der Beratung von antragstellenden Vereinen zum Ausdruck.

2001 ist das Jahr des ersten selbstgewählten Umbruches in der Stiftung: Die Vorstandsmitglieder der ersten Stunde verzichteten auf eine weitere Kandidatur und die Zahl der Vorstände wurde von drei auf fünf erweitert. Vor allem aber war erstmals eine Lesbe Teil des Vorstandsteams. Gehofft hatte man darauf, zwei Plätze mit Frauen besetzen zu können, was nicht auf Anhieb gelang; ein Vorstandsposten blieb deshalb zunächst vakant. Die Stiftung vollzog auf diese Weise in ihrer formalen Struktur und personellen Besetzung nach, was längst etablierte Förderpraxis war. 2002 schließlich konnte auch der vakante Sitz mit einer zweiten Lesbe besetzt werden. Die ehemals schwule Stiftung hatte sich zu einer schwul-lesbischen gewandelt.

Dieser Veränderung sollte auch Ausdruck im äußeren Erscheinungsbild der hms finden: Das alte Logo, das in seiner Symbolik das schwule Selbstverständnis der Generation verfolgter Schwuler und der 1968er Generation ausdrückte, sollte erneuert werden. 2005 gab der Vorstand ein neues Logo in Auftrag. Der Vorstand entschied sich für eine stilisierte pinkfarbene Rose. Die Farbe schlug die Brücke zu alten Bewegungstraditionen, die Rose setzte jedoch einen völlig neuen Akzent: Das Aufblühen der Bewegung, das Hannchen sich gewünscht hatte, kommt darin zum Ausdruck, und auch das Geschenk, das die Community sich selbst bereitet, in Form der Bereicherung durch vielfältige Projekte. Die Stacheln dagegen bringen das Widerborstige, Subversive der hms zum Ausdruck, die große weiße Fläche, die die Rose aufspannt, den Raum, den die Stiftung und damit die Bewegung in der Gesellschaft für sich beanspruchen. Es folgte eine emotionale Diskussion mit dem Stifter, der sich gegen den Wandel weg von der Symbolik des «Verfolgtseins» wehrte – er fürchtete, dass das neue Logo Entpolitisierung und Beliebigkeit ausdrückte und somit den eigentlichen Zielen der Stiftung entgegenstand. Voller Verachtung nannte er das neue Logo zunächst «rosa Pissnelke», die nur über seine Leiche zum Symbol der Stiftung werden solle.

Eine eintägige Diskussion in einer Novembersitzung des Vorstands mit Beirat führte schließlich zur Klärung: Ein neues Logo war mehr als lediglich ein neues «Outfit», es signalisierte vielmehr einen Generationenwandel mit all seinen produktiven, aber eben auch schmerzvollen Begleiterscheinungen. Auch Hannchen verstand schließlich, warum der Vorstand diesen Wandel wollte: Nicht nur ein neues Symbol sollte her, auch visuell sollte eine klare Trennung zwischen hs e. V. und hms hergestellt werden, da das Prinzip «Zwei Schwestern, ein

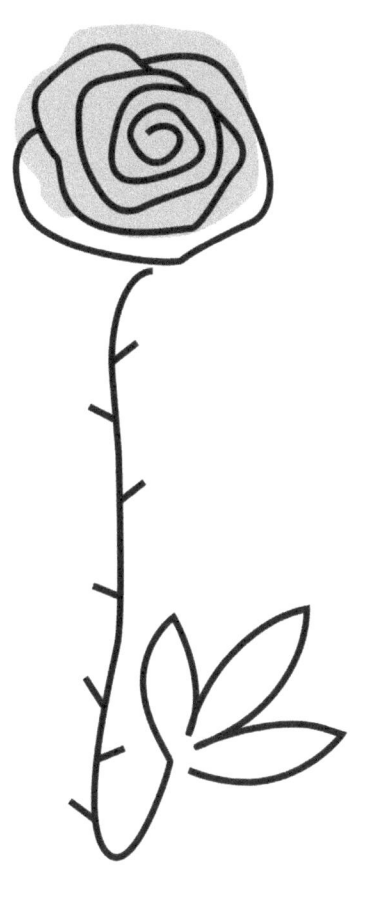

Das neue Logo der HMS

Ziel» in der Praxis zu viel Verwirrung bei den Antragsteller_innen geführt hatte, die oft nicht wussten, an wen Sie sich mit ihren Anträgen wenden sollten.

Parallel mit dem neuen Logo gab sich die Hannchen-Mehrzweck-Stiftung den Untertitel: «die schwul-lesbische Stiftung».

2006 gründete Wolfram Setz mit einer großzügigen Zustiftung den Karl-Heinrich-Ulrichs-Fonds zur Erforschung, Dokumentation und Darstellung der Geschichte der Homosexuellen. Die Erträge aus seiner Zustiftung fließen seitdem vollständig in wissenschaftliche Projekte, die sich vor allem mit der Geschichte von homosexuellen Männern, aber eben auch von Lesben, Trans* und Queers auseinandersetzen.

Hannchen war es zu Beginn der 1990er Jahre zunächst darum gegangen, die Möglichkeiten, die das konservativ und paternalistisch geprägte deutsche Stiftungswesen bot, für die Bewegung nutzbar zu machen. Fast 20 Jahre später war die Stiftung soweit etabliert, dass sie sich den grundlegenden Fragen des Stiftungshandelns – sozusagen auf der Metaebene – neu stellen konnte. Diese Herausforderung nahm sie 2008 mit der Teilnahme an der bundesweiten Tagung von progressiven und alternativen Stiftungen unter dem Motto «Biete Wandel – Suche Geld» an. Gemeinsam war den beteiligten Stiftungen, dass sie sich den neuen sozialen Bewegungen verpflichtet fühlten und eine kritische Haltung gegenüber dem aufs Caritative beschränkten bürgerlichen Stiftungshandeln einnahmen. Die hms beteiligte sich früh am Netzwerk «Wandelstiften», das aus diesem Zusammenschluss erwuchs und bezog hieraus wichtige Impulse: Die Weiterentwicklung der Anlagepolitik im ethisch-nachhaltigen Sinne zählt ebenso dazu wie die Anstrengungen von Beirat und Vorstand, die Stiftungsarbeit so transparent wie möglich zu gestalten. Die hms trat deshalb 2010 der Initiative Transparente Zivilgesellschaft bei und veröffentlicht seitdem wichtige Informationen zur Mittelherkunft, -anlage und -verwendung und zu den Personen, die über das Stiftungshandeln und die Geldanlage entscheiden, jährlich aktualisiert auf www.hms-stiftung.de.

Die hms förderte schon in ihrer frühen Phase vereinzelt Projekte, die von Trans* und Inter*-Gruppen beantragt wurden. Impulse, die im Wesentlichen von Aktivist_innen aus der Trans*Community gesetzt wurden, führten dazu, dass nach der Jahrtausendwende die Sensibilität für die Marginalisierung von Trans*- und Inter*Themen in lesbisch-schwulen Kontexten wuchs. Zunehmend begann sich eine lesbisch-schwule-trans*-inter*-queere Szene (LSBT*IQ) herauszubilden, was sich auch auf die Förderarbeit der hms auswirkte. Die Stiftung förderte nun zunehmend auch Projekte, die ihren Schwerpunkt im Bereich der geschlechtlichen Vielfalt hatten. Mit einem erneuten Wechsel im Vorstand der hms kam schließlich 2012 die erste Trans*-Person in den Vorstand. Das veränderte Profil der Stiftung fand auch Ausdruck in einer erneuten Änderung des Untertitels, der nun lautet «schwul-lesbische Stiftung für queere Bewegungen». 2014 wurde auch die Satzung der Stiftung entsprechend erweitert: «Das Aufklären über das Phänomen Homosexualität umfasst stets auch die Auseinandersetzung mit Geschlechterkategorien wie z. B. Transgender und Intersexualität.» (§ 2, Abs. 1).

Auch das engste institutionelle Umfeld der hms, die Stiftungslandschaft für LSBT*IQ, ist in den letzten zehn Jahren vielfältiger geworden: Neben regional begrenzt wirkenden Stiftungen wie der Münchner Regenbogenstiftung entstanden auch überregional fördernde Stiftungen, wie die 2011 aus Mitteln des Bundes gegründete Bundesstiftung Magnus Hirschfeld. 2013 initiierte die hms das Netzwerk Regenbogenstiftungen (www.regenbogenstiftungen.org), um die Akteur_innen dieser Stiftungen untereinander besser zu vernetzen.

Der jüngste Akzent in der Entwicklung der hms wurde durch die Etablierung des «David Kato Fonds» gesetzt. Der Gedanke der internationalen Verantwortung hat in den LSBT*IQ-Communities erkennbar an Stellenwert gewonnen, nachdem die z. T. in Gewaltexzessen eskalierende staatliche Repression in mehreren Verfolgerstaaten ins öffentliche Bewusstsein gedrungen war. Die Vernetzung und der fachliche Austausch zu diesen Themen hatte 2010 im von Ise Bosch gegründeten Netzwerk «Regenbogenphilantropie» zur internationalen LGBTIQ*-Menschenrechtsarbeit seinen Ausgang genommen. Mit seiner Zustiftung im Jahr 2014 ermöglichte es Josef Schnitzbauer schließlich, auch in der Fördertätigkeit der hms einen Schwerpunkt in diesem Kontext zu setzen.

Die hms steht für die Idee, als Stiftung Partnerin in einem politischen Netzwerk zu sein, das durch die Vielfalt der LSBT*IQ-Initiativen gestaltet und getragen wird. Die Besonderheiten, welche die Rechtsform der auf Dauer angelegten Stiftung mit sich bringt, sind eine Herausforderung, wenn es darum geht, unser Förderhandeln zeitgemäß zu gestalten. In einem Kontext, in dem viele Aktivist_innen ihr Engagement projektbezogen und auf Zeit gestalten, kann eine Stiftung aber auch ein stabilisierendes Gegengewicht darstellen.

Die Hannchen-Mehrzweck-Stiftung ist eine Stiftung von Aktivist_innen für Aktivist_innen. Von Beginn an bewegungsnah hat sie sich in ihren ersten 25 Jahre entsprechend der Bewegung weiterentwickelt.

Das Vermögen der Stiftung wuchs von einem Startkapital in Höhe von 100.000 DM im Jahr 1991 auf 2.100.000 € Ende 2017*. Am Zuwachs waren vor allem die oben genannten Zustiftungen, weitere Einzahlungen und das Erbe Andreas Meyer-Hannos sowie die Erbschaft Hans-Günter Kleins beteiligt.

Die Erträge der Stiftung ermöglichten es, bis Anfang 2018 453 Förderanträge zu bewilligen und somit 648.000 € Fördermittel auszuschütten. Die Fördersummen im Einzelnen lagen zwischen 500 € und 5.000 €.

Hannchen-Mehrzweck-Stiftung
Vorstand

* Die Hannchen-Mehrzweck-Stiftung freut sich über Spenden und Zustiftungen, um ihre Tätigkeit weiterhin erfolgreich ausbauen zu können:

IBAN DE39 4306 0967 8010 5290 00 (GLS)

LITERATURVERZEICHNIS

In der biografischen Skizze und den folgenden Texten zitierte, auf sie verwiesene oder unausgesprochen verwandte Literatur

Zitate und Abbildungen aus dem Nachlass Andreas Meyer-Hannos im Schwulen Museum Berlin werden mit dem Sigel NL und der Nummer der Mappe, Zitate aus den Briefen an seine Mutter (Nr. 35 – 40) und von seiner Mutter (Nr. 41 – 47) lediglich mit dem Datum nachgewiesen. Außerdem wurden die Bestände der Sammlung Holy im Schwulen Museum genutzt. Ich danke dem Archiv des Schwulen Museums für die tatkräftige Unterstützung bei der Recherche.

Ein Ort, überall. 18 Erfindungen von Heimat. Berlin 1994

Brecht, Bertolt (1966): Mutter Courage und ihre Kinder. Frankfurt/M.

Dannecker, Martin (1990): Homosexuelle Männer und Aids. Eine sexualwissenschaftliche Studie zu Sexualverhalten und Lebensstil. Stuttgart.

Dannecker, Martin / Reiche, Reimut (1974): Der gewöhnliche Homosexuelle. Frankfurt/M.

Frieling, Willi (Hrsg) (1985): Schwule Regungen, schwule Bewegungen. Ein Lesebuch. Berlin.

Gmünder, Bruno (Hrsg) (1984/1986): Frankfurt von hinten. Frankfurt/M.

Goethe, Johann Wolfgang v. (1972): Faust. Der Tragödie erster Teil. In: dtv Gesamtausgabe, Bd 9, München.

Grumbach, Detlef (Hrsg) (2001): Over the Rainbow. Ein Lesebuch zum Christopher-Street-Day. Hamburg.

Hinzpeter, Werner (1997): Schöne schwule Welt. Der Schlussverkauf der Bewegung. Berlin.

Hoffmann, Martin (1971): Die Welt der Homosexuellen. Beschreibung einer diskriminierten Minderheit. Frankfurt/M.

Hohmann, Joachim S. (Hrsg) (1977): Der unterdrückte Sexus. Lollar.

Holy, Michael (1980): Andreas Meyer-Hanno wird interviewt von Michael Holy. Unveröffentlicht. Nachlass Andreas Meyer-Hanno NL 204.

Holy, Michael (2012): Interview mit Karl-Otto Klüter. In: HMS-Newsletter 3/2012. https://hms-stiftung.de/content/newsletter/hms-newsletter-2012-3.pdf.

Initiative Mahnmal Homosexuellenverfolgung e.V. (Hrsg) (1997): Der Frankfurter Engel. Mahnmal Homosexuellenverfolgung. Frankfurt/M.

Lautmann, Rüdiger (1977): Seminar: Gesellschaft und Homosexualität. Frankfurt/M.

Mayer, Hans (1975): Außenseiter. Frankfurt/M.

Maintöchter (1980): Die Wildnis der Doris Gay. Berlin.

Maintöchter (1982): Die Maintöchter. In: Rosa Flieder 8/1982, S. 31-33.

Mildenberger, Florian (2006): Beispiel: Peter Schult. Pädophilie im öffentlichen Diskurs. Hamburg.

Plastargias, Jannis (2015): RotZSchwul. Der Beginn einer Bewegung (1971-1975). Berlin.

Praunheim, Rosa v. (1989): Interview mit Andreas Meyer-Hanno. Unveröffentlicht.

Pretzel, Andreas / Weiß, Volker (Hrsg) (2010): Ohnmacht und Aufbegehren. Homosexuelle Männer in der frühen Bundesrepublik. Geschichte der Homosexuellen in Deutschland nach 1945, Bd. 1. Hamburg.

Pretzel, Andreas / Weiß, Volker (Hrsg) (2012): Rosa Radikale. Die Schwulenbewegung der 1970er Jahre. Geschichte der Homosexuellen in Deutschland nach 1945, Bd. 2. Hamburg.

Pretzel, Andreas / Weiß, Volker (Hrsg) (2013): Zwischen Autonomie und Integration. Schwule Politik und Schwulenbewegung in den 1980er und 1990er Jahren. Geschichte der Homosexuellen in Deutschland nach 1945, Bd. 3. Hamburg.

Schoeps, Hans-Joachim (1963): Überlegungen zum Problem der Homosexualität. In: Der homosexuelle Nächste. Ein Symposium mit Hermanus Bianchi u.a. Hamburg, S.74-114.

Schwules Museum Berlin / Akademie der Künste Berlin (Hrsg) (1997): Goodbye to Berlin? 100 Jahre Schwulenbewegung. Eine Ausstellung des schwulen Museums und der Akademie der Künste, 17. Mai bis 17. August 1997. Berlin.

Stifter, Adalbert (1981): Der Nachsommer. In: Stifters Werke in vier Bänden, 3. und 4. Band, Bibliothek Deutscher Klassiker, Berlin und Weimar.

Walter, Franz u. a. (Hrsg) (2014): Die Grünen und die Pädosexualität. Eine bundesdeutsche Geschichte. Göttingen.

Wangenheim, Gustav v. (1974): Da liegt der Hund begraben und andere Stücke. Aus dem Repertoire der Truppe 31. Reinbek.

Wolfert, Raimund (2009): «Gegen Einsamkeit und ‹Einsiedelei›». Die Geschichte der Internationalen Homophilen Weltorganisation. Hamburg.

PERSONENREGISTER

Ahrenkiel, Peter, Leiter der Tanz-Abteilung an der Frankfurter Hochschule für Musik und Darstellende Kunst: 60

Albers, Hans, Schauspieler und Sänger: 13

Anders, Christian, österr. Schlagersänger: 144

Andersen, Lale, Sängerin und Schauspielerin: 80

Angelo, Nino de, Schlagersänger: 144

Anhalt, Rüdiger, Aktivist der Schwulen- und Aidshilfen-Bewegung: 186

d'Annunzio, Gabriele, it. Dichter: 91

Baader, Andreas, Rote Armee Fraktion: 62

Bhaghwan, ind. Sektenführer: 137, 155

Barfuss, Grischa, seit 1958 Intendant der Wuppertaler Bühnen: 36

Baudelaire, Charles, frz. Dichter: 91

Beethoven, Ludwig v., Kompoinist: 124

Bellini, Vincenco, it. Komponist: 149

Berg, Alban, Komponist: 199

Berlioz, Hector, frz. Komponist: 124

Borg, Andy, österr. Schlagersänger: 144

Brandt, Willy, SPD-Politiker, Bundeskanzler: 134

Brecht, Bert, Schriftsteller: 191, 194, 198, 201

Brink, Heinz, schwuler Pfarrer: 73

Callas, Maria, griech.-am. Opernsängerin: 151

Dannecker, Martin, Schwulenaktivist und Sexualforscher: 51, 72, 127, 157, 173, 180, 189

Dante Alighieri, it. Dichter: 106

Dostojewski, Fjodor M., russ. Schriftsteller: 107

Debussy, Claude, frz. Komponist: 91-95

Donizetti, Gaetano, it. Komponist: 149

Drewanz, Hans, Dirigent, u. a. Kapellmeister am Opernhaus Wuppertal, Generalmusikdirektor des Staatstheaters Darmstadt: 61

Dutschke, Rudi, Wortführer der Studentenbewegung: 45

Dyba, Johannes, Erzbischof: 201

Erhard, Ludwig, CDU-Politiker, Bundeskanzler: 140

Fassbinder, Egmont, Schwulenaktivist, Verlag rosa Winkel: 147

Fassbinder, Rainer Werner, Filmemacher: 142

Finck, Werner, Kabarettist und Schauspieler: 10

Fischer, Joschka, Aktivist der Frankfurter Studentenbewegung, Grünen-Politiker: 200

Fischer-Dieskau, Dietrich, Sänger: 107, 114

Fortner, Wolfgang, Komponist und Dirigent: 152

Froboese, Klaus, Opernregisseur und Dramaturg, u. a. in Braunschweig und Bern: 122

Friedrich, Götz, Regisseur und Intendant, u. a. an der Komischen Oper in Berlin: 46, 48

Garden, Mary, brit. Opernsängerin: 93

Genscher, Hans-Dietrich, FDP-Politiker, u.a. Außenminister: 194

Goebbels, Joseph, NSDAP, Reichspropagandaminister: 121, 194

Goethe, Johann Wolfgang v., Schriftsteller: 126, 152, 191

Gütlich, Rainer, Schwulenaktivist: 186

Guiraud, Ernest, frz. Komponist: 92

Harlan, Veit, Filmregisseur: 34

Hauschild, Hans-Peter, Schwulen- und Aids-Aktivist: 177, 185

Heine, Heinrich, Schriftsteller: 123, 125, 199

Heldt, Werner, Maler und Essayist: 22

Henrichs, Helmut, Regisseur und Kritiker, u.a. Generalintendant der Städtischen Bühnen Wuppertal: 28

Henze, Werner, Komponist: 148

Herzer, Manfred, Schwulenaktivist und -historiker: 74

Hill, Terence, Schauspieler, Autor und Produzent: 101

Hinzpeter, Werner, Schwulenaktivist und Autor: 180

Holy, Michael, Schwulenaktivist und -historiker: 22, 41, 43, 46, 53, 55 f., 63, 66, 127, 193

Hugo, Victor, Schriftsteller: 170, 175

Huxley, Aldous, Schriftsteller: 180

d'Indy, Vincent, frz. Komponist: 93

Janáček, Leoš, tschech. Komponist: 94

Jens, Walter, Altphilologe, Rhetorik-Professor und Autor: 182

Klüter, Karl-Otto, langj. Freund AMHs: 42 f.

Knüpfer, Paul, Opernsänger: 123

König, Ralf, Comic-Zeichner und Autor: 161

Kohl, Helmut, CDU-Politiker, Bundeskanzler: 33, 130

Krüger, Horst, Schriftsteller: 172

Lautmann, Rüdiger, Schwulenaktivist und Soziologe: 72, 74

Leander, Zarah, Sängerin: 151

Leblanc, Georgette, frz. Opernsängerin: 93

Lessing, Gotthold Ephraim, Schriftsteller: 193

Liebs, Elke, langj. Freundin AMHs: 40, 42 f., 108

Littmann, Corny, Schwulenaktivist: 56, 127, 161, 164

Louys, Pierre, frz. Schriftsteller: 91

Lucas, Klaus, Schwulenaktivist: 161, 201

Maeterlinck, Maurice, belg. Schriftsteller: 92-95

Mahler, Gustav, Komponist: 122, 125, 199

Mahlsdorf, Charlotte von, DDR-Schwulenaktivist: 202

Mayer, Hans, Literaturwissenschaftler: 126, 188 f.

Marcuse, Herbert, Philosoph und Soziologe: 134

Marx, Karl, Philosoph und Ökonom: 134

Massenet, Jules, frz. Komponist: 93

Meier, Jürgen, SPD-Politiker: 194

Meinhof, Ulrike, Journalistin, Rote Armee Fraktion: 62

Mendelssohn-Bartholdy, Felix, Komponist: 122

Meyer-Hanno, Georg, Bruder AMHs: 10, 17, 20, 24, 30, 108

Meyer-Hanno, Hans, Vater AMHs: 8, 10, 12-14, 16 f., 22, 24 f., 64, 122

Meyer-Hanno, Irene, Mutter AMHs: 8, 10, 16 f., 20-27, 30, 32 f., 36-43, 45 f., 48, 50, 54, 58-61, 64, 66, 74-76, 86, 108, 122 f., 167 f.

Miller, Henry, am. Schriftsteller: 117

Mouskouri, Nana, griech. Sängerin: 144

Mozart, Wolfgang Amadeus, Komponist: 124, 149

Musil, Robert, österr. Schriftsteller: 106

Myhre, Wencke, Schlagersängerin: 80

Newman, Paul, am. Schauspieler: 101

Offenbach, Jacques, Komponist: 122-126, 199 f.

Ostrowski, Nikolai A., ukr.-sowj. Schriftsteller: 107

Panizza, Oskar, Schriftsteller: 80

Pfalz, Walter, langj. Freund AMHs: 30 f., 32-35, 38-41, 74, 115 f., 166, 168

Praunheim, Rosa v., Schwulenaktivist, Filmemacher: 24 f., 29 f., 35, 51 f., 55, 69, 72, 76, 78, 84, 180, 189

Plänker, Klaus, Schwulenaktivist: 160

Proust, Marcel, frz. Schriftsteller: 112, 143

Puccini, Giacomo, it. Komponist: 149

Rau, Johannes, SPD-Politiker, Bundespräsident: 8

Redford, Robert, am. Schauspieler: 101

Reich, Wilhelm, Psychoanalytiker und Sexualforscher: 134

Reiche, Reimut, Soziologe und Sexualforscher: 72, 157,173

Reimann, Aribert, Komponist: 152

Reinhardt, Georg, Opernregisseur, u.a. in Wuppertal: 28, 36

Reinhardt, Max, österr. Schauspieler, Intendant: 123

Reinhardt, Rolf, Dirigent und Pianist, seit 1968 an der Frankfurter Hochschule für Musik und Darstellende Kunst: 60

Resch, Hans-Dieter, von 1975 bis 1995 Rektor der Hochschule: 60

Rexhausen, Felix, Schriftsteller: 117

Richter, Walter, Schauspieler: 22

Römer, Joseph «Beppo», Jurist, Widerstandskämpfer: 13

Rosetti, Dante Gabriel, brit. Dichter: 91

Rossini, Gioachino Antonio, ital. Komponist: 149

Roth, Manfred, Regisseur und Schauspieler, langj. Freund AMHs: 127

Rusche, Herbert, Schwulenaktivist: 73

Scheel, Walter, FDP-Politiker: 134

Schmidt, Gunter, Brühwarm: 161

Schmidt, Helmut SPD-Politiker, Bundeskanzler: 194

Schönbohm, Jörg, CDU, Innensenator und General: 182

Schoeps, Hans-Joachim, Religionsphilosoph: 33

Schubert, Franz, österr. Komponist: 114, 124, 193

Schult, Peter, FDP-Politiker, Pädophilen-Aktivist: 65, 70

Schwarzkopf, Elisabeth, Sängerin: 151

Spencer, Bud, am. Schauspieler: 101

Spira, Steffi, Schauspielerin: 10

Stein, Rolf, Schwulenaktivist: 174

Strauß, Franz Josef, CSU-Politiker: 194

Stifter, Adalbert, Schriftsteller: 191 f., 198, 200

Strauss, Richard, Komponist: 149

Streicher, Julius, NSDAP, Hrsg. des «Stürmers»: 167

Süssmuth, Rita, CDU-Politikerin: 185

Trockel, Rosemarie, bild. Künstlerin: 177

Trouwborst, Rolf, stellvertr. Intendant und Dramaturg in Wuppertal: 36

Tschaikowsky, Peter, russ. Komponist: 149

Verdi, Giuseppe, it. Komponist: 36 f., 46, 149

Verlaine, Paul, frz. Dichter: 91

Vetter, Jürgen, Schwulenaktivist: 159

Wagner, Richard, Komponist: 91, 93-95, 124, 149

Wallmann, Walter, CDU-Politiker, Bürgermeister Frankfurts: 120, 175

Walter, Bruno, Dirigent und Komponist: 124

Walter, Erich, Choreograf in Wuppertal, Freund AMHs: 30, 33, 74

Wangenheim, Gustav v., Schauspieler und Regisseur: 10 f., 13, 17

Wendel, Heinrich, Bühnenbildner Wuppertal, Freund AMHs: 30, 33, 36

Wilde, Oscar, engl. Schriftsteller: 105

Zweig, Stefan, österr. Schriftsteller: 105